DATE DUE FOR RETURN

Fiktion und Aufklärung

" Die Skizze hat eine Richtung,
aber kein Ende;"

Max Frisch, Tagebuch 1946 — 49

Europäische Hochschulschriften

Publications Universitaires Européennes
European University Studies

Reihe I
Deutsche Sprache und Literatur
Série I   Series I
Langue et littérature allemandes
German Language and Literature

Band/Vol. 310

PETER LANG
Bern · Frankfurt am Main · Las Vegas

Jürgen Sang

Fiktion und Aufklärung

Werkskizzen zu Andersch, Bernhard, Böll,
Fichte, Frisch, Fröhlich, Grass, Handke,
Härtling, Johnson, Lenz, Loetscher, Nossack,
Roth, Walser, Wellershoff, Wohmann, Zwerenz

PETER LANG
Bern • Frankfurt am Main • Las Vegas

CIP-Kurztitelaufnahme der Deutschen Bibliothek

Sang, Jürgen:
Fiktion und Aufklärung: Werkskizzen zu Andersch,
Bernhard, Böll, Fichte, Frisch, Fröhlich, Grass,
Handke, Härtling, Johnson, Lenz, Loetscher, Nos-
sack, Roth, Walser, Wellershoff, Wohmann, Zwerenz
/ Jürgen Sang. — Bern, Frankfurt am Main, Las Ve-
gas: Lang, 1980.
  (Europäische Hochschulschriften: Reihe 1,
  Dt. Sprache u. Literatur: Bd. 310)
  ISBN 3-261-04654-6

Druck ab Manuskript des Autors
© Verlag Peter Lang AG, Bern 1980
Nachfolger des Verlages
der Herbert Lang & Cie AG, Bern

Druck: Lang Druck AG, Liebefeld/Bern

Inhaltsverzeichnis

Vorwort

Die nachfolgenden Darstellungen bieten Werkskizzen. Sie verzichten auf eine argumentierende oder allumfassende Interpretation vielfältiger Einzelprobleme und den Einbezug von Arbeiten der Sekundärliteratur, damit die Darstellung "nicht in übernommenen Vollendungen, die keine eigene Geburt mehr bedeuten, erstarrt und erstirbt" [1]. Sie erstreben keine Analysen im "Entwicklungszusammenhang des jeweiligen Oeuvres" [2], keine Autorenporträts oder explizite Reflektion von deren theoretisch ästhetischen Stellungnahmen.

Die gegenüber literarischen Werken angewandte Betrachtungsabsicht und kritische Darstellungsmethode versteht sich gleichwohl nicht als systemimmanent und ahistorisch. Sie wird getragen von einer textbezogenen Strukturaufschlüsselung jeweilig im Werk Reflektion, nicht Identifikation erfordernder Darstellung gestörter Gesellschafts-und Innenwelterfahrungen [3]. Deren wörtlich zitierte, subjektiv-objektive Ausdrucksmetaphern wie Rolle-spielen und Rollenzwänge werden als Eigenwert beschrieben, ohne autorbezogene, ästhetisch soziale Absicherung oder Aussenvergleich. Diese nicht hinterfragte inhaltliche Darstellungsübernahme geschieht jedoch als behauptete Funktionselemente einer weder naiv geradlinigen, noch synthetisierenden, sondern bewusst ambivalenten Struktur von Fiktion und Aufklärung.

Diese erscheint als eine den Skizzen der verschiedenen Werke und den Werken selbst gemeinsame theoretische Darstellungsvoraussetzung, die ein Nachwort in ihren gattungshistorischen, literarästhetischen und sozialpsychologischen Verbindungslinien zur Diskussion stellt. Durch diesen, den Einzelskizzen zugrundeliegenden, sie übergreifenden Theorieansatz ergibt die argumentationslose Darstellung der im Gesamtwerk eines Autors sich historisch verändernden spezifischen Strukturelemente doch ein die jeweilige Autor-Werkposition allgemein ergänzendes und zugleich individuell verdeutlichendes Funktionsbild. Die Rechtfertigung für eine derart deduktiv begründete, aber induktiv auftretende Verfahrensweise liegt in einer weiteren, literaturdidaktischen Prämisse dieser Skizzen. Ihr bewusst fragmentarischer Charakter, die Lesbarkeit ihrer unkommentierten Darstellung und die Vielfalt ihrer dargebotenen Werke und Autoren sollen dem Leser einen Zusammenhänge verfolgenden oder einen beliebigen, nicht konsekutive Identifikation erfordernden Lektüreansatz erlauben. Die vorgenommene Auswahl und Anlage der skizzierten Werke soll zum Vergleichen und Ergänzen der verwandt erscheinenden und hervorgehobenen Strukturelemente anregen. Angehängte Werk-Struktur- oder autorbezogene, ausgewählt kommentierte Bibliographien bieten sodann Informationen zur begleitenden literarwissenschaftlich kritischen Diskussion der Jahre 1970-1979 an. Strukturelemente aufschlüsselnde 'Indikationen' ergänzen die Skizzen als Vorlage und Hinweise zur fortgesetzten wissenschaftlichen und privaten Meinungsbildung.

Alfred Anderschs Roman WINTERSPELT demonstriert dem Leser,
dass und wie ein "Dokument in Fiktion" und "von Fiktion in Dokument"
umschlagen kann. Auf sechshundert Seiten entwickelt ein Er-Erzähler
seine literarischen "Sandkastenspiele" mit historischen Ausschnitten
aus der deutschen Ardennen-Offensive und "Biogrammen" handelnder
Personen. Inhaltlichem und emotionalem Spannungsaufbau wird durch
erzählerische Vorausblicke vorgegriffen. Die wiederkehrenden Motiv-
und Handlungselemente akzentuieren ästhetische, menschliche, ge -
schichtliche und militärische Voraussetzungen, unter denen die Übergabe einer deutschen Fronteinheit an die Amerikaner hätte Wirklichkeit werden können. Dabei wird als authentisch bezeichnetes und zi -
tiertes historisches Quellenmaterial mit erzählerischen Vermutungen,
Vorstellungen, Täuschungen und Theorien vermischt und umgekehrt.
Derartig perspektivisch vermischte "Phasen" erlauben dem nicht all-
wissend erscheinen wollenden Berichterstatter die Freiheit eines konjunktivisch auftretenden und doch faktisch beglaubigten Spielens von
erzählten und erzählenden Rollen.
Bataillonskommandeur Dincklages Denkspiel des Verrats erscheint damit in Konstellationen einbezogen, die den körperlich gebrechlichen
und nicht handelnden Ritterkreuzträger als Spieler und Gespielten entdecken. Nicht so sehr das Gewissens-oder Humanitätsproblem eines
deutschen Offiziers vor Kriegsende steht im Blickpunkt. Hervorgehoben wird vielmehr die Art und Weise, wie verschiedene "Biogramme"
in literarischer und individueller Fiktion mit der Wirklichkeit verket-
tet und dann aufgelöst werden. Das erzählerische und personale Denkspiel erwägt Möglichkeiten, Geschichte zu retuschieren. Es bezieht
sich dabei auf Personen, deren eingebildete geistige und handelnde
Überlegenheit sich in historischen, militärischen, individuellen und erzählerischen Rollen-spielen normiert und gefangen zeigt.
Wenn so von Rundstedts geschichtlich belegte Beurteilung der "Rolle
der Heeresgruppen-und Armeeführer"(25) als "ihr Narren" mehrfach
zitiert wird, gibt sich angesichts der Kriegsentwicklung die faktische
Zwanghaftigkeit militärischen Rollenspiels deutlich zu erkennen. Auch
aus fiktionaler Perspektive desillusionieren erzählerische "Sandka -
stenspiele" mit einer Geisterdivision und deren 416. Infanteriebatail-
lon historische Kriegsvorgänge als gigantische "Indianerspielerei"(61)
auf Offiziersebene. Die kämpfende Truppe hat jeweils "Gastspiele"(516)
zu geben. Wie in "Wallensteins Lager"(76) muss sie die Statisterie, die
"Marionetten"(57)für die auf deutscher und auf amerikanischer Seite
vorausgesetzte "Fähigkeit zu Indianerspielerei"(61)verkörpern. Das
Kampfspiel, in dem "Puppenspieler ihre Theater"(57)aufbauen, ist weder theoretisch noch praktisch ausser Kraft zu setzen. Die erzählerische Behandlung der handelnd rollenspielenden Personen macht nicht
weniger deutlich, dass keine Fluchtmöglichkeit in ein bewusstseinver-
änderndes Verhalten offen bleibt.
In der Berufsrolle eines Kriegshelden, Befehlshabers, "Meister der
Tarnung", "Meister der Selbstbeherrschung"und "Trickkünstler" sich

8

auszeichnend, leidet Dincklage gleichwohl als Person an seiner militärischen Rolle. Von Jugend auf zu einer "Anführer-Rolle"(42) ausersehen, nach Haltung, Ton und Aussehen das Rollenmodell eines preussischen Offiziers, zeigt sich der Mensch Dincklage durch Kollektivneurosen belastet. Er ist zerfallen mit seiner Führungsaufgabe. Bedrängt von einem Gefühl des Daseinschaos, sucht der Major Zuflucht in der Freiheit eines nur gedachten Operationsplanes. Diese "Unverbindlichkeit eines Gedankenspiels" wird von Dincklages Geliebten, der Lehrerin Käthe Lenk, zugunsten eines real verräterisch handelnden Rollenspiels herausgefordert. Sie will damit sich und andere dem Krieg und seinen ideologischen "Gesellschaftsmodellen" entziehen. In der Organisation des Verrats einer militärischen Übergabe wird Käthe von ihrem Bekannten, dem ehemaligen KZ-Häftling und überzeugten Kommunisten Wenzel Hainstock, geistig und praktisch unterstützt. Der "grosse Fallensteller", "Tarnungsspezialist", "Spezialist für Verstecke", Hainstock, lässt sich trotz beanspruchter marxistischer Bewusstseinsüberlegenheit zum Spielen einer "Briefkastenrolle"(285)überreden. Als Verbindungsmann zwischen den deutschen Spielern und dem einzigen, zum "durchspielen", zum "mitspielen"bereiten amerikanischen Akteur, Captain Kimbrough, tritt ein Kunstgelehrter auf. Es ist der Emigrant Dr. Schefold, Grenzgänger zwischen feindlichen Linien. Obwohl er zwischen Patriotismus und Angst vor deutschen "Indianerspielen", "Indianerspielerei"schwankt, schreckt er nicht davor zurück, die ihm auferlegte "Rolle"(172)eines Ami-Spitzels zu übernehmen. Selbst in lebensgefährlichen Situationen ist Schefold bereit, "Züge durchzuspielen". Wenn der sich so exponierende Schefold dann auf ein verwandtes, jedoch ideologisch anders motiviertes Rollenbewusstsein trifft, ist das Spiel in Gefahr, durchschaut zu werden. Der aus dem Hotelgewerbe kommende Schleifer und "Modellsoldat"Reidel, leidet von Kindheit an unter Anpassungszwängen. Als Vorposten reagiert er sowohl auf Schefolds versteckte Rolle als auch auf dessen provozierenden "Gäste-Ton", durch den er sich an seine ehemalige Bedientenrolle erinnert fühlt. Der seine Rolle nicht aufdeckende und sich verhaften lassende Schefold muss bald erkennen, dass es angesichts seines Rollengegenübers falsch von ihm war, dass er sich "auf dieses Spiel mit der Gefangennahme eingelassen hatte". Historisch und sozial geprägte Verhaltenszwänge sind nicht durch individuelle Rollenspiele aufzuheben. Die von Käthe geplante Verwirklichung des Dincklageschen Denkspieles platzt. Die geschichtlichen Ereignisse nehmen ihren Lauf.
Der Verlauf des Gedankenspiels zeigt sich jedoch noch durch weitere individuell psychische Rollenzwänge bestimmt. So erscheint der Gedankenspieler Dincklage"in einem Spiel gehemmt", das sich auf Resultate und Entscheidungen aufbaut. Schon in den Bubenkämpfen seiner Jugend hatte Dincklage die Finalität allen Spielens kennengelernt. Dincklage bleibt bis zuletzt der Junge, "der nicht mitspielen kann. Es nicht will". Er gefährdet dabei wissentlich das Leben eines Mitspielers, Sche-

folds. Zugleich aber verdeutlicht sich hierin die Wirkung des Zwangs
zum Rollenspiel, dem Dincklage durch Käthe ausgesetzt ist. Diese Ver-
treterin bewussten, realen Handelns, die das "Los aller Frauen-einmal
in ihrem Leben durchspielen wollte", wird jedoch selbst wieder von
der "Rolle des Instinkts"(261)geleitet. Nach dem ersten Rausch der
Spielbegeisterung spürt sie dann keine Gewissensbisse, die Nacht,"in
der Major Dincklages Stück über die Bühne gehen würde, zu benützen,
um in den Kulissen zu verschwinden". Nicht besser sieht die Position
aus, die das Handeln des scheinbar allwissenden Hainstock motiviert.
Seine Freundschaft zu Käthe veranlasst ihn, an einem erfolglosen Rollenspiel teilzunehmen. Es entspricht nicht den sonst von ihm befolgten
konspirativen Grundregeln marxistisch "weltverändernden Denkens".
Schliesslich aber werden der Opfergang Schefolds und seine Erschiessung durch Reidel als erzählerisch gespielter Rollenzwang deutlich.
Er hebt die immanente Destruktivität eines als Mittel des Handelns
missverstandenen Rollenspiels hervor. Welche der vom Erzähler noch
angebotenen Variationen des Schicksals Schefolds ein an Handlungs-
entwicklung interessierter Leser auch für wahrscheinlich halten mag,
das konjunktivische Erzählen unterstreicht die Unmöglichkeit einer
einzigen Wirklichkeitsperspektive.
Auch aus dieser Sicht der Fiktionalität fehlte dem befreien sollenden
Rollenspiel ein final realer Bezugspunkt. War doch das Gedankenspiel
als Phase einer "deformation professionelle" und Übung des Dincklageschen Eigensinns nie auf eine Verwirklichung angelegt. Nicht von ungefähr unterhalten sich Dincklage und Schefold bei ihrem Zusammen-
treffen "lange über die hypnotische Wirkung eines logisch aufgebauten
Systems von Wahnvorstellungen". Einer Realität literarischer Darstellung werden keine Finalisierungen gerecht. Weder in der Form von
handelnden Personenkonstellationen noch als historisch dokumentierte
Geschehenswiedergabe. Wenn auch das "Einspielen privater Vorgänge"
und Schicksale in kriegsgeschichtliche Ereignisse authentisch wirkt,
soll doch der Leser jederzeit die Dokumentation menschlichen Denkens und Handelns als fiktiv erkennen können. Andererseits unterwirft
der Verzicht auf ein westernartiges Verratsschauspiel "mit obligatem
Massaker am Schluss"das erzählerische Rollenspiel den vielfältigen
Zufällen dokumentarischer Rollenzwänge. Somit wird das inszenierte
Rollenspiel der Personen und deren Wirklichkeitsbeziehungen inhaltlich in den Erzählpositionen aufgeklärt.

In Thomas Bernhards DER PRÄSIDENT wird die Möglichkeit aufgeklärt, durch Rollenspiele zur geistigen und politischen Verwirklichung
individueller Talente und Wünsche beizutragen. "Es ist ein Spiel mein
Kind, in welchem abwechselnd die unmöglichsten Leute und Konstellationen auftreten". Hinter den äusseren Fassaden erscheint ein sich in
Anarchie auflösendes Staatsgebilde, in dem zeitweise ein Findelhund
im Präsidentenpalast herrscht. Unschuldige Menschen werden gepeinigt, Staatsfunktionäre reihenweise erschossen und die Frau des Präsidenten schenkt ihre Gunst Fleischhauern und Kaplanen. Angst vor
Krankheit und Tod, die "zwischenmenschliche Eiseskälte" und das um
sich greifende Chaos lassen die Hauptpersonen bei der Schauspielkunst Zuflucht suchen. So benutzt die Frau des Präsidenten ihre einge-
bildeten mimischen Talente dazu, erneut in einem Kinderstück ihres
Geistesliebhabers mitzuwirken. Sie ist verängstigt durch ein fehlge-
schlagenes Attentat auf ihren Mann. Wiederum stirbt ein Oberst der
Leibwache und der verwöhnte Schosshund wird tödlich schockiert. Daher dient ihr das Erlernen des Textes einer seit zwanzig Jahren gespielten Hauptrolle zur Ablenkung von Geschehnissen und Leichenbe-
gängnissen um sie herum. Die von ihr bei den zahlreichen Staatsbegräb-
nissen erwarteten Repräsentationspflichten in der "Rolle der Frau
Präsident" unterwirft sie Vorstellungen von "Körperdisziplin" und
"Kopfdisziplin". Diese werden jedoch durch ihre Rolle als "Hure" eines Körperliebhabers und eines Geistesliebhabers als Theaterspiel
desillusioniert. Vom Kaplan darüber aufgeklärt, dass unter der Anarchie genausogut die Revolution, unter dem Massensterben "die Natur
ihr Recht" fordern kann, erscheint ihr die "Lustspielzeit" der Theater
zur öffentlichen Zerstreuung unangebracht. Angesichts der sich gegenseitig quälenden Menschen, die sich alle ihre eigenen Leichenreden
halten, zweifelt die Präsidentin an der Berechtigung ihrer Theaterrol-
le. Gleichwohl schätzt sie lustige Kindertexte und Guckkastenbühne
weiterhin als geeignete Mittel, um ihr Mitspielen an offenen Gräbern
zu verdrängen. In "einer solchen Rolle ist alles Psychologie, sagte der
Kaplan". Ob Theaterspiel oder Körpermassage, beides dient dem gleichen Zweck, die Krankheitserreger loszuwerden, denn," wenn man einmal angefangen hat, sich in eine solche Sache einzulassen, kann man
nicht mehr heraus".
Im Unterschied zu seiner Frau brütet der Präsident aus geschichtlich
politisch philosophischen Gründen "über Wesen mit zwei Köpfen", "
Identität etcetera". Mehrmals Attentatsversuchen entkommen, sucht der
Präsident Ablenkung durch Schachspielen, Metternichlesen, Vergnü -
gungsreisen, Opernbesuche, Masseurstunden und durch Förderung der
Schauspielkunst, insbesondere weiblicher Talente. Sein Interesse an
"drittklassigen Schauspielerinnen", die über Nebenrollen nicht hinaus-
kommen, "immer spielt sie Rollen, die ihr nicht liegen"(146), be -
schränkt sich nicht nur auf deren bezaubernden "Theaterkörper". Die
"Hauptrolle"(14o), die der kleinen "Schauspielerin mit Diplomatenpass"
im Präsidenten-Luxusleben eingeräumt wird, soll die mögliche Verei-

nigung von Theorie und Praxis inmitten des allgemeinen Verfalls demonstrieren. Auf beiden Ebenen erscheint die Schauspielkunst dem Präsidenten nach der politischen Kunst als die naturgemässe, nicht umschweifige Verwirklichung eines sich entfaltenden grossen Talentes. Die Erschaffung einer veränderten politischen Machtordnung inmitten des Chaos bedarf des Dranges nach Anerkennung. Dieses Bedürfnis besitzt für den Präsidenten eine Parallele in dem der Vernunft entgegengesetzten Handeln des Künstler-Genies. So sollen sich Politik und Kunst verbinden, um den kranken Weltzustand im Produkt ablenkender Rollenspiele aufzuheben. Das Chaos des Lebens jedoch hat die nachwachsende Generation, den Sohn des Präsidentenpaares, schon zum Widersacher bestimmt. Er erscheint von Natur aus "prädesti - niert dazu, uns umzubringen". Der Naturprozess der Zerstörung ist durch nichts aufzuhalten. Der Präsident muss einsehen, dass die Zeit für eine rücksichtslose Selbstverwirklichung des politischen und künstlerischen Menschen vorbei ist. Die Qual des Lebens und die Verrücktheit der Welt sind nicht durch geisteszertrümmernde Künste aufzuheben. Der letzte Versuch des Präsidenten, im Spielsaal das Verlorene zurückzugewinnen, endet mit seiner Aufbahrung. Der Tod im Präsidentenpalast ist die letzte, reale Instanz für die Verwirklichung individueller Talente durch ein fiktives Rollenspiel und den Versuch individueller Rollenablenkung.

Der Verlust des Gleichgewichts zwischen der Innenwelt des Menschen und seiner äusseren Umwelt bewegt die Figuren Thomas Bernhards zum scheinbar befreienden, ablenkenden und dennoch scheiternden Rollen-spielen. Damit betrifft er als DIE URSACHE aller menschlichen Verstörung das Selbstverständnis des sich "der Wirklichkeit und Tatsächlichkeit"seiner Kindheit erinnern wollenden Erzählers schlechthin. Ausgehend von der Erfahrung des "wahrscheinlich tödlichen Geistes-und Gemütsumschwung", den jede Wiederbegegnung mit dem Todesboden der Heimatstadt Salzburg hervorruft, "frage ich mich nach der Ursache dieses Geistes-und Gefühlszustands, besser Geistes-und Gemütszustands". Von Jugend an vom Grossvater in Natur und Umweltsbetrachtung geschult, führen derartige Erfahrungen und die entwickelte "Beobachtungskunst"zu einer "Bestandsaufnahme von mir". Sie bewahrt den "angeborenen Todesboden"Salzburgs, seiner "Natur, Klima, Architektur, Hohen Künste", den "schwachsinnigen Bewohnern und ihrer gemeinen Gesetze"eine furchtbare Erinnerung. Kleinbürgerlogik, Geistlosigkeit, Lüge, Heuchelei, Gemeinheit, moralischer Morast, Geschäftemacherei verstören die Phantasie und Gefühle. Sie bestrafen und verletzen die "Energien und Geistesgaben und -anlagen" des in dieser Stadt Lebenden und Lernenden. Der Grossvater schickte den Enkel zum vorbereitenden Studium auf ein nationalsozialistisches Schülerheim. Dort aber fühlte sich der von "Beobachtungszwängen"bestimmte Junge sogleich der zerstörerischen "damaligen grossdeutschen Menschenerziehungs-und Menschenvernichtungskunst"ausgeliefert. Angesichts der "Erziehungsqualen"und einer durch den faschistisch-sadistischen Anstaltsdirektor und SA-Musteroffizier Grünkranz verursachten Selbstisolierung des Dreizehnjährigen sucht dieser nach Fluchtmöglichkeiten. Ein dem Zögling aufgezwungenes Geigenstudium in der Schuhkammer bietet ihm Anlass und Gelegenheit zum "Einsetzen seiner Selbstmordmeditationen". Das Gedankenspiel mit dem Selbstmord als"ein Mechanismus, dem er sich mit der Zeit vollkommen ausliefern"hatte müssen, charakterisiert nicht nur einen Zustand der seelischen Abtötung des Internatsschülers. Inmitten der Menschenerniedrigung und der viele "Todeskrankheiten auslösenden", schützen sollenden Felsstollen lastet gesellschaftlich menschliche Schuld. Sie prägt eine dem totalen Krieg verfallene Stadt und "die katholisch-nazistische Umwelt des Selbstmörders"und entwickelt Rollenzwänge. Die Austauschbarkeit brauner und schwarzer Züchtigungsrituale und Charakterverheerungssysteme demonstriert das Betroffensein des Menschen. Im Gymnasium der Nachkriegszeit gestaltete sich der Internatsablauf als "der gleiche im Grunde menschenfeindliche Züchtigungsmechanismus wie der nationalsozialistische". Onkel Franz und sein Präfekt hatten das "Erbe des nationalsozialistischen Grünkranz angetreten". Die Zerstörung der feinnervigen Natur unterliegt jedoch nicht nur dem Missbrauch des Schwächeren durch den Stärkeren, sondern auch der eigenen Verfallsanfälligkeit. Das Beobachten der Kriegszerstörungen, der "blinkenden Bomberverbände", das pubertäre Erwarten

und Herbeiwünschen von Verwüstungen "als tatsächliches Erlebnis"
besitzt eine Faszination. Das Bild der "Ungeheuerlichkeit als Schönheit" lässt sich nicht zuletzt auf familiär bedingte Rollenzwänge zu-
rückführen. Wöchentlich von der Grossmutter in Leichenhallen mitge-
nommen, war der Junge "in nichts mehr geschult...als in Betrachtung und Beobachtung der Aufgebahrten" und "in todessüchtiger Medi-
tation". Auch stand er unter dem erzieherischen Einfluss seines Grossvaters, eines in seiner Jugend Salzburg entflohenen, im Ausland ge -
scheiterten und dann heimgekehrten Anarchisten. So war der Junge
schon frühzeitig "durch die Schule der Spekulation mit dem Selbstmord
gegangen". Durch den vom Grossvater entwickelten Beobachtungsme-
chanismus waren dem Enkel alle Erziehungsaufenthalte "unmöglich
geworden, schon bevor ich in das Gymnasium eingetreten bin". Entgegen "der Schule Montaignes" und dabei erreichter jugendlicher Ver-
trautheit mit der Natur und dem Leben schickte der Grossvater den
Enkel aber auf die schulischen "Verrottungszentren" als "erste we -
sentliche Vorstufe einer sogenannten gebildeten und dadurch besseren
Existenz". Es war des Grossvaters Wunsch, dem Enkel in Salzburg ein
den Ansprüchen der Gesellschaft gemässes ordentliches Studium zu -
kommen zu lassen. Auch wollte er dessen "künstlerisches Talent"
durch Zeichen-und Malunterricht fördern. Dann versuchte er durch
Geigenstunden "aus mir einen Künstler zu machen", erneut bereits ab-
geschworenen gesellschaftlichen Rollenzwängen folgend. Diese "Inkon-
gruenz", dieser "plötzliche Bruch im Denken meines Grossvaters"
wurde vom Enkel als Verrat empfunden, hatte ihn "für eine solche
Schule als Lebensschule untauglich gemacht". Daher kann der Enkel
die Erwartungen seines Grossvaters, etwas Grosses, "ein Geigenkünst-
ler zu werden" und "konträre Disziplinierungen" wie Geigen-und Eng-
lischstunden ausgleichend auszuüben, nicht erfüllen. War doch durch
des Grossvaters eigene "Schule, in die ich die ganze Kindheit und frühe
Jugend gegangen war, die Voraussetzung für dieses Scheitern in Salzburg" gegeben. Gleichwohl gibt der Internatszögling den sich aus den
widersprüchlichen Rollenzwängen ergebenden Konflikt niemandem zu
erkennen, um den geliebten Grossvater nicht zu enttäuschen. Die Ge-
mütszerstörung der familiären Zwangs-Fluchten ausgesetzten Natur
wurde "von keinem einzigen Menschen wahrgenommen". Die bis in die
Gegenwart andauernde Fähigkeit, einen "tatsächlichen inneren Zustand
zu verdecken"(157), Unglück"verstecken", "unsichtbar machen"(157) zu
können, verdeutlicht dann in "öffentlicher Erklärung"eher einen"zwei-
fellos krankhaften Widerwillen"gegen jede Bürgerlichkeit.
Die Enthüllung der menschenverkrüppelnden Rollenzwänge der Umwelt
dringt jedoch noch nicht zum Kern Montaignescher Prüfung des wirklichen Person-Wesens vor. Dazu gehört die ursächlich rücksichtslose, fiktional wahrheitsgemässe Selbstbeschreibung der "Geschichte
meines Lebens", der Durst, sich zu "erkennen zu geben", der Wunsch,
"sich erkennen zu lassen" und der Mut, "von denen verkannt zu werden,
die mich nur dem Namen nach kennen". Diesem Bedürfnis nach Ver-

zicht auf ein fiktiv verstellendes Rollenverhalten, "der Verschönerung
und der unzulässigen Abschwächung"(63)entspricht das Gefühl eines
jedesmal in Salzburg auftretenden, nicht distanzierbaren "Zerstörerischen, wahrscheinlich tödlichen Geistes-und Gemütsumschwung"."Wenn
eine solche Asymetrie vorhanden ist, so können wir diese als Ursache
des Eintreffens des einen und des Nicht-Eintreffens des anderen auf-
fassen, so Wittgenstein". Die Einsicht in die ursächliche Asymetrie
von Mensch und Welt, Gestern und Heute, Geistes-und Gemütszustand,
Fiktion und Aufklärung erscheint dann möglich, wenn der einzelne seine Rolle kritisch als ein am fortschreitenden Absterbensprozess, an
der nur ausgesetzten Todeskrankheit ursächlich Beteiligter erfährt.

Auch in Thomas Bernhards auf Gattungsbegriffe nicht festzulegendem
Schauspiel und Komödie DIE JAGDGESELLSCHAFT spielt der Tod
nicht nur in der autobiographischen Schrift des Generals "die grösste
Rolle"(111). Der General und Machthaber möchte jedoch die erkennba-
ren gesellschaftlichen Verfallserscheinungen einer vernachlässigten
Welt zur Last legen. Lediglich der zu einer Jagdpartie eingeladene,
die Gesellschaft beobachtende und kommentierende Schriftsteller begreift sie als Todeskrankheit. Menschen, Tiere, die Natur sind von ihr
befallen, "jeder Gegenstand gnädige Frau ist der Tod".
Entsprechend hat die Generalin damit zu tun, ihrem am Grauen Star er-
blindenden Mann den von seinen Ministern gewünschten Amtsrücktritt
zu erleichtern. Auch muss sie dem Jagd-und Forstliebhaber die Abhol-
zung seines durch den Borkenkäfer sterbenden Waldes verheimlichen.
Dem als Spielpartner engagierten Schriftsteller geht es jedoch um die
Veränderung eines falschen Wirklichkeitsbewusstseins. So wie die Generalin im Kartenspiel als einem verrückt machenden Lebensspiel
nach Gewinnen letztlich immer verliert, scheinen die Menschen dazu
gezwungen zu sein, die Unausweichlichkeit ihrer in Verletzungen vor-
gezeichneten Verfinsterung einzusehen. Dem sich von der uniform ge-
kleideten Jagdgesellschaft schon durch sein Bekenntnis zu einem "Rol-
lenkostüm"(77) unterscheidenden General fällt als einzigem die Aufgabe zu, dem Erlebnis des Todes und seiner literarisch philosophischen
Verdeutlichung Widerstand zu bieten. Ausschliesslich beschäftigt mit
der Beschreibung des Todes und der Toten der Schlacht von Stalin-
grad scheint er seine eigene Todeskrankheit zu übersehen. Er leidet
an einer Beinverletzung, fortschreitender Erblindung und sein linker
Arm ist amputiert. Ihm drohen politische Entmachtung, Verlust seines
Vermögens und eine bevorstehende Operation. Trotzdem versucht der
General noch, der Wahrheit durch Gespräche mit dem Schriftsteller
auszuweichen. Die korrupten Praktiken der Spieler der Gesellschafts-
komödie erkennend, hofft er noch die Misstände dem Wahnsinn und der
Rücksichtslosigkeit individueller Gehirne zuschreiben zu können. Er
glaubt seine Beteiligung an der privat schriftstellerisch und gesellschaftlich staatlich inszenierten Komödie verweigern zu können, indem
er das Ganze wie einen Komödienzettel einfach abreisst. Davon überzeugt, einem durch Schauspielerei, Schreibkunst und Komödienschrei-
ben verursachten Natur-und Gesellschaftsverfall gegenüberzustehen,
empfiehlt er als Heilmittel Strafverschärfungen und die Jagd. Aber alle Ablenkungs-und Täuschungsmanöver des Verstandes enthüllen nur
den Versuch der Menschen, die Rolle ihrer zum Tode bestimmten Existenz zu ertragen. Alle vom "Unterhaltungsmechanismus"vorgetrage-
nen Rollenspiele sind nur "Absterbmöglichkeiten" am Rande des Wahnsinns. Zu ihnen gehören das Kartenspiel, Kunstfertigkeiten und theatralische Verhaltensweisen aller Art bis zum Weihnachtsspiel, die Jagd
und der täuschende Verstandesgebrauch. Auch der am Geschehen nicht
direkt teilnehmende Schriftsteller wird als Rollenspieler gezeigt. Seiner scheinbar überlegenen Spielernatur entsprechend, gewinnt er die

Kartenspiele mit der Generalin und will die Vorgänge der Existenz-
täuschung einsichtig machen. Als die Wirklichkeit fiktiv wiedergeben-
der kann er den Gattungscharakter des Beschriebenen beliebig bestimmen und auch den Schauspielern dramatische Situationen aufzwin-
gen. Das aber enthüllt ihn in den Augen des Generals als Produzenten
rein operettenhafter Widersprüche, beschäftigt mit der Täuschung der
gebildeten Welt. Nach dieser Generalskritik am Charakter der ablenkenden Kunst des Schriftstellers wird die weitere Feststellung des Generals, das Studieren einer Rolle durch die Schauspieler brauche keinen theatralischen Kopf, sondern einen Theaterkopf"wie eine Maschine"vom Schriftsteller zurückgewiesen. Dessen Bemerkung, der Mensch
lebe fortwährend "in absoluter geistiger und körperlicher Bewusstlosigkeit" macht auf die unaufhebbare Bedingtheit menschlichen Lebens
aufmerksam. In diesem Zusammenhang erscheinen nicht nur gattungs-
bestimmte Rollenspiele als Ablenkung von der endlichen Existenz. Das
Schreiben und Besprechen von Literatur löst sich in seinem Wirklich-
keitsanspruch auf und gibt seinen illusionistischen, fiktiven Rollencharakter zu erkennen. Eine Komödie, "in welcher ein General eine
Hauptrolle spielt"(1o4), vermag nicht mehr Wirklichkeit mitzuteilen
als der sie beschreibende Schriftsteller. Hinter dem Beschriebenen
"ist etwas Anderes". Hinter dem General "ist es ein anderer/Und
möglicherweise gnädige Frau wird gesagt ich selbst sei in meinem
Theater/Aber es ist ein Anderer". Das Wirklichkeitsverständnis des
Menschen führt über die Aufklärung von ästhetisch geistig sozialen
Rollenspielen und Rollenspielern zum Erleben der natürlichen Rollenbeteiligung des Todes. Der General geht wortlos von der Komödien -
szene ab. Sein Selbstmord fällt mit dem Abholzen des sterbenden Waldes zusammen.

Der Versuch, menschlicher Dummheit, abstossender Vertierung und eitrig tödlichen Krankheiten durch die Perfektionierung von Kunst - stücken, artistischen Nummern und Künstlerrollen zu steuern, bildet das Anliegen eines Zirkusdirektors in Thomas Bernhards DIE MACHT DER GEWOHNHEIT. Überzeugt von der Notwendigkeit therapeutischen Übens, Probens, mathematischen Exerzierens musikalischer und artistischer Künste trainiert Caribaldi seine Enkelin in"Wie verneigt man sich" als auch der "Hörkunst". Tierverletzungen, Nierenschmerzen, undefinierbare Krankheiten scheinen die artistischen Mitarbeiter des Direktors, den Dompteur, Spassmacher, Jongleur, von der Hohen Kunst täglicher, jahrzehntelanger Musikproben abzuhalten. Umso nachdrücklicher meint Caribaldi sie ermahnen zu müssen, dass die Schreckensherrschaften der Kindheit, die Nöte des Lebens und die Erfahrungen von Todesfällen die Kontrolle von Kopf und Körper verlangen. In Caribaldis Vorstellung von der Künstlerrolle, so des Cellisten Pablo Casals, erscheint die Vereinigung aller polaren Entgegensetzungen möglich. Das Üben des Forellenquintetts steht so neben der Tiernummer, der Seiltanz-und Clownnummer und anderen Kunststücken. Dabei gehört es zur Komik der verzweifelten Bemühungen, dass der Künstler Caribaldi alle Augenblicke sein Kolophonium fallen lässt. Die versuchte Harmonisierung gegensätzlicher Rollenverhalten entdeckt unabänderlich eine zugrundeliegende Zwanghaftigkeit. Offenbar werden die gezwungenen Spässe des Clowns, die marionettenhaft gedrillten Verbeugungen der Enkelin, das Apportieren des Kolophonium durch den zwangsweise geigenden Jongleur, die Ess-und Trinkgewohnheiten des Dompteurs und dass Caribaldi sich Menschen hält "wie ein Tier". Er lässt seine Geschöpfe musizieren, tanzen, jonglieren. Übungen werden zu Strafen, Quälereien, Todesursachen. Wenn dem Dompteur Präzision zur Vermeidung von Unglücksfällen wichtig ist, dann versteht Caribaldi darunter die absolute Beherrschung der Übung als Kunst. Die Kunstvorstellung dient dem Direktor als Ersatz für seine verlorene artistische Konzentration. Sie wird zum geistig täuschenden Mittel für "eine andere zweite Kunst ", die aus den Kunststücken hervorgeht. In ihrer musikalisch fehlerfreien Perfektion sieht Caribaldi keine Marotte. Sie ist eine Therapie für seine Leiden an den Menschen, für seine Rückenschmerzen, für sein Holzbein, für seine Nervenschmerzen der Finger, für seine wahnsinnigen Geistesgewohnheiten und seine Angst. Die Wechselwirkung von Artistik und Kunst kann demnach nicht auf einer ihr immanenten Glaubwürdigkeit beruhen. "Ein Dummkopf, der heute noch einem Künstler glaubt". Angesichts des Anspruchs täglicher zauberkünstlerischer Verwandlung, "ein Anderer täglich tagtäglich ein Anderer", werden die Artisten in den ihnen aufgezwungenen Rollen zu "Kunstzertrümmerern". Ohne Verständnis gegenüber dem,"was hier gespielt wird"(142), spielen sie den ihnen unterstellten Charakter "in der Rolle eines abstossenden Menschen"(139). Dem Direktor erscheint das als bedrohliche Gewohnheit schlechter Verhaltensweisen und Sabotage seiner musikalischen Kunstübungen. Keinem der Mitspieler gelingt es, "ausübender, praktizierender Künstler und dazu auch noch Artist" zu sein. Die angestrebte Perfektion austauschbarer Kunst-und Menschen-rollen scheitert am Antirollenverhalten der Macht der Gewohnheit. Der Jongleur hustet jedesmal ins Andante und der Spassmacher lässt in wiederholter Komikergeste seine Haube herunterrutschen. Der einen stinkenden Rettich kauende Dompteur sabotiert durch seinen be - trunkenen Zustand die alltäglichen Proben und die nasebohrende, entsetzlich lachende Enkelin demonstriert marionettenhaftes Nichtver-stehen. Des Direktors Kampf gegen menschliche Gewohnheiten, die zwangsweise in harmonisierende Rollenspiele verwandelt und als Hohe Kunst eingeübt werden mussten, kann nicht gleichzeitig der Ab - schaffung von "Organismusgebrechen" dienen. "Alle meine Vorstel-lungen sind zunichte". Die Hohe Kunst der wechselwirkenden Perfek-tion widersprüchlicher Künste und erzwungener Rollenverhalten er-scheint als Selbstbetrug. Dem angestrebten Ziel, "andere Spässe/an-dere Nummern/andere Tiere/andere Artisten/ganz andere Artisten" darzustellen, steht die Macht der Gewohnheit als Ausdruck einer wahn-sinnigen Lebenskomödie zwingend entgegen. "Die Artisten aber insge-samt alle Künstler erpressen mit ihrer Kunst auf das rücksichtslose-ste".

Auch die absolute Realisation von Ideen vermag zwangvoll erfahrene
Wirklichkeit nicht zu transzendieren. Diese Aufklärung eröffnet sich
dem Helden von Thomas Bernhards Roman KORREKTUR, dem in
Cambridge unterrichtenden, aus Altensam stammenden Wissenschaftler Roithamer, nach Abschluss seiner Schrift "Über Altensam und alles, das mit Altensam zusammenhängt mit besonderer Berücksichti-
gung des Kegels". Sein von der Welt als verrückt erachtetes Vorhaben, in der Mitte des Kobernausser Waldes einen dem Wesen der
Schwester hundertprozentig entsprechenden Wohnkegel zu bauen, war
erfolgreich abgeschlossen worden. Es erzeugt jedoch kein höchstes
Glück. "Wir haben nichts erreicht als was alle andern auch erreicht
haben, indem wir das Ausserordentliche verwirklicht und vollendet haben, als Alleinsein, so Roithamer". Das Ende der immer auf Zeitpunk-
te bezogen bleibenden menschlichen Existenz ist das Aussetzen des
Lebens, ist der Tod. Er bringt die aus Zwängen bestehende Unnatürlich-
keit des Lebens, des an Altensam und seinen Bewohnern falsch Be -
schriebenen, die gleichzeitige Betrachtung menschlicher Verhaltensweisen zu einem natürlichen Abschluss. Roithamer muss "erkennen,
dass alles anders ist, alles unterstrichen. Korrektur der Korrektur
der Korrektur der Korrektur". Die Todeskrankheit und der Selbstmord
der Schwester waren von Roithamer nicht als Wirkung seines beglük-
ken sollenden Kegelbaus erwartet worden. Sie klären ihn über das geistige Alleinsein des Menschen auf. Sie bestätigen die Tatsache, dass
"wir niemals als der (oder die), der oder die wir gerade sind, sondern
immer nur anders "erscheinen. Roithamer macht die Erfahrung von
Wirkungen, die seinem ursächlich wissenschaftlichen Denken und Handeln nicht entsprechen, "es ist das Entgegengesetzte". Sie lässt ihn an
der Möglichkeit einer durch Intensität befreiten Existenz zweifeln. "Ich
habe erkennen müssen, dass alles, das ich in dem Manuskript geschrie-
ben habe, anders ist, dass immer alles anders ist als beschrieben".
Hiervon wird die von Roithamer sachlich-irrsinnig beschriebene Wirklichkeit und seine Beziehung zur Umwelt, zu den Eltern, Brüdern, Freunden, den Heimatorten Altensam und Stocket, zum Höllerschen Haus und
zur eigenen Person betroffen. Zweifelhaft wird Roithamers Entschlossenheit, sich selbst "die vollkommene Selbständigkeit"seines Millionen-
vermögen verschlingenden, jahrelangen verrückten Baudenkens zu beweisen. Dass auch die "Wirkung der Vollendung des Kegels eine andere ist, als die erwartete", stellt Roithamers Streben, sich durch nichts
von sich selbst abbringen zu lassen, grundsätzlich in Frage. Er erhängt
sich auf einer Waldlichtung, den Kegel dem natürlichen Verfall über-
lassend.
Wie Roithamers Jugendfreund und Studienkollege beim Sichten des ge-
erbten fragmentarischen Nachlasses feststellt, kann keine noch so folgerichtige Gedankenkunst, keine Flucht aus heimatlicher Umwelt und
Situationen eine Ablenkung der Person von geistig seelischen Martern,
Machtkämpfen und Unterdrückung gewährleisten. Auch die naturwissenschaftlich aufgeklärteste, künstlerisch musisch idealste Übung der

Selbstverwirklichung "für die eigene Person" ist nur Verfälschung.
Den von der Mutter verursachten peinigenden Rollenspielen, den ge-
bräuchlichen "Ablenkungs"-Schlichen, der "Gedanken-und Gefühlsheuchelei"(324) stand die Verhaltenstäuschung einer praktizierten "Gleichzeitigkeit der Anschauung" zur Seite. Roithamer ist überzeugt, dass
"es möglich ist, zwei (scheinbar) entgegengesetzte Gegensätze gleichzeitig zu denken und zu handeln", und in beständiger Umkehrung aller
Begriffe und Tatsachen zu arbeiten und zu leben. Dieser Idee dienen
die Bau-und Schreibkunst und die "Ortswechsel" zwischen England,
Altensam und der "Bücher-und Schriftenzuflucht", dem Geisteskerker
ker des den Kegelbau verursachenden Höllerhauses. Sie erstreben das
höchste Glück in einem anderen Existenzzustand, der aber durch fäl-
schende Verhaltensweisen nicht zu erreichen ist. "Niemals ist aus
einem Menschen ein anderer Mensch zu machen", aus der Eferdinge-
rin keine Altensamerin und aus der durch Altensamer "Herkunftsma-
tern" vernichteten Persönlichkeit kein ungebrochener, freier, unabhängiger Charakter. Weder die "Geschlechtsheuchelei"(292) der eine
"Hauptrolle"(3o3) selbstquälerischer Gewohnheiten spielenden thea-
terfanatischen Mutter, noch wissenschaftliche Ideenverwirklichung
können die unbegreifliche Natürlichkeit und Notwendigkeit des Selbstmordes aufheben oder übertreffen. Die wahre Übereinstimmung inneren Wesens mit der äusseren Erscheinung der Dinge gelangt auch
nicht durch das Höllerhaus oder einen perfekten Wohnkegel zum Ausdruck. Allein die Natur sorgt für die Vollendung der unterdrückten und
entzweiten menschlichen Existenzen. Ihr Alleinsein korrigiert die
Wahnvorstellungen und vorgegebenen Leiden. Leben und Tod finden
sich zueinander in Beziehung gesetzt. Roithamers "Abstossungspro -
zess"von der "Zweckerziehung"der Eltern, von "Kindheitskerker", von
"Altensam als Gefängnis" fehlte wie seinem Abschied von den Eltern
die äusserste Denkkonsequenz des Aufgehens in der Natur. Mit der Erkenntnis der Unmöglichkeit einer andauernden Gleichzeitigkeit des Lebens in Natur und Wissenschaft-Kunst löst sich das Studium innerer
und äusserer Entsprechungen auf. Rollenspiele und Erniedrigungskün-
ste verlieren an Bedeutung. Demgemäss offenbart Roithamers Nach-
lass eine Reduzierung und Korrektur alles Geschriebenen. Beobachte-
tes und Geschaffenes werden auf den umfassenden Naturzustand des
Todes zugeführt. Hierin erscheint Roithamer seinem Jugendfreund, dem
Tierpräparator Höller wesensverwandt, der umgekehrt tote Naturge-
schöpfe zu "Kunstgeschöpfen" ausstopfte. Roithamers Vernichtung seiner geistigen und physischen Existenz, seines Besitzes und Vermögens
ist die letzte Korrektur der nutzlosen existentiellen "Perfektionierung
seiner Möglichkeiten". "Ich habe keine Existenz mehr, soll Roithamer
als letztes zum Höller gesagt haben". Der Lebensweg des von Roithamer mit der Sichtung seiner Manuskripte betrauten anderen Schul -
freundes folgt jedoch nicht dem tödlichen Zwang der vermittelten Aufklärung. Trotz existentiellen Ausgeliefertseins an Roithamers Schriften, Denken und Höllersche Dachkammer gelingt es dem dritten Lei -

densgenossen, sich und seine Erinnerungskrankheit zu distanzieren.
Die tödliche Konsequenz verfälschter Denk-und Verhaltensweisen erfährt in ihrer Sichtung eine unterscheidende Gegensatzbewegung, die
als dreistufiger Beschreibungsprozess Roithamers Denkzwang korrigiert.

In der Filmgeschichte DER KULTERER, die Thomas Bernhard in ih -
rer ersten Prosafassung unter dem Titel 'Der Briefträger' erscheinen
liess, bevor sich aus ihr eine Erzählung und dann ein Fernsehfilm entwickelte, werden Rollenaustauschbarkeit und Rollenidentitäten thematisch aufgeklärt. Der zu einer Gefängnisstrafe verurteilte Kulterer
sieht sich zwangsweise mit einer veränderten Aussenwelt und damit
veränderter Selbsterfahrung konfrontiert. Kameraführung und Perso-
nenkommentator verdeutlichen eine an Kulterer vollzogene äussere
Wandlung in eine "verfügungsbereite Existenz". Schauplätze, Menschen-
gruppierungen, Lebensverrichtungen belegen den Aufenthalt in einer
Strafanstalt. Dort ist der Kulterer ein registrierter "Akt", trägt Sträf-
lingskleidung und arbeitet als Sortierer in der Gefängnisdruckerei, als
"Teil der Druckmaschine". Eingegliedert in die arbeitende und essen-
de Häftlingsmenge vollführt der Kulterer die sich wiederholenden, au-
tomatischen Bewegungen eines Gefangenen. Er erscheint als ein Körper mit Beinen, Händen, Mund inmitten von Häftlingen. Möglichkeiten
des Personseins sind nicht gegeben. Kameraführung und Erzähler be-
glaubigen die völlige Isolierung der Schauplätze und Vorgänge von der
"wahrscheinlich ununterbrochen unruhigen Umwelt". Personen der Aussenwelt wie der Bäckergeselle, der Fleischergeselle und ein schwarz-
gekleideter Bub mit einer Zugbegleiterpfeife werden von den Wachmännern zurückgewiesen. In dieser Welt der Zwänge und Verbote wird
der sich unterordnende Ja-Sager Kulterer als ein gleichzeitig Beunru-
higter gezeigt, der "mit allem zufrieden war, ausser mit sich selbst".
Das Ausgesetztsein in einer Welt der Finsternis und die Annahme seiner rechtmässigen Strafe lässt den Kulterer zu eindringlicher Klarheit seiner beschränkten Gedanken finden. Die veränderte Aussenwelt
als Innenwelt bewirkt auch eine "Umwandlung seines Gehirngefüges".
Worte wie Logik und Freiheit, Kloster und Gefängnis erscheinen ihm
in ihrer Bedeutung gleich. Aus der "Einsamkeit"als neu erfahrener
"Grundfarbe" entwickelt sich für den Kulterer das Bedürfnis, "seine
Existenz zu verbessern". Er beschliesst, "Raum und Zeit seiner Person auszufüllen", sich aus seiner Rolle in einer zwanghaften Aussenwelt zu befreien. Die Entdeckung der konzentrierenden, abgrenzenden
und reinigenden Macht des Denkens verhilft ihm zur Freiheit einer
innermenschlichen Existenz. "Das Rechnen mit Gedanken vergleichbar
der Addition und Subtraktion "bildet die Grundlage eines anderen Kulterers. Dieser richtet sich durch das Schreiben trauriger Geschichten
und der träumenden Betrachtung der Umwelt in der Finsternis seiner
Welterfahrung ein. Das künstliche Spiel, eine Innenwelt aufzubauen, wird
auch gegenüber der gegebenen Aussenwelt filmisch deutlich. So ziehen
die Einstellungen der Kamera auf der Kopfglatze des Anstaltdirektors
das Gesicht des Kulterers und auf diesem das des Aufsehers bildlich
zusammen, obwohl der räumlich reale Abstand der Personen eingehal-
ten wird. Die Vielfalt möglicher Einstellungen kann beliebig Szenen um
den Kulterer addieren oder subtrahieren, Bewegungen und Zeiten raf-
fen, dehnen und anhalten. Sie belegt die Rollenspiele einer beteiligten

personalen Kamera, der gegenüber die Aufnahmen von Landschaftsszenen eines Flussbettdammes ruhig und statisch erscheinen. Die "neuen Augen"des Kulterers sehen den Kulterer auf seiner Zellenpritsche sitzen und beobachten ihn gleichzeitig bei der Arbeit in Aussenbezirken des Gefängnisses. Die Bilder gehen "übereinander". Die damit vorgestellte äussere und innere Rollenidentität des Kulterers kann aber Einbrüchen der Wirklichkeit nicht standhalten. Beständig registriert die Kamera das unmotivierte Auftreten eines schwarzgekleideten Buben in der Umgebung des Gefängnisses. Er wird von Wachmännern ignoriert, hat jedoch auf den Kulterer eine besondere Wirkung. Das schrille Rufen der Zugbegleiterpfeife mahnt den Kulterer wiederholt an die Existenz einer Aussenwelt, die seine Rollenidentität gefährdet. Seine herannahende Entlassung aus dem Gefängnis stellt sich dem Kulterer als drohender Verlust seiner erzwungenen Freiheit dar. Er lebt in ständiger Angst vor Paketen und Briefen seiner Frau, vor der Rückkehr zu ihr. Der Kulterer fürchtet, in Freiheit, der Sträflingskleider entledigt, nichts mehr schreiben zu können, nichts mehr denken zu können... nichts mehr zu essen". Konfrontiert mit der Aussicht, in der bürgerlichen Welt einen "Posten" zu finden, zu festgelegten Verhaltensweisen entlassen zu werden, sich jede Woche polizeilich melden zu müssen, spielt er mit dem Gedanken des Selbstmords. "Aber es ist sinnlos, sagte er sich". Das Ablegen der Anstaltskleider führt den Kulterer in die "plötzliche entsetzliche Verlassenheit" der Welt. In ihr lösen sich die Traumgestalt des Buben mit der Pfeife wie auch die im Gefängnis erspielte Rollenidentität in Ungewissheit und Hoffnungslosigkeit auf.

In Thomas Bernhards DIE BERÜHMTEN müssen sich Künstler mit
dem Gegensatz zwischen Bühnen-und Lebensrollen und der Hass-Liebe zu berühmten Rollen-Vorbildern auseinandersetzen. Zur Feier der
zweihundertsten Opernpartie des Ochs sind im Schloss eines Barons
und berühmten Bassisten, ein Tenor, ein Schauspieler, eine Schauspielerin, ein Regisseur, ein Kapellmeister, eine Pianistin und ein Verleger zu Gast. Beschäftigt mit einem lukullischen Mahl, jeweils neben
einem bewunderten Künstler-Vorbild in Gestalt einer Puppe sitzend,
erwartet man noch die Ankunft der Gundi, Kammersängerin und Mar-
schallin im Rosenkavalier. Das allgemeine Tischgespräch kreist unter
Einbezug der Puppen um die Karrieren berühmter Dirigenten und Sänger, deren Kunstverständnis und Genius. Dabei ergibt sich als faszi-
nierende Ausserordentlichkeit, dass diese vornehmlich von "einem Unglück in das andere"stürzten. Je grösser das Talent, umso gefährdeter
ist die Person. Eine krankhafte Unglücksnatur setzt sie Körperverlet-
zungen, Naturkatastrophen und tödlichen Unglücksfällen aus. Wahres
Künstlertum, unerhörte Begabung, Talent und Genie kommen weder ohne eine "gigantische Gesellschaftsausbeutung", Vermögensverluste,
Bank-und Theaterkräche, noch ohne Verkrüppelung der Geistes-und
Körperhaltung vor. "Die Ursache des Schöpferischen ist überhaupt
Körperverkrüppelung oder eine Geistesverkrüppelung". Wenn dann ein
Auftritt beendet, "die Oper abgespielt ist", muss der Künstler seine
Ausserordentlichkeit in Alkohol ertränken. Zusammenhang und Widerspruch von Schwachsinn und Kapital bringendem Startum bis zur Todeskrankheit des Künstlergenies gehören zur "kombinatorischen Analysis"der Kunst. Innerhalb dieses Rahmens erlaubt die Sprache als
"ein mathematisches Ideeninstrument" dem grammatisch spielenden
Künstler-Dichter seine nach zweihundert Partien abgespielten Berühmten sich ihrer Vorbilder entledigen zu lassen. Sopranistin Gundi nach
beendeter Opernpartie betrunken auf der Feier erscheinend, zerschlägt
eine Champagnerflasche auf dem Kopf ihres Vorbildes Lotte Lehmann.
Daraufhin erschlagen, erwürgen, erschiessen, erstechen die Berühmten
im Befreiungsrausch die Gestalten der Rollenvorbilder. Zuerst muss
"das Talent vernichtet werden, damit der Künstler entstehen kann".
Mit dieser sich Unabhängigkeit erschaffenden Aktion der Berühmten
ist die "Perfidie der Künstler" nach zwei Vorspielen in Szene gesetzt.
Demzufolge macht der Widerspruch von Schöpfertum und passiver Existenz, zwischen Künstlern und Politikern einem echten Baron und einem gespielten Ochs von Lerchenau, von Freiluftfestspielen und Un-
wettererwartung, von regenerierendem Landleben und Genieverstüm-
melung das Leben erst erträglich. "Der Kontrast ist es der mich am
Leben hält der Kontrast". Geistig zu verfeinert und literarisch gebil-
det, um über das Naturtalent und die Unschuld eines guten Schauspielers zu verfügen, braucht der Opernkünstler den Naturgenuss, die Na-
turbeobachtung. Und doch zählt er angesichts der Gemälde der von ihm
'ermordeten' Rollen-Vorbilder und der anwesenden vornehmen Haus-
gäste wiederum zu den Berühmtesten, den Ehrenbürgern und Professo-

ren ehrenhalber. Es fehlt an einer elementaren, unschuldigen "Kunstnatur", die unabhängig von den "Schauhandlungen" des Staates, dem "Schauspiel" des Volkes fähig wäre, "alles zu durchdringen das ganze Schauspiel"(85). Verhaltensweisen des Verschweigens, Nicht-Zugebens, Versaufens, Verlierens, Zauberns gewinnen keine Kunstnatur und Künstleridentität. So fragen sich die dem Kontrast lebenden Berühmten, "wer von uns welcher Charakter ist". Von noch unveröffentlichten Geschlechts- und Charakterforschungen ausgehend, demzufolge auf jeden Menschen ein Tiergeschöpf passe, setzen sich die angeheiterten Berühmten jeweils einen Ochsen-Hahnen-Fuchs-Kuh-und Ziegenkopf auf. Diese Offenbarung der Tiercharaktere der Künstler versinnbildlicht die von der Gesellschaft kultivierten Gegensätze zwischen Kunst und Geschäftstüchtigkeit, Krankheitsanfälligkeit und Essensgier. Sie verwandelt die Berühmten in Tierlaute von sich gebende Stimmbandkünstler. Der bestehende Kontrast zwischen künstlichen und natürlichen Charakterrollen erscheint somit durch eine "Schauhandlung" spielerisch bestätigt. Andererseits wird diese jedoch durch den schöpferisch fiktiven Akt einer "absolut hohen Kunst, als welche ich die Dichtung bezeichnen möchte" und die Einbildung des Spiels aufgehoben. "Die Dichtung ist dem interpretierenden Volk unerreichbar".

26

Die Bewegung des Ich zu sich selbst, wie sie Thomas Bernhard in DER KELLER darstellt, muss immer eine "unregelmässige und ständige Bewegung, ohne Führung und ohne Ziel" bleiben. Beim Lesen einer Zeitungsnotiz erinnert sich der Autor an seine Lehrzeit in einer Salzburger Vorstadt. Vom Schreiben als einer "Lebensnotwendigkeit" durchdrungen, glaubt er insbesondere, "die Wahrheit schreiben und beschreiben zu wollen". Dem Bemühen, "die Wahrheit mitzuteilen", steht jedoch die Lüge des "Erinnerungsmechanismus"entgegen. Die Vernunft macht die Wahrheit zur Lüge und umgekehrt. Bewegung und Ziel des Mitgeteilten sind in ihren Wirkungen nicht gesichert, nicht für den Leser und nicht für den Schreibenden. Wer als Angesprochener schlüssiges Verstehen erwartet, "verweigert sich der Störung durch den Störenfried". Der Autor wendet sich an den Leser, "indem ich aufmerksam mache auf Tatsachen, die stören und die irritieren". Der Drang, entsetzliche Wahrheiten zu sagen, prägte zeitlebens die Existenz des sich Erinnernden. Er entwickelt im Schriftsteller den gleichen Zweifel an Lügen, der dem jungen Lehrling zuhause nur Ablehnung und Unglauben eintrug. Er ist von der Sinnlosigkeit und Nutzlosigkeit seiner kleinbürgerlichen Existenz und deren tödlichen Gewohnheiten überzeugt. Bedrängt, durch "Unterrichtszwänge" hoher Schulen, "auf diesen Weg gezwungen ... von meinen Erziehern, von meinen Verwandten", gibt der Gymnasiast urplötzlich seinem Leben eine entgegengesetzte Richtung. Er verlässt die Schule und nimmt eine ihm vom Arbeitsamt vermittelte Lehrstelle an. Diese "Überlebensstelle führt in das Kellergeschäft des Lebensmittelhändlers Podlaha. Damit geriet der sich von der'Umwelt als einer perversen Betrugs- und Geschmacksgesellschaft" Abkehrende jedoch in die Scherzhauserfeldsiedlung. Sie gleicht einer von Staat, Kirche und Stadt aufgegebenen Vorhölle, einem Verzweiflungsghetto Salzburgs. Ausbruchsversuche aus dieser als Aussätzigenlager betrachteten Siedlung scheitern von jeher in noch tieferer Verzweiflung. "Einer hatte sich in allen möglichen deutschen und österreichischen Städten als Schauspieler versucht und ist als sogenanntes total verkommenes Subjekt ... krepiert"(49). Im Gegensatz zu den vergeblichen und tödlichen Fluchtversuchen der Menschen in Träume, Wunschbilder, Phantasien, Krankheiten und Verbrechen wird das Leben in der Siedlung "als eine Groteske zur Schau getragen"(58). Selbst an einem Daseinshöhepunkt wie dem Faschingsdienstag können die Kostümierten ihr Schicksal nicht hinter sich lassen, bleiben dem Lebensmittelhändler den Rum schuldig. Dieser jedoch war von diesen "anderen Menschen" und der Vorhölle der Siedlung"als einer Zuflucht, so absurd das ist, angezogen gewesen". Genau wie für den ehemaligen Gymnasiasten der Keller die "einzige Rettung ... meine einzige Zuflucht"gewesen ist, war für den gelernten Kaufmann und abgebrochenen Musikstudenten Podlaha die Siedlung eine Zuflucht. Beide Personen sahen sich in gewissen Lebensabschnitten "von der sogenannten Welt abgestossen". Sie fühlten sich in ihren Wünschen behindert und suchten nach einem Ausweg aus einer "Persönlichkeitsmise-

re". Dem Podlaha charakterlich ähnlich, gewinnt der Junge, trotz der
harten Lehrlingsarbeiten und des Umgangs mit verbitterten Kunden,
Vergnügen an seiner nützlichen Tätigkeit. Das Gefühl der Freiheit nähr-
te sich dabei aus dem gefährlichen "Zwischenraum zwischen Sympathie und Antipathie, aus welchem ich mich zu existieren getraute". So
wie ihn der Podlaha in der 'Rolle des Seelen-und Nervenarztes"(66) in
die "absolute Realität" einführte, hatte ihn sein Grossvater philoso -
phisch "im Alleinsein und Fürsichsein geschult". Die Bewegung zwischen Gegensätzen, der Wechsel der Umstände, die das Leben Podla-
has bestimmt hatten, waren auch dem Jungen von Kindheit an auferlegt.
Seine sich der Nachkriegskatastrophe ausliefernde neunköpfige Familie hatte ihn in die falsche Lebenswirklichkeit entlassen. Der Junge
suchte "die Veränderung, das Unbekannte" als Gegensatz zur vom
Grossvater gelehrten Distanz. "Er hatte etwas zwingen wollen mit mir,
was nicht zu zwingen gewesen war". Die kindliche Erfahrung der all-
samstäglich familiären Wochenendmelancholie, des häuslichen Elends
verlangte nach einem Gegensatz, der Schutz versprach. "Um mich
selbst zu schützen, verfälschte ich mein Zuhause". Daraus entstehen
neue Gegensätze. Das Leben in der "Spannung zwischen meinem Zuhause (als der einen Welt) und dem Keller(als der entgegengesetzten
anderen)"führt letztlich zu keiner Befreiung. Mit 16 Jahren hatte er
schon "eine Ahnung gehabt von der Fürchterlichkeit schriftstellerischer oder überhaupt künstlerischer und geistig-philosophischer Be-
mühung". Er musste erleben, wie der Grossvater, unter dem verrückten Zwang, das 'Tal der sieben Höfe' zu schreiben in schöpferischer
Isolierung einen vergeblichen Kampf gegen Krankheit und Todesangst
führte. Angesichts des in Erfinderwahnsinn verstrickten Onkels, der
sein Alltagsleben nicht bewältigen kann, suchte der Junge Schutz "im
totalen Widerspruch" des Kaufmannsgeschäfts. Aber auch dieses Milieu ist ihm nicht ganz fremd, da "die Kaufmannstradition bei den Un-
seren eine uralte Tradition ist", sodass er schliesslich auch im Keller "nicht ohne Gegensatz" auskommen kann. An das Geigenspielen
seiner Kindheit anknüpfend, beginnt er eine vom Grossvater unterstütz-
te Gesangsausbildung. "Die Musik war der meinem Wesen, meinem Talent und meiner Neigung entsprechendste Gegensatz"zu der Kellerlehr-
stelle bei Podlaha. Dieser war ein verhinderter Musiker und ein Klas-
sikerfreund. Der Dreischritt von Gesang, Musik als höherer Mathema-
tik und Kaufmannslehre vermittelt in seiner Unvereinbarkeit einen Zustand des Glücks. Er ist umgeben von Vorbildern des Widerspruchs,
aus dem Widerspruch entflohen, im neuen Widerspruch lebend, "es
war alles ein Widerspruch". Eines Tages zieht sich der Lehrling eine
Grippe und darauffolgend eine Lungenentzündung zu. Durch diese
Krankheit wird er jahrelang ans Bett gefesselt und zum untätigen Ein-
zelgänger gemacht. Ein tägliches Aufklären der Existenz und fort -
schreitendes Altern lassen ihn dann erkennen, dass das lebensbefähi-
gende sich gegen sich Stellen, das "Entweder/Oder sich schon längere
Zeit im Gleichgewicht"befinden. Trotz fortgesetzten Selbsterforschens

bleibt der Ausgang unbekannt, enden alle Bemühungen "in totaler Bewusstlosigkeit". Die Erfahrung, dass jede bewusste Bewegung sich "das Doppelte in der Gegenrichtung gefallen lassen" muss, bewirkt "ganz natürlich die Gleichgültigkeit" gegenüber dem Gespieltwerden. Im Wechsel der lebenserhaltenden Gegensätze und Zwangslagen ist letztlich nicht zu übersehen, "dass ich auch immer zwei Existenzen geführt habe, eine, die als Wirklichkeit zu bezeichnen ich tatsächlich ein Recht habe und eine gespielte"(154). Beim Versuch, "der Existenz auf die Spur zu kommen", entdeckt der Erzähler die Menschen als Rollenspieler auf einem Theater des Lebens. "Die Natur ist das Theater an sich. Und die Menschen sind auf dieser Natur als Theater an sich die Schauspieler"(160). Dieses Zusammenhanges noch nicht bewusst, fällt das Kind, das "schon sehr früh ein Schauspieldirektor gewesen" (159), auf die Natur herein. Das Theater, das "ich mit vier und mit fünf und mit sechs Jahren für mein ganzes Leben eröffnet habe"(157), entlässt ihn nicht mehr. Gleichgültig, ob die Schauspieler behaupten, eine Tragödie aufzuführen oder das Gegenteil davon oder ein dadurch bewirktes Gegenteil, die scheinbar lebensfähige Entwicklung bleibt ohne Sinn. "Sie verstehen nicht, was gespielt wird, weil ich selbst nicht verstehe, was gespielt wird"(159). In der Vermischung der Tragödien und Komödien, der Charaktere und Wünsche, aus der einen die Vorstellung nur zeitweise rettet, wird der Mensch "immer wieder auf sich selbst zurückgeworfen". "Die Vorstellungen haben sich seit dem Premierentermin verbessert, die Requisiten sind ausgewechselt, die Schauspieler, die das Schauspiel, das gespielt wird nicht verstehen, werden hinausgeworfen, , so war es immer"(157). Die Unberechenbarkeit der Lebensentwicklung in den Tod, "in dem immer verlorenen Spiel"(154), das der gespielte Spieler nicht zerstören kann, erlaubt keine Flucht. Eine grosse Gleichgültigkeit erscheint als der letzte sichere Boden des Bewusstseins. "Und das Publikum? Wir können die Bühne in die Unendlichkeit erweitern, sie zusammenschrumpfen lassen auf den Guckkasten des eigenen Kopfes"(158). Aber auch dieser scheinbar finalen Bewegung steht die Unregelmässigkeit des schriftstellerisch fiktiv spielenden Denkens gegenüber. "Wie gut, dass wir immer eine ironische Betrachtungsweise gehabt haben, so ernst uns immer alles gewesen ist. Wir, das bin ich".

Heinrich Bölls Roman ANSICHTEN EINES CLOWNS löste bei seinem
Erscheinen eine Protestwelle christlicher Empörung und kontroverse
Rezensionen aus. Hans Schnier, Sohn des Braunkohlenschnier, kriti -
siert rheinischen Katholizismus, Staat und Kirche, Liebe und Sexualität,
Familie und Ehe, Reichtum und Armut, Gefühlskälte und Mitleid erregende Sensibilität, Moralität und Geschäftsopportunismus, schmieren-
schauspielerische Nazigefolgschaft und neue Versöhnungshumanität.
Das aber beleuchtet nur Punkte entlang des Aufstiegs vom Wirtschafts-
wunderdeutschland zum modernen liberalistischen Staatswesen. Nicht
die gesellschaftlich individuellen Anklagen und telefonischen, bissigen
Herausforderungen neubürgerlicher Selbstgerechtigkeit geben den Reden Schniers ihre menschliche Glaubwürdigkeit. Es ist die Tragödie
der Zeitgenossen, "von deren Art ich bin:die Menschen"und deren gesellschaftliche Unangepasstheit, die Hans Schnier die Clownsrolle zum
Beruf wählen lässt. Von seiner katholischen Jugendfreundin und Lebensgefährtin im Stich gelassen, zerstört der Komiker absichtlich seine berufliche Karriere. Der technisch exakte, wortlose, imitierende,
"professionelle Habitus ist der beste Schutz". Schon von Jugend auf
hatte sich Hans in boshaften Chaplin-und Politikerimitationen geübt,
hatte Clownsnummern, Pantomimen und Faxen vorgeführt. Das ihm dabei attestierte Naturtalent, seine mit christlichem Wohlwollen festge-
stellte wandlungsfähige Könnerschaft verdecken nur oberflächlich einen Zustand mitmenschlicher Isolierung. Er führte zur Trennung vom
Elternhaus und dessen Ordnungsprinzipien, zum Wanderleben mit Marie und zur beruflichen Perfektionierung der "verzweifelte(n) Kälte,
mit der ich mich zur Marionette machte"(13). Die dünnen Fäden in diesem Spiel reissen, Schniers einstudierte "leere Augen"können der ka-
terbedingten Melancholie, den Kopfschmerzen oder dem Selbstmitleid
nicht mehr standhalten. Wenn er mit Marie die einzig mögliche menschliche Gemeinschaft verliert, dann fällt der Clown zeitweilig aus der
Rolle und auf den telefonierenden Menschen Schnier zurück. Dabei
wird sichtbar, welche Anstrenungen es kostet, einen Lebensrhythmus
aufrechtzuerhalten, die Leiden des Ich zu überspielen und das Ich von
einer verletzenden Umwelt zu distanzieren. In seiner Kunst verwandelt der Clown allgemein ernst genommene Rollen der sich zur Schau
stellenden Gesellschaft, ob sie als Wissenschaftler im Fernsehen oder
als Prälat in Diskussionen auftreten, in Heiterkeit erregende Masken.
Diese formale Abstrahierung menschlicher Wirklichkeit verlangt vom
Clown die Entleerung des eigenen Bewusstseins, den Ausschluss des
Mitleids, das Weissschminken des wahren Gesichts. Auch der alte
Schnier glaubte sich erst dann vor des Sohnes Masken sicher, "vor
meiner Spielerei"(274), wenn dieser abgeschminkt ist. Das Rollenspiel
des Clowns aber bedarf keiner Schauspielschule, keines akademischen
Unterrichts. Er lebt aus der Gegnerschaft zu den in traditionellen Ordnungsprinzipien erstarrten Lebensläufen und aus dem Spass, die Di -
stanz von der Rolle und dem Ich zu üben. Wo der Vater im Fernsehin-
terview in die Star-"Rolle gedrängt"(179) wird, ohne Abstand zu bewah-

ren, "ich spiele nichts daran, sagte er ernst", ironisiert der Sohn den
Auftritt als moderne Form der Pantomime. Der echte Clown bedarf
der Technik der Entleerung des Bewusstseins, um Menschen aufmerksam machen zu können. Er muss durch Training sein Gesicht "sehr
beweglich halten", um den Haupteffekt eines unbeweglichen Gesichtes
zu erzielen. Es gehört zur täglichen Übung des rollenspielenden Clowns
sich selbst im Spiegel "erst einmal ganz nahe zu bringen, bevor ich
mich wieder entfremden konnte". Der "fremde Kerl" in der Maske des
Clowns beabsichtigt jedoch keine Bewusstseinsschulung wie sie dem
Schachspielen zugrundeliegt. Schnier braucht die Clownsrolle wie das
stundenlange holzfigurenschlagende Ritual des Mensch-ärgere-dich-
nicht-Spiel als "ein Narkotikum". Sie gewährt Feierabend und Ruhe vor
den Ordnungsprinzipien. Das Clownsspiel distanziert Schnier von der
"Rolle des Kupplers", von der Rolle des militärischen Schmieren-
schauspielers, der Gäste-Rolle, der Rolle des Fernsehstars, des Fami-
lienmitgliedes, der Politiker-und Ministerrolle, des Managers, des Auf-
sichtsrates, des Alleinunterhalters, des Papstes oder Gary Coopers.
Von Kindheit an war Schnier zu Nebenrollen im Theater, zur Rolle
Siegfried und zu einer Künstlerkarriere einstudiert worden. Insofern
Schnier jedoch unfähig ist, Naivität bewusst vorzuspielen, ist die Rolle
des Clowns eine Lebensnotwendigkeit, so wie ein "Künstler gar nicht
anders kann, als machen, was er macht". Ein absichtliches oder unab-
sichtliches Herausfallen aus der Kunst bedarf der Möglichkeit, die
Kunst zu vergessen. Das wird jedoch weder durch Alkohol erreicht,
noch vom feierabendlichen Kunstinteresse zugelassen. Ein gemeinsa-
mer Urlaub mit Künstlern und Diskussionen über Clowns und Narren
in der Dichtung verwickeln Schnier in eine Schlägerei und enden in
Krankheit. Es gibt für Schnier keine festgelegte Rolle des Clowns, keine jahrelang wiederholten Nummern. Die Versuche, das "Menschliche
darzustellen", misslingen Schnier wegen zu starker innerer Beteiligung. Hingegen gelingt ihm die Darstellung "alltäglicher Absurditäten"
und die Ordnungsfremdheit "in der kindlichen Existenz" ganz gut. So
ist der Clown Schnier nicht nur in seinen Ansichten sondern in seinem
Leben zum Weiterspielen bereit. Mitten im rheinischen Maskenkarne-
val ist er allein, ohne mitmenschliches Gegenüber und ohne Hoffnung,
aus der ihm notwendigen Selbstentfremdung zurückgeholt zu werden.
Gleichwohl sind Mitleid und Selbstmitleid unangebracht. "Ein Professioneller" im Rollenspielen geht seinen Weg unter Amateuren, distanzierend Augenblicke sammelnd.

In Heinrich Bölls GRUPPENBILD MIT DAME führen die porträtierten
Haupthandlungsträger keine Rollenspiele vor. Es ist die Position des
recherchierenden Erzählers, die zwischen den Rollen objektivierender
Berichterstattung und anteilnehmender Verfasserschaft wechselt. Sie
verdeutlicht damit das Spielen und Gespieltwerden literarischer Mitteilung. Es gibt keine eindeutig handlungsführende Person. Das Bild
der Dame, Leni Pfeiffer, geborene Gruyten, zeigt "keineswegs die oder
auch nur eine Heldin". Es scheint, als ob die "Rolle des Rechercheurs"
(237) es einzig und allein im Sinn hat, eine schweigsame und ver -
schwiegene, stolze, reuelose Person ins rechte Licht zu rücken". Ihr
Leben und Lieben zeichnet sich ab vor dem Hintergrund der Schicksale sie umgebender Familienangehöriger und Arbeitskollegen. Leni erscheint als Frau, die um drei Männer trauert, Kafka gelesen hat, Höl-
derlin auswendig kennt, die Sängerin, Malerin, Pianistin, Geliebte, voll-
endete und werdende Mutter ist". Ein Dossier jedoch gewinnt nur in-
soweit an Inhalt als sich in Lenis Person die Lebensläufe anderer
Menschen in "höchst widersprüchliche(n) Geschichtsperioden" von
Vorkriegs-Kriegs-und Nachkriegszeit auffächern. Zentrale Erlebnisse Lenis kann der Erzähler nur durch Befragen noch interviewbarer
Zeitgenossen und Auskunftspersonen erfahren. Es ist ihre Person,"an
der der Verfasser mit Zärtlichkeit hängt'. Das kann über keine der
als "Nebenhelden"auftretenden, eine "Chargenrolle"(lo7) spielenden
oder die "Rolle des männlichen Haupthandlungsträgers"(182) überneh-
menden Figuren wie Walter Pelzer oder Boris Kollowski gesagt werden. Leni gewährt dem Verfasser gleichwohl nur aus"wenigen direk-
ten Zitaten"Einblick in ihr "inneres Leben". Von Natur aus nicht mit
Reflektionskraft begabt, erreicht Leni vielmehr ihre Bildposition als
"ein verkanntes Genie der Sinnlichkeit". Während der Verfasser hiervon berichtet, gibt er fortwährend Rechenschaft über die von ihm zur
Gewinnung und Weitergabe von sachlicher Information angewandten
Methoden. Der abstrahierende Gebrauch lexikalischer Definitionen
von Gemütszuständen, das Zusammenfassen, Vergleichen und Synchronisieren von Zeugenaussagen, Nachforschungen, Sachanalysen, Tonband-
protokollen, Brief-und Quellenzitaten schützen den Verfasser jedoch
nicht davor, an menschlicher Tragödie Anteil zu nehmen. Kein Angehöriger der Familie Gruyten ist geeignet, eine Heldenrolle zu übernehmen. Die Schicksale von Lenis Vater Hubert, Mutter Helene, Bruder
Heinrich und eigenem Sohn Lev demonstrieren Elemente bewusster
Selbstzerstörung. Innerhalb ihrer Spielbereiche, von der Kriegsindu-
strie bis zur städtischen Müllabfuhr, verweigern sie eine gesellschaftliche Rollenkonformität. Den Gruytens fehlt die "Selbstgewissheit des
Seins". Der Vater kommt als "ein Spieler"(83) in einem abstrakten Notizbuchspiel"(183)um Vermögen und Existenz. Entsprechend verliert
der Verfasser immer häufiger seine Unbefangenheit im sachlichen Addieren des Ermittelten. Die unbeantwortet bleibenden, sich psycholo-
gisch und schicksalshypothetisch aufdrängenden Fragen zeigen die Position des Verfassers als strategisch begrenzt und ohne visionäre

Kraft. Freigelegte Gefühlsstrukturen bringen den Verfasser in Verlegenheit und Beweisnotstand. Die "Auffassungs-Wahrnehmungs-und Interpretationsgeschwindigkeit des Verfassers" kommt nicht zur vollständigen Synchronisation. So muss er sich "ausnahmsweise in den Vordergrund drängen", einen "Kommentar gestatten", "noch einmal unmittelbar eingreifen", um den Sachlichkeitscharakter gerechter Wahrheitsfindung aufrechtzuerhalten. Das vom Verfasser abgelegte Geständnis, "dass auch ihn das alles ziemlich aufgewühlt hatte", verwandelt den überlegenen Berichterstatter endgültig in einen mitfühlend anteilnehmenden, in eine Person. Als solche kann er sich nicht mehr auf seine zitierende "Berichterstatterpflicht"zurückziehen. Seine Recherchierfähigkeit gerät endgültig in eine Sackgasse, wenn Probleme finanzamtlicher Spesenabrechnung die weitere Ermittlungstätigkeit behindern. Schliesslich wird der vormals faktenorientierte Verfasser als Verliebter sogar zum Gruppenangehörigen, wobei "Berufliches und Privates gemischt"wird. Der Berichterstatter tritt nun verschiedentlich "aus seiner Objektivität"heraus, verliert seine "Neutralität". Mit dem letzten banalen Eingeständnis, "dass auch er nur ein Mensch ist", fällt der Verfasser aus der behaupteten Überlegenheit seiner Recherchierrolle. Im Verein mit seiner neu gewonnenen Vertrauten Klementina nimmt er teil an einem dem Leser vorgeführten gruppenweisen "Happy End"der literarischen Fiktion.

Heinrich Bölls Erzählung DIE VERLORENE EHRE DER KATHARI-
NA BLUM scheint in ihrer berichteten Handlung wesentlich den ihr
beigegebenen Untertitel ODER:WIE GEWALT ENTSTEHEN UND WO-
HIN SIE FÜHREN KANN demonstrieren zu wollen. Die geschiedene
unabhängige und hübsche Hauswirtschaftsangestellte gerät unverse-
hens in das Netz polizeilicher Ermittlungen gegen den wegen Dieb-
stahls und Unterschlagungen gesuchten jungen Deserteur Ludwig Götten. Weil sie mit dem straffällig gewordenen Ludwig eine Nacht ver-
bracht hatte, steht Katharina gemäss der "Verabredungs-und Ver -
schwörungstheorie des sie vernehmenden Kommissars im Verdacht
der Mitwisserschaft und Fluchtbeihilfe. In der Folge erscheint die
junge Frau in Fortsetzungsausgaben der Sensationspresse als "Mör-
derbraut"und "Räuberliebchen". Es gelingt ihr nicht, sich öffentlich
'gegen diesen Schmutz zu schützen und ihre verlorene Ehre wieder-
herzustellen". Die bei Freunden als schamhaft und sehr verletzlich
geltende Katharina wehrt sich endlich gegen die rufmörderischen Verleumdungen. Kaltblütig erschiesst sie den Reporter Tötges, der sie zu
einem Exklusivinterview aufsucht und dabei sexuell zudringlich wird.
Der berichtete Geschehensverlauf endet, indem Katharina ihrem
Rechtsanwalt den Tathergang erzählt.
Im Vordergrund scheinen damit sozial deterministische Anklagen der
Individualitätsmanipulierung und der Profilentwicklung einer Mörde-
rin "auf Grund von Zeitungsberichten" zu stehen. Als Funktion des Erzählten wird jedoch gleichfalls sichtbar, wie synchronisierendes
menschliches Rollenspiel desillusioniert wird. Die geschilderten Ermittlungen gegen einen Gewalttäter und die daraus entstehenden neu-
en Gewalttätigkeiten lenken den Blick auf die vermittelten Erzählperspektiven. Ohne Zweifel ist sich der auf Fakten und Quellen berufen-
de auktoriale Berichterstatter seiner Rolle nicht sicher. Der erzählerische Ordnungsvorgang bemüht sich analytisch um die'Dränage oder
Trockenlegung" sowie "Zusammenführung" von Quellen. Dabei gerät
das Erzählte dem nur "notwendige Niveauunterschiede"gelten lassenden Faktendarbieter "stellenweise in Fluss". Der Leser wird für den
gelegentlichen Wechsel der Erzählebenen und für "gewisse Stauungen,
die man auch Spannungen nennen kann", um Nachsicht gebeten. Denn
"ganz vermieden werden können sie wahrscheinlich nicht", womit die
dokumentierende Berichterstattung als Rollenhaltung fragwürdig erscheint. Das Ende der Mitteilungen verzichtet dann aber auf "Harmonie" und "Integration" als erfreuliche Auflösung des Geschehens. Wenn
damit wiederum der Funktion des Berichterstattens entsprochen wird,
fällt doch der Faktenvermittler an anderer Stelle deutlich aus seiner
Rolle. Der Grund dazu liegt in der eingeräumten Voraussetzung, dass
"der Fall Katharina Blum angesichts der Haltung der Angeklagten und
der sehr schwierigen Position ihres Verteidigers Dr. Blorna ohne-
hin mehr oder weniger fiktiv bleiben wird". Ablauf, Motivierung und
Beurteilung des erzählten Geschehens beanspruchen mithin keine notwendige Objektivität und schlüssige Unparteilichkeit. Die Dränierung

des Falles Blum lässt Raum für'Um-Ein-Ablenkungsmanöver", die jede Rollenauktorialität durchbrechen. Die "technische Zwischenbemer-
kung:In dieser Geschichte passiert zu viel.Sie ist auf eine peinliche,
kaum zu bewältigende Weise handlungsstark:zu ihrem Nachteil" unterstreicht als Rüge formaler Erzählmängel,dass eine fiktive Entwicklung von Menschen und Handlung unabdingbar ist. "Lauter Dinge und
Leute,die einfach nicht synchronisierbar sind und dauernd den Fluss
stören,weil sie sozusagen immun sind".Mit diesem Eingeständnis
löst sich die Überlegenheit der Berichterstatterrolle auf. "Es ist alles durchlässig und doch im entscheidenden Augenblick für einen Berichterstatter nicht durchlässig genug". Die möglichen Bedeutungen
der Tatsachen lassen sich nicht ohne Stellungnahme der handelnden
Personen synchronisieren. Das Entstehen von Gewalt kann somit nicht
nur in seinen Ursachen und Resultaten untersucht werden, sondern
muss auch zu Überlegungen des Lesers über deren Struktur führen.
Die sich bis zur Festnahme Göttens eines grotesken Verkleidungs-
spieles bedienende Polizei, "etwa ein Dutzend als Scheichs, Cowboys
und Spanier verkleidete Beamte, alle mit Minifunkgeräten ausgestattet, als Ballheimkehrer getarnt"(99), versagt in der Aufklärung von
"Katharinas Rolle"(86). Nicht nur bleiben Fragen über die Hintergrün-
de der von ihr empfangenen Herrenbesuche und eines geschenkten Rin-
ges unbeantwortet. Kommissar Beizmenne unterlaufen auch verschiedene psychologische Vernehmungsfehler in der Einschätzung von Katharinas Persönlichkeit. So nimmt er auf ihre sprachlichen Korrektu-
ren der Vernehmungsprotokolle und damit ausgedrückte persönliche
Sensibilität wenig Rücksicht. Das aber trägt wesentlich dazu bei, dass
das polizeiliche Ermittlungsbild über Denken und Tun der Blum aus-
einanderbricht. Die protokollierten Zeugenvernehmungen charakteri-
sieren die Blum als eine "ein verkorkstes Leben" fleissig, ordentlich,
planvoll wieder aufbauende Person, als eine Fachkraft im "organisierten Buffetismus". Dem "schrecklichen häuslichen Milieu"und einer ver-
frühten Ehe mit einem nur sexuell orientierten Mann entflohen, verletzen sie verbale und schriftliche Grobheiten der Ermittlungsbehörden.
Die Existenz einer "Intimsphäre"wird der K. jedoch zum Problem, als
sie zu unerklärten Herrenbesuchen und Autofahrten vernommen wird.
Zur Desillusionierung gelangt die von Katharina gemäss "den neuen
Formen privater und öffentlicher Gastlichkeit"gelebte Einheit von Beruf und Privatleben. Die sich als solche schon unterdrückt zeigende
Innenwelt wird dann zusätzlich manipuliert. Unter dem Anschein in-
formierender Berichterstattung diffamiert die nach"Rollen"-Beteili-
gung(57) fragende Zeitung Katharinas Charakter.Artikel anderer Zeitungen,die über die Blum und ihre "mögliche Rolle,in durchaus sachlicher Form"(83)berichten,können ihre verletzte Ehre nicht wieder-
herstellen. Die ihr aufgezeigte Möglichkeit einer Privatklage unterstreicht nur noch,dass die zwanghaft synthetisierten Erlebniswelten
auseinanderfallen. "Katharinas Verbitterung, Beschämung und Wut"
über die polizeiliche und journalistische Aussonderung ihres rollen-

haft integrierten Gefühlslebens entladen sich in einer Gewalttat als
Akt reueloser Selbstbestätigung. Neben der individuellen Verfehlung
wird eine Selbstverteidigung gegen den Zwang gesellschaftlicher Rollen sichtbar. Das ist auch dem Schicksal von Katharinas Arbeitgebern
und Verteidigern, dem Ehepaar Dr. Blorna zu entnehmen. Durch die
im Zusammenhang mit dem Fall Blum gegen Blorna und seine Frau
Trude veranstaltete Polithetze findet beider beruflicher Karriere ein
jähes Ende. Polemisch fragen die Zeitungen:"Welche Rolle spielt die
Frau, die einmal als die 'rote Trude' bekannt war und ihr Mann, der
sich gesellschaftlich als 'links' bezeichnet"(57). Die Ungestraftheit
der Verleumdungen bewirkt, dass selbst"gebildete und etablierte Menschen empört waren und Gewalttaten gröbster Art" wie das Werfen
von Molotov-Cocktails erwägen. Wenn der Katharinas Interessen zu
eigenem Schaden vertretende Anwalt sich letztlich auch nur durch
handgreifliche Gewalttätigkeiten gegen die Hintermänner der Hetzkam-
pagne Luft schaffen kann, wird darin doch die Absage an vordem gespielte gesellschaftliche Luxusrollen deutlich. Nicht weniger "gesell-
schaftsfeindlich"zeigen sich die Reaktionen von Katharinas Patentante,
Frau Elsa Woltersheim. Deren Zeugenaussage:"Katharinas Rolle jedenfalls sei in beiden Fällen-im Falle Götten und im Falle Herrenbe-
such über jeden Zweifel erhaben"(86), erweist sich jedoch als unin-
formiert. Sie wird daher gleichfalls Gegenstand von Diffamierungen,
insofern sich ihr Hausfreund Konrad Beiter von Katharina seine alte
Wehrmachtspistole entwenden liess. Die allseitig öffentliche Bloss-
stellung von Katharinas privat gepflegten Rollenvorstellungen lässt
die Buffet-Spezialistin Elsa Woltersheim wünschen, irgendeinem Par-
tygast "eine Schüssel Kartoffelsalat über den Frack oder irgendeiner
Zicke eine Platte mit Lachsschinken in den Busenausschnitt zu kippen".
Einzig die Zeitung erleidet keine gewalttätige Veränderung ihres
scheinbar objektiv berichterstattenden Rollenbewusstseins, insofern
sie selbst Gewalt gebraucht. Ihre recherchierenden Reporter greifen
zerstörend aus Sensationsmacherei in die Rollenvorstellungen der
porträtierten Charaktere ein. Sie erschleichen sogar von Katharinas
sterbenskranker Mutter ein unautorisiertes Interview, dessen Schock-
wirkung deren Tod zur Folge hat. Und dann gelingt es der Zeitung und
ihrem System, die Tötung des Journalisten "wie einen Ritualmord" darzustellen.
Aus der einmal eingenommenen Perspektive literarisch fiktionaler Im-
munität der Seele erscheint der Ermordete jedoch weniger als "Opfer
seines Berufes", denn als das Opfer einer verantwortungslosen Saat
von Gewalt. Sie zwingt den einzelnen je nach verletztem persönlichen
Rollenbewusstsein, die angemasst nützlichen Gesellschaftsrollen aufzuklären.

Wenn Hubert Fichte im VERSUCH ÜBER DIE PUBERTÄT den Helden
auffordert:"Setz doch dein Ich in Anführungsstriche"wird die Identität von Welt und Selbsterfahrung literarisch aufgelöst. Die "Vorgeschichte" und "Vorzeit" von Ich-Figuren wie Hubert,Rolf oder Hans,
den die Mutter "nicht haben wollte" und "dann kam ich dennoch",wird
artistisch durch der Pubertät zugehörige Wortlitaneien beschworen.
Eine Darstellung der Empfindungen und Sinnengier des sich selbst
entfremdeten Individuums kann ein syntaktisch beschreibbares Modell
nicht überschreiten.Entsprechend hegt das Ich ein Verlangen nach dem
"sich selbst ausradieren". Es erkundet Möglichkeiten der Verände -
rung,"Wegspiegelung", um unendliche homoerotische Spiegelungen
von natürlicher Zärtlichkeit und grausamen Folterritualen herzustel-
len.So werden Lustfiguren, Zeiten, Orte, Bewegungen, Handlungen, Ge-
sehenes und Gefühltes surrealistisch und faktisch seziert,grausam
und hoffnungsbereit synchron vermischt. Die Darstellungsformen erproben die "verschiedenen Häute einer Existenz",bis hin zum Sexual-
und Lederkult als "eine Auseinandersetzung mit dem Leben an sich".
Wie die autobiographischen Charaktere Detlev und Jäcki der vorhergegangenen Romane Fichtes im Ich-Erzähler Huber zusammenfallen,
erhofft dieser die Neugestaltung seines Ich in den austauschbaren und
sich durchdringenden Pubertätsriten. Das Spiel des Ich in bürgerlichen
Rollen,als arbeitsloser protegierter Schauspieler bei Funk, Zimmer -
theatern, Filmstatisterie und Studiobühnen sucht Verwandlungen in immer neue Rollenpersonen. Sie alle repräsentieren künstlich täuschende, verdoppelnde, sich verwandelnde Erfahrungen des Ich bis hin zum
"landwirtschaftlichen Existenz-Experiment". "In ein neues Spiel von
Figuren eintreten,bedeutet sexuelle Erfüllung erwarten"(68),woraus
sich weitere homoerotische Liebesspiele und magische Verstellungen
ergeben. Die Schauspieltechnik,etwas so zu imitieren, "dass ich bin,
was ich imitiere",möchte dem Rollenspiel individuelle Wirklichkeit
verleihen. Sie erprobt weltgewinnende Ritualisierungen bei geliebten
Männern wie dem Schauspieler Schriftsteller Possi,dem Versiche-
rungsangestellten Rolf, bei Hans und dem Regisseur Alex.
Der Versuch,den Verlust des Ich und der Identifikation mit der Welt
durch einen verstellenden Rollenritus zu ersetzen,führt jedoch zu keinem verwandelten archetypischen Bewusstsein.Das Idealbild des Pa-
stors Herbert Degenhard lässt sich persönlich nicht nachvollziehen.
Aus geistig-räumlich-körperlicher Distanz bleiben ein zerschnittener
Zauber und eine sezierte Magie zurück.Sie kennzeichnen das Leben in
einer Welt der Widersprüche, in der das Ich nicht mehr rituell religi-
ös zur Rollensynchronisation gebracht werden kann.Die Bemühungen
des Ich-Bewusstseins, sich auszuradieren,auszulöschen, können das
Unzusammenhängende nicht verkitten. Es sind "praktisch nur noch
die Schematisierungen eines Konzepts".Der Gegenzauber einer Sezie-
rung aller "zaubrigen Männer" entwickelt beim ehemals schauspie-
lernden Landarbeiter und Schriftsteller die Aufklärung,er müsse die
sich nicht einfügenden Teile "unverbunden nebeneinander bestehen

lassen". Das sanktionierte "Auseinanderfallen des Bildes, das mich
ausmacht", erlöst auch von dem Verlangen nach "deckungsgleichen"
Körpern und deren literarischer Synchronisierung durch die Rolle
einer Ich-Hauptfigur. Das als täuschender Roman vorgeführte Rollen-
Theater des Grausamen, blutige Verdoppelung und magische sexualri-
tuale Bewusstseinsüberreizung verhelfen nicht zur Wegspiegelung des
Ich oder zur Wiedergeburt in einer anderen Haut. Und auch die"Rollen
in den Kammerspielen, in der Studio-Bühne und im Theater im Zimmer gelten nicht und können nicht angerechnet werden"(229). Das Ausprobieren einer rettenden Flucht aus der Angst und Einsamkeit des
gestörten Ich erbrachte "nur eine neue Form der Auslieferung". Poz-
zis Theorien der Veränderung erwiesen sich als Illusion. Indem die
austauschbaren Kunstfiguren des Ich-Erzählers als sezierbare Rol-
lenkörper in Erscheinung treten, unterstreichen sie das Scheitern fiktional imitierender Wirklichkeitsgewinnung. "Alle meine Rollen gehen
schief" (110). Der Wunsch, "durch Schreiben zu überleben, kann sich
nicht mehr auf eine fiktiv figürliche Identität von Erzähler-Personen-
Welt stützen. "Der Umschlag von Imitation in Identifikation wird unmöglich"(2o7).

Max Frischs Erzählung MONTAUK lässt erkennen, "dass das Verhältnis zwischen den Geschlechtern sich ändert, dass andere Liebesgeschichten stattfinden werden". Diese entwickeln keine stofflichen Begebenheiten und Handlungsberichte mehr. Soweit Liebe als literari-
sches Thema noch zur Darstellung gelangt, reflektiert es als einge-
lassene Innenwelt die seelischen Zustände von Personen. Montauk an
der nördlichen'Spitze von Long Island, hundertzehn Meilen von Man-
hattan entfernt", ist der Schauplatz einer verloren traumhaften Liebesgeschichte. Es begegnen sich ein Amerika bereisender, verheira-
teter Schriftsteller Max und die 31 jährige geschiedene Amerikanerin
Lynn, "Undine und ein wenig Nurse", Vermittlerin von Interviews. Bis
zur Weiterreise des prominenten Schriftstellers verbringen sie gemeinsam ein Wochenende in einem Hotel am Meer. Es entwickelt sich
keine romantische Liebe, eher ein Scheitern am Du. Die Partner, ver-
eint im Bedürfnis nach'Verkörperlichung'bleiben sich fremd. Von Erinnerungen, Gedächtnisschüben, Erfahrungen und Fragen der jungen
Frau bedrängt, möchte der Schriftsteller "dieses Wochenende beschreiben können, ohne etwas zu erfinden". Er wird jedoch gestört
durch die Berufskrankheit, Wahrnehmungen nur im Hinblick auf ihre
öffentliche Darstellbarkeit erleben zu können. Der Umgang mit der
Gegenwart wird ihm zur Auseinandersetzung mit vielfältigen gesell-
schaftlichen und literarischen Zwängen, die auf emotional privaten
Erlebnissen lasten. In diesem Sinne erweckt die Begegnung mit Lynn
Erinnerungen an Jahre des Zusammenlebens mit geliebten Frauen.
Jede Beziehung zu ihnen, zu der ersten Schülerliebe, zu der jüdischen
Braut Käte, zu der ersten Ehefrau und Mutter seiner drei Kinder, der
Architekturkollegin Constanze v. Meyenburg, zu der zweiten Frau
"Marianne, Jahrgang 1939, stud. phil. ", zu Ingeborg und anderen Geliebten war für Max von einem Bedürfnis nach "Selbstverwirklichung"geprägt. Auch die Gegenwart der "Melancholie der gemeinsamen Ortlosigkeit" mit Lynn an einem regnerischen Wochenende am Meer, das
"einander nicht kennenlernen", das "plötzlich nicht wissen, was reden",
verzichtet nicht auf den Wunsch der "Darstellung des Mannes durch
die Frau". Jedoch erlauben die Fremdheit des Landes und der englischen Sprache dem Schriftsteller die Loslösung von sich als "öffentliche Person", als "bekannte Persönlichkeit" auf buchwerbender Vor-
tragsreise. "Da Lynn nichts gelesen hat, was ich veröffentlicht habe",
eröffnet sich dem Ich die Möglichkeit, ins Private auszuweichen. Er
sucht ohne Rücksicht auf verletzende Vernünftigkeit und distanzierende Ironie dem "Augenblick" zu leben, ohne ein Interview zur Person
zu geben. Der wiederholt geäusserte Entschluss, "dieses Wochenende
zu erzählen:autobiographisch, ja, autobiographisch"bedeutet hingegen
keine Flucht vor literarisch-gesellschaftlichen Rollen und deren Spielen in schriftstellerisch gewohnte Fiktion. Eine derartige Geschichte
bräuchte "zwei Verkehrstote, eine junge Amerikanerin (die genauen
Personalien)und einen älteren Schweizer (die genauen Personalien)".
Der Schriftsteller möchte dieses Wochenende beschreiben können, ohne

"Personnagen zu erfinden;ohne Ereignisse zu erfinden".Er möchte
sich vor keinem Publikum rechtfertigen müssen und nicht "durch
Verantwortung gegenüber der Gesellschaft"und "durch das ganze Ge-
rede",um das es "wie immer geht",gebunden sein.Die nicht als exemplarisch verstandene Wiedergabe von Wirklichkeit sucht die Gemüts-
verfassung und Erinnerungen eines Ich so zu beschreiben,dass das
Ich eine von Erfindungszwang unabhängige Selbstaufklärung über seine Lebensweise, seine Fehler gewinnen kann. "Ich möchte wissen,was
ich wahrnehme und denke,wenn ich nicht an mögliche Leser denke",
was sich nicht unter Kunstzwang "schreibend erfahren lässt "über
mein Leben als Mann",My Life As a Man, wie das neue Buch eines
Kollegen betitelt ist. Die Distanzierung von fiktional und gesellschaftlich engagierten Geschichten,der Wunsch,"eine einfältige Erzähler-
Position"einnehmen zu können,bekennt sich gleichwohl zum Verfahren der Veröffentlichung als "Erzählung".Denn wenn der Autor erzählt,"um mich auszudrücken",braucht er,"um sich überhaupt zu erkennen,ein imaginäres Publikum".Die selbstaufklärend erzählende
Wahrheitsfindung über "ihn selbst:pro memoria",befindet sich mithin
in ambivalenter Auseinandersetzung mit einem öffentlich privaten Rol-
lenspiel.Dazu gehört sowohl das Bekenntnis des Schriftstellers:"Ich
mache Erfahrungen nur noch,wenn ich schreibe",als auch die Durchdringung des zu veröffentlichenden 'life as a man'. Zur Reflektion gelangen die hinter dem'Bedürfnis nach Gegenwart"existierenden Formen "öffentliche(r) Wirkung",wo der Name "sich von der Person ab-
gelöst" hat,die Identität von erzähltem 'Er' und kontrollierendem 'Ich'
fiktiv ist."Ich spiele meine Rolle"(58).Seit seiner Jugendzeit unter
dem Einfluss des exemplarischen Freundes W.,waren persönliche
Wünsche und Nöte verdrängt worden.Der Unterlegene wurde ermun-
tert, seine'Schriftstellerei aufzugeben und Architektur zu erlernen".
Als schliesslich das Schreiben für das Theater die durch Fehler und
Erfolglosigkeit gekennzeichnete Rolle als "Herr Architekt" ablöste,
"damit sich etwas verkörperlicht",gingen die Schauplätze von Baustel-
le und Probebühne ineinander über.Die damit dem Stückeschreiben und
seinen spielenden Figuren mitgegebenen Erwartungen,"dass sie mich
spielen,dass meine Rede einen Körper bekomme,viele Körper,männ-
liche und weibliche",wiederholen sich bis in die Gegenwart.Trotz seines Zusammenseins mit Lynn vergisst er "nicht seine Rolle,nicht die
nächsten Verpflichtungen,die sich ergeben aus dieser Rolle"(lo3).In
der "dünnen Gegenwart bis Dienstag" und angesichts der Lynn bezeig-
ten Zärtlichkeiten hofft er jedoch,"in keine Rolle zu verfallen"(loo).
Die Erinnerung an seine verschiedentlich gescheiterte "Rolle als Mann'
(lo2) entdeckt persönliche Schwächen.Überempfindlichkeit,Hysterie,
Eifersucht,Wahnvorstellungen,Todesängste und 'male chauvinism' stören sein Verhältnis zu Frauen.In sich wiederholenden Verhaltensmustern versagt er geliebten Personen ihre notwendige Selbstverwirklichung und leidet daran "zur Mehrung meines zärtlichen Verlangens".
In dem Masse, wie das Gefühl in einem 'life as a man' zu einer Rolle

verfremdet wird, wächst die Verdrängung persönlichen Erlebens in
der Welt des Schriftstellers. "Es fehlen ganze Bezirke: der Vater, der
Bruder, die Schwester". Nie beschrieben wurde der Tod der Mutter,
die Lebensgeschichten seiner Geliebten. Der Schriftsteller, der in Amerika 'mit seinen früheren Arbeiten konfrontiert wird", lernt, von ihnen
Abstand zu gewinnen und erkennt das Anproben Gantenbeinscher Geschichten als Teilansichten der eigenen Biographie. Die neue Einsicht
in den falschen Nutzanspruch exemplarisch wirken wollender Erfindung beansprucht auch für den privaten Bereich ein erzählerisch un-
verstelltes Selbsterlebnis. "Ich habe mich selbst nie beschrieben. Ich
habe mich nur verraten". Im Unterschied zu einer Rollenspiele zeitlich und thematisch synchronisierenden Literatur gewährt das kunst-
bewusste, aber nicht belehren wollende Erzählen einer fremden Selbst-
verkörperlichung keinen "overlook". Die Fragen des wozu und warum
des fiktiven verinnerlichenden Kunstzwangs weichen nur vorüberge -
hend dem Erkenntnis stiftenden Erleben des Augenblicks. Ein "Tag der
Erfüllung, eine Gegenwart" bleibt dauerhaft allein einer damenhaft erscheinenden Passantin auf der Fifth Avenue vorbehalten, einer Irren.
Die Betroffenheit des nach Selbstausdruck suchenden Schriftstellers
lässt sich weder in erlebter Gegenwart noch erinnerter Vergangenheit verschweigen, während die Zukunft Schatten eines Todesbewusst-
seins widerspiegelt.

Wenn das erzählende Ich in Hans J. Fröhlichs ANHAND MEINES BRU-
DERS. EIN DOPPELPORTRÄT autobiographisch "fixieren" möchte,
stellen sich diesem lang gehegten Plan Erinnerungen entgegen. Sie lassen die "eigene Rolle innerhalb der Familie"(2o) ungeklärt erscheinen.
Die "Fehldiagnose" eines auf Theorien von "Familienkonstellationen"
und "Geschwisterpositionen" spezialisierten Verhaltenspsychologen
und dessen Annahme, der Autor habe seine "Rolle als Einzelkind nicht
aufgeben wollen"(2o), war ursprünglich ein Anlass zu diesem "Versuch
über meinen Bruder"gewesen. "Der plötzliche Tod des Vaters" sowie
Autounfälle des Bruders und der Schwägerin führen jedoch in Verbindung mit den ausgestandenen Todesängsten zur intensiven Erwägung
eines Doppelporträts. Dabei ergab sich unausweichlich die Frage,
"welches Verhältnis ich zu meinem Bruder, beziehungsweise welche
Rolle er in meinem Leben spielt (oder gespielt hat), welche Rolle ich
in seinem Leben spiele (oder gespielt habe)"(34). Die in der Folge gesuchten und erkannten geschwisterlichen Berührungspunkte zeigen wesentlich"Erinnerungsbilder" gegenseitiger Getrenntheit. "Mein Bruder
ist nie dabei". Das schon vom"Vater verwöhnte Kind" behandelt den
jüngeren Bruder als quälbares Spielobjekt und Möbelstück. Auch ver-
weist die elterliche Enttäuschung über die Geburt eines Jungen diesen
eindeutig auf den Platz eines "Zweitgeborenen". Unter diesen Voraussetzungen spiegelt die Entwicklung der Kinder ihre grausamen "Hapa
und Isa"-Spiele am Marterpfahl, ihre gemeinsamen Jugenschurkerei-
en wie die Quälereien Wendelins, das sich Auseinanderleben zweier
durch elterliche und eigene Erwartungen belasteter Personen wider.
Sie "hatten niemals ein eigentliches Verhältnis zusammen". Aufge -
wachsen'in denselben Verhältnissen, bei denselben Verwandten, in der-
selben Schule, von demselben Lehrer unterrichtet, ergeben sich nur
"ganz wenige Erinnerungsbilder, wo ich mit dem Bruder zusammen
bin". In der Vorstellung des älteren erscheint der jüngere immer "in
eine Gruppe eingeordnet"und "als Einzelperson gar nicht existent, gar
nicht lebensfähig". Es werden ihnen Verhaltensweisen auferlegt wie
die "der Rolle des jüngeren Bruders"(121) und designierten Nachfol-
gers im väterlichen Weingeschäft oder die Rolle des zukünftigen grossen Pianisten und Dirigenten. Diese sollen dazu dienen, persönliche
Vorlieben zu verdrängen und eine gegebene "Lebensform zu übernah-
men". "Schuld daran war der Vater", der als Familien-und Firmenchef
den Söhnen schon in ihrer Kindheit seine Lebensängste aufgezählt hatte. Er hoffte durch den Erstgeborenen seine kleinbürgerlichen Künstlerphantasien zu verwirklichen. Entsprechend bleibt dem praktisch und
technisch manuell talentierten jüngeren "keine Wahl" als die der Ge-
schäftsübernahme. Für die Brüder wird der "Zwang, die spürbare Kluft
zwischen realem Vermögen und dem gewünschten, vom Vater gewünschten Ziel zu überbrücken", vorherrschend. Dieser Prozess der zwangs-
weisen Selbstentfremdung führt beim Liebling des Vaters zu verschiedenen leistungsbezogenen Misserfolgen. Der jüngere Bruder Wolf deu-
tet sie als Fälle von "Selbsterniedrigungen", so "nach dem nichtbestan-

denen Abitur, nach dem Abbruch des Musikstudiums und nach einer
unglücklichen Liebesgeschichte". In der Folge bestärkt die Rückkehr
des älteren in die "langbewährten Familienrituale, Familiengewohn-
heiten"den auf seine Neigungen zum Beruf eines Automechanikers ver-
zichtenden Wolf in seinem Leben in "Schablonen" und weist dem älteren darin einen "Stellenwert"zu. Für Wolf erscheint der ältere Bruder "den Normen entsprechend, die der bürgerliche Geschmack an ein
solches Porträt stellt, mit anderen Worten:kein Charakterbild". Dem
Ich der individuellen Person, die in Konkurrenz mit dem Bruder um
Gretel Sabas Gunst "eine passende Rolle"(155) sucht, "verschiedene
Rollen"(155) probiert, kann kein "Recht auf Entwicklung"zugestanden
werden. Dass die Schablonisierung des älteren Bruders dem jüngeren
jedoch als "Schutzbild"dient, um diesen "als konstante Grösse seinem
Wertsystem" einfügen und sich selbst behaupten zu können, wird Wolf
nicht bewusst. Vom älteren vor die Aufgabe gestellt, einen "Muster-
Lebenslauf" abzufassen, löst Wolf das Problem qualvoller schriftli-
cher Selbstidentifizierung mit einer Handvoll Daten, die ihn ohne "Privates mitzuteilen" als "Persönlichkeit ausweisen". Bei diesem "Akt
der Eliminierung aller Erfahrungen und Erlebnisse" stellt Wolf'nicht
die Frage, ob diese Arbeit zu seinem Wesen gehört, ob es eine äusser-
liche ist". Die eigene Lebensgeschichte erweist sich durch das Nicht-
erwähnen der Mutter und des älteren Bruders als'Produkt der gewählten oder erwünschten Form", die der jüngere Bruder "ohne weiteres
beherrscht". Gegenüber dieser "naturgegebenen Geregeltheit"von
Wolfs Lebenslauf sucht der ältere Bruder die Unabhängigkeit seiner
Person im Traum als "Fall des Möglichen" wiederzugewinnen. Nicht
länger sicht er sich als Verlierer. Jahrelang durchlebte er wiederkehrende, durch die "Diskrepanz von Traumzeit und geträumter Zeit"
in ihrer Logik relativierte und doch noch erzählend kontrollierte
Traumversionen. In ihnen wurden verschiedene Verhaltensmöglich-
keiten zum Bruder durchgespielt bis hin zu seiner Tötung. Das Bedürfnis sich durch feststellbare Veränderungen als Person zu konkretisieren, wird weder durch Träume noch durch das äussere Zerstören von Gegenwart und Vergangenheit vollauf befriedigt. Die Bru-
dergestalten von Phantasie und Wirklichkeit "haben nichts miteinander zu tun". Auch ein dem jüngeren Bruder vorgelegter Fragebogen
zur Ergänzung der autobiographischen Charakteranalyse des älteren
ergibt nur das "Musterbild eines guten Bruders" und kein "lebendiges
Porträt". Das unbefriedigende Ergebnis der Fragebogenaktion des älteren Bruders bestätigt diesem vorgegebene Rollenerwartungen und
vorprogrammierte Antworten". Die Zurechtlegung eines "Sesselpor-
träts" mit kanonisierten Eigenschaften, die Verdrängung eines "tatsächlichen Personenvergleichs" mit möglichen Kontroversen er -
scheint dem älteren zum ersten Mal verständlich. Er sieht nicht nur,
dass "nichts unrealistisch ist, was mit Konvention und gesellschaftlichen Ritualen zusammenhängt", sondern wird sich auch der eigenen
Rollenbeteiligung bewusst. "Lange habe ich gar nicht gemerkt, dass

es eine Rolle war, wie möglicherweise auch er eine Rolle spielt, die des jüngeren Bruders"(212). Die Entdeckung des älteren, "nur die Rolle des Bruders, so wie er sich die Rolle vorstellt"(211), gespielt zu haben, ohne ein Bruder gewesen zu sein, erlaubt Einsichten in die Zwanghaftigkeit brüderlicher Verhaltensweisen. Während die"moralischen Verfehlungen"des ausserehelich aktiven Vaters dem Sohn Wolf Verdrängungen zur Gewohnheit machen, leidet der ältere "unter dieser mir aufgezwungenen Rolle, unter diesem gestörten Verhältnis zu meinem Vater"(219). Das Zerbrechen des väterlichen Idealbildes lässt den älteren Sohn im Leben nach Möglichkeiten der Selbstzerstörung suchen und er "fand nur schwer zu dem, was man Wirklichkeit nennt, zurück". Zusätzlich trug der gegen Kriegsende überhörte Plan der Mutter, sich und die Kinder im Todesfalle des Vaters zu vergiften, zur Spaltung der Verhaltensweisen des älteren bei. Vor diesem Hinter - grund eines im ganzen und einzelnen konfliktbestimmten brüderlichen Rollenspiels verliert das entstehende Buch-Porträt der Bruderbeziehungen "mehr und mehr Konturen". Übereinstimmungen und Abweichungen brüderlicher Verhaltensweisen sind weder in der Wirklichkeit noch in der Phantasie festzuhalten. Die Brüder leben in einer "totalen Verstopfung der Sinne". Es sind die"inneren Sperren gegen alle Veränderungen", die den jüngeren Bruder "wie vor zwanzig Jahren" reden, denken, handeln und essen lassen. So kann auch die Möglichkeit keine Gestalt gewinnen, die brüderlichen Gegensätze durch einen "Positions-oder Rollentausch bis ins Letzte hinein"(269) aufzuheben. Die "totale psychische Verkrustung"beim Bruder macht die Vorstellung einer "Bewusstseinserweiterung", durch die er sich "in die Rolle des Bruders versetzen kann und andererseits meine Rolle, die ich dem Bruder gegenüber spiele, durchhalten kann"(269)für den älteren undurchführbar. Der Plan, die Rolle des Erstgeborenen aufzugeben, "abzuhauen, ein neues Leben zu beginnen, zu eskapieren, dem Bruder (den es nun mal gibt) anzubieten, die Rollen zu tauschen"(270), scheitert. "Wir haben uns auseinander entwickelt". Gegensätze füllen jetzt die Stelle des unbekannten Bruders. Der Wunsch, durch den Bruder, durch das rollenspielende Erproben einer neuen Existenz identisch zu werden "mit dem, der man nicht ist", führt nicht mehr aus geprägten Rollengegensätzen heraus. Der Porträtierungsversuch des Ich "anhand meines Bruders"zeigt, dass eine einfache Vertauschung der Positionen nichts erreicht. "Die Unterschiede sind zu gross. Ich bin wieder am Anfang. Ich bin der Ältere, er ist der Jüngere". Die Einsicht in die Zwanghaftigkeit wechselseitiger Bruderrollen erlaubt weder individuelle Persönlichkeitsentwicklungen noch Übereinstimmungen in einem Bruder-Bruder Doppelporträt. Vorgeformte Verhältnisse und Verhaltensweisen vereiteln die reale oder fiktive Annäherung der Icherfahrung im Gegenüber eines Bruders.

Persönliche Niederlagen und das Versagen in Zwangssituationen werden in Günter Grass' Roman ÖRTLICH BETÄUBT zu einem Rollenspiel umfunktioniert, dessen widersprüchliche Fiktivität aber nicht
aufrechtzuerhalten ist. Der äusserlich durch einen dentalen "Hackbiss"
gezeichnete Studienrat, ehemalige Maschinenbauingenieur, Ostflücht-
ling und abgebrochene Germanistikstudent Eberhard Starusch möchte
diesen Makel zahnärztlich behandeln lassen. Rentenzahlungen seiner
ehemaligen Verlobten Sieglinde Krings finanzieren in der Folge Sit-
zungen im Gestühl einer "Ritterbohrmaschine mit Airmatik". Sie sti-
mulieren den von seinen Schülern "old Hardy " genannten Deutsch-und
Geschichtslehrer, dem Zahnarzt in Behandlungspausen und im inneren
Dialog Personen und Umstände seiner Lebensgeschichte episch zu
entwickeln. Ein im Behandlungsraum installiertes Fernsehgerät sorgt
dabei nicht nur für die Ablenkung des Angstgefühls der Patienten. Die
Mattscheibe erleichtert, an-oder abgeschaltet, Starusch auch das Ein-
blenden gleichzeitig laufender eigener Gedankenbilder. Sie unterstützt
das Heranholen und in die Ferne rücken von Sprechblasen und Personen aus Vergangenheit und Gegenwart. Dabei wird es "old Hardy"zum
Hauptanliegen, seinem den antikapitalistischen Anarchismus predigen-
den Schüler, Philipp Scherbaum, als vorbildlicher Lehrer und Vermitt-
ler von geschichtlicher Erfahrung zu erscheinen. Starusch bemüht sich,
Scherbaum "telekinetisch" und im wirklichen Unterricht von der Nutzlosigkeit des Prinzips der gewaltsamen Veränderung der Gesellschaft
zu überzeugen. Seine Versuche, protestierende "Gewaltaktionen"durch
pädagogische Lernprozesse örtlich zu betäuben, entbehren nicht des
Rollenspiels auf der "Flucht in immer neue Fiktionen". Als Anführer
einer in Danzig-Westpreussen jugendlichen Anarchismus spielenden
Stäuberbande war Starusch von den Nazis zur Frontbewährung in ein
Strafbataillon abgestellt und dem System angepasst worden. Seit dieser persönlichen Teilnahme an einer geschichtlichen Niederlage spielt
der mittlerweile zum Studienrat "umgepolte Jugendbandenführer"die
"Umwertung aller Werte". In den epischen Bilderproduktionen "old
Hardy's" suchen die Personen den Terror erlebter Niederlagen und
Zwänge zu überwinden. Hardy selbst erscheint als ein "Zukurzgekommener, ein Versager", da ihm die Verlobte davongelaufen ist. Im Unterschied zu dem sich nur mit Worten und Visionen wehrenden Hardy jedoch bedient sich Sieglinde sexueller Erpressung. Dabei sucht sie
die militärischen Sandkastenspiele ihres aus russischer Kriegsgefan-
genschaft heimgekehrten Vaters zu sabotieren. Dieser, Siegfried Krings,
besiegter Generalfeldmarschall und neukapitalistischer Zementfabri-
kant ist um seine Existenzberechtigung als "Geschichtsfossil" und de-
fensiver "Durchhaltegeneral" besorgt. Er beabsichtigt, alle im Osten
verlorenen Schlachten im masstabsgetreuen Spiel zu gewinnen, als
letzte Genugtuung für "Abgewiesene, zukurzgekommene Versager".
Eine Variante in der Kunst des Verdrängens historischer Zurückwei-
sungen bietet die Studienrätin und Kollegin Staruschs, Irmgard Seifert
an. Ihr gelingt es nicht, sich in der Rolle der antifaschistischen Lehre-

rin von der Wiederentdeckung einer politisch schuldhaften "Zwangssituation" zu befreien. Als BDM-Führerin hatte sie erfolglos einen
Bauern an die Nazis denunziert und Durchhalteparolen unterstützt.
Aber auch der bei beständigem Arentil-Genuss fiktionsfreudig erscheinende Starusch gerät mit seinem historische und lokale Schmerzen verdrängenden "Zwang, Stegreifvorträge halten zu müssen"in Be-
drängnis. Schüler Philipp will seinen geliebten Dackel Max aus Protest gegen den Gebrauch von Napalmbomben in aller Öffentlichkeit verbrennen. Konfrontiert mit jugendlicher Entschlossenheit zu politischer
Tat sieht Starusch sein kausal-konsequent rhetorisches Rollenspiel in
Gefahr. Er sucht in ständiger Telefonberatung mit seinem Zahnarzt
nach einem Ausweg aus der von Philipp geplanten Herausforderung
des Gesellschaftssystems. Beiden Männern wird am Vorhaben Scher-
baums deutlich, dass selbst empirisch feststellbarer wissenschaftlicher Fortschritt nicht prinzipiell als geschichtlich vernünftige Lehre
und ein befriedetes Dasein vermittelt werden kann, weder durch hi-
storisch-medizinische Anekdoten des Zahnarztes beim psychologischen
Versuch der Schmerzbetäubung noch durch aufklärende Aufsatzthemen
des Geschichtslehrers. Mithin gilt es, Scherbaum vom erreichten über-
ideologischen Status der medizinisch-pädagogischen Betäubung gesellschaftlich geistiger Entfremdung zu überzeugen. Dabei muss der Zustand seiner Zähne ungleich grössere Beachtung finden, erlaubt doch
die Geschichte keine Hauptrollen mehr, "allenfalls Nebenrollen"(92).
So ereignet sich der aufklärende Hundeverbrennungsakt nur noch in
der tatenlosen Einbildung Staruschs. Scherbaum aber lässt als"mani-
pulierter Kompromissler"die Vernunft siegen, übernimmt die Schüler-
zeitung und wird Niederlagen ausgesetzt. Zum Erliegen kommen jedoch
auch Staruschs "krause(n) Fiktionen" und sein Bemühen, "immer Abstand gewinnen" zu wollen. Der Anspruch, für sich und andere Niederlagen in "Siege umschwindeln" zu können und Erinnerungen zu kanalisieren, bleibt unerfüllt. Die zahnärztliche Prophylaxe desillusioniert
Staruschs geschichtenerzählende Suche nach dem "permanenten Ausgleich"erlittener Anpassung. Sie entdeckt hinter der als Vorbild angebotenen "Bandenführer-Vergangenheit"die Fiktivität der aus Wortkäst-
chen entstandenen Figurenbilder Staruschs. Der Zahnarzt, "den Niederlagen nicht umwerfen", durchschaut "old Hardy's" Rollenspiel mit Typen wie dem angeblichen Feldmarschall Krings. Auch das Motiv für die
Trennung Staruschs von seiner Verlobten, die er "sich als Monstrum
neu erschaffen"wollte, erfährt unter erfinderischer Mithilfe des Zahnarztes drei verschiedene Handlungsvarianten. Darüberhinaus wird
nicht nur die namentliche Identität der Verlobten infrage gestellt. Auch
von den "Krings-Werken kann keine Rede sein", "von Betriebsingeni-
eur keine Rede". Und auch die Stalingradspiele zwischen Vater und
Tochter beginnen mit der Erfindungsgabe Staruschs und enden, indem
"dieses militärisch-familiäre Planspiel" zur vernünftigen Auflösung
der Verlobung mit Irmgard führt. Nicht zuletzt wird die klassenkämp-
ferisch argumentierende Schülerin Vera von "old Hardy" konventionell

erotisch gebändigt. Die prophylaktischen, die Welt medizinisch und pädagogisch betäubenden Fürsorgemodelle "heben einander auf". Der
Zahnkrankheiten weltweit heilen und Versagen abschaffen wollende
Zahnarzt erliegt insgeheim auf dem Klo den zwangvollen Verführun-
gen durch Sahnebonbons, um dann "die Spuren der übersüssen Schwei-
nerei mit pulsierenden Wasserstössen zu vertreiben". Staruschs "Um-
funktionieren" von Originalpersonen und Vorgängen kommt jedoch
nicht eher zum Schluss, "Vorhang und keine Zugabe"(185) als die ge-
waltsame Beseitigung der ehemaligen Verlobten und ihres Anhanges
bewerkstelligt ist. Diese schmerzbefreiende Tat Staruschs, die die
Früchte Kunst-erhaltender Kompromissbereitschaft zerstören soll,
ist aber wiederum Teil des Vorrats von Geschichten. Durch Staruschs
sich falscher Rollenidentitäten bedienenden Mordaktion im Meerwas-
ser-Wellenschwimmbad erscheinen persönliche Schmerzen und deren
örtliche Betäubung als permanente Fiktion. Sie sollte in der begonne-
nen Arbeit 'Die Geste des Durchhaltens - oder der Fall Schörner' gesellschaftlich zur Konkretisierung stoischer Vernunftapotheosen verhelfen.

Wenn Günter Grass Zweifel am Fortschritt der Zeit und Fussnoten
AUS DEM TAGEBUCH EINER SCHNECKE neben der Stoffsammlung
für einen geplanten Dürervortrag zu deuten versucht, erscheint fiktives Rollenspiel zur Bewusstseinsaufklärung der Motive des Schreibens
notwendig.
Als Schriftsteller, der "für meine und anderer Leute Kinder ein Buch
schrieb, in dem der Fortschritt nach Schneckenart bemessen wird",
erfindet der Autor "ein Spiel gegen die Zeit und ihre Geräusche". Nur
um sich zu beweisen. "dass ich bin, und dass ich es bin", entsteht die
Geschichte von der Symbiose Hermann Otts und seiner Spiele. Dieser,
auch Doktor Zweifel genannte Danziger Studienassessor, sieht sich gezwungen, "während des Krieges aus politischen Gründen im Keller eines grob und gutmütig geratenen Fahrradhändlers" Zuflucht zu suchen.
Zweifels freiwillig zwangsweiser Aufenthalt beim Volksdeutschen Stomma und seiner "geistig gestörten" Tochter Lisbeth wird nach anfängli-
cher Bezahlung der Unterbringung allein durch Erfinden unterhaltend
belehrender und erotisch politischer Spiele ermöglicht. Zweifels negativ interpolierte Lesarten der Kriegsentwicklung an den deutsch-
russischen Frontabschnitten gewinnen dem bei Stomma als Juden gel-
tenden arischen Ott jahrelang Kost, Logis und Sicherheit. So inszeniert
Zweifel einen methodischen Wettlauf gegen den Ablauf der Naziherr-
schaft, indem er durch erfundene Geschichten die kompakt lastende
Zeit zerstreute". Dazu gehört auch die Eröffnung eines Kellertheaters,
in dem Zweifel dem sadistisch gefühlvollen Stomma und seiner "schwer-
mütigen Tochter" bei sich annähernder russischer Front zeitgemäss
fortschrittliche Theateraufführungen bot. Diese reichen vom elisabetha-
nischen Drama über scholastisch philosophische Disputierstücke bis
hin zum engagierten Aktionstheater. Alle Gelegenheiten, wo "Zweifel
aus der Rolle gefallen war"(237) und die freiheitlichen 'Helden mies"
gemacht hatte, wurden vom mitgerissenen Stomma mit dem Hosenrie-
men grob bestraft. Neben "Theaterspielen und Durchwalken"(237) bedient sich Zweifel auch seiner als ehemaliger Sammler von Gastropo-
den erworbenen Kenntnisse. Nicht nur erneuert er mit den von Lisbeth
gelieferten Schnecken ein "altägyptisches Schneckenspiel" als sportli-
chen "Zeitvertreib". Experimentierend setzt er Schnecken, insbesondere eine Sogschnecke auf Lisbeths Körper an. Es gelingt ihm dabei, sich
aus der stumm blöden Kreatur eine sexuell "normal" reagierende ,
sprachlich zänkisch besitzergreifende, Zweifels Existenz sogar politisch bedrohende Frau zu schaffen. Nach der Heilung Lisbeths und mit
dem Wandel gesellschaftlicher Umstände, dem Einmarsch der Sieger
wird ein wieder als Dr. Ott auftretender Zweifel von Schwermut befallen. Vorübergehend findet er sich auch von seiner ihm nun angetrau-
ten Frau "in eine geschlossene Anstalt" eingeliefert, bevor sein schreibender Erfinder ihm doch einen bürgerlichen Lebensabend zukommen
lässt. Diese Vorgänge entsprechen dem erfinderisch variierenden Interesse des überlegenen Erzählers an seinen wandelbaren Gestalten.
Alle Spiele Otts mit Geschichten und Schnecken erscheinen als notier-

te oder erfundene "Versatzstücke", die vom Autor verschoben werden
und für sich'beteuern, sinnfällig zu sein". Eingekellerter Ott und schreibender Autor sind durch die Notlage verbunden, "Zeitzerstreuer zu
sein" und durch politisch geschichtliche Zeit, nicht Hegelsch-Schopen-
hauersche Philosophien Rollenspiele darzustellen. Dabei stellt die Ver-
treibung und Vernichtung der Danziger Juden den faktischen Hintergrund für die fiktive Figur eines an einer jüdischen Schule tätig gewe-
senen arischen Lehrers und dessen "Spiel gegen die Zeit" dar. Gleichzeitig bestimmt die zweite Natur Hermann Otts, der Zweifel als Glauben, das Rollenverhalten des ihn Beschreibenden:"abhängig schreibt
er mir vor". Angesichts erneut eindeutiger bundesrepublikanischer
Konstellationen sieht sich der Schriftsteller von politischer und fami-
liärer Melancholie bedroht. Er fühlt sich zur Gleichzeitigkeit literarisch zweifelnder Betrachtung und politischer Aktivierung des Zweifels aufgefordert. Verspricht doch das nächste "Jahrzehnt farbig zu
werden. Kostümverleih Zweifel". Der folgerichtig im'Schneckenmass"
auf Umwegen durch Vorwegnahmen, Nacherzählungen und Gleichschal-
tungen, "reich an Lügen"entwickelte "Stillstand im Fortschritt"entdeckt ein Ott-Zweifel paralleles Rollenverhalten des Autors. Anstelle
einer ganzheitlichen Dichtergestalt erweist sich der Autor als Person,
deren"Enthäutung"viele verstreute und erfundene Bildwirklichkeiten
hervorbringt.Dabei will er im Wahlkampf fortschrittlich für die Espe-
de "Schrittmacher spielen. Ein Vorfeld bereiten. Wählerinitiativen(so-
zialdemokratische) gründen"(36). Der Familienvater und Schriftsteller, der an einer Festrede arbeitet, muss sich hingegen angesichts
Dürers 'Melencolia I', des Fortschreitens der Zeit und der politischen
"Mutmacherrolle"(17) "Zweifel ausdenken; ihr wisst ja Kinder,den
werd ich nirgendwo los". Sich "in verschiedenen Rollen"(176) beständig hinterdrein laufend, erlebt der Schriftsteller und Wahlkämpfer die
Aktualisierung des literarisch und politisch "ritualisierten Protestes",
den Selbstmord des Apothekers Manfred Augst. Die Unmöglichkeit,
der Person Augsts im Zeitalter der "Weltraumregie",der "Konsumen
tenrolle ohne Teilhabe"(194) den "Neuen Menschen" entgegenzustellen
und einen Ersatz für "verlorengegangene Volksgemeinschaft" zu finden,zeigt den einzelnen Menschen im Zustand der Melancholie. Die
Gründe dafür liegen jedoch nicht, wie der den "Mief" vermessende und
benennende Schriftsteller beispielhaft darstellen kann, in persönlich
charakterlichen Fehlern. Lisbeths, Zweifels, Augsts Depressionen entstehen als Übung der Verweigerung gegen die Sollnormen von Leistungs-
gesellschaften, die in Denken und Arbeit einheitliche Verhaltensweisen
fordern. Die Rollenteilung in einen sozialdemokratisch arbeitenden
Bundesbürger und einen manuskriptschreibenden Schriftsteller, in
"Schreibenschreiben, redenreden" soll sich in der Konsumgesellschaft
ausschliessen. "Richtig böse sind sie geworden, weil ich mir zwei Bier-
deckel leiste". Das schriftstellerische und politisch aktive Aufklären
der unindividuellen Bedingungen der Melancholie und ihrer geschichtlich gesellschaftlichen "Variationen"geschieht im fiktiven und biogra-

phischen Rollenspiel ihrer "Hauptdarsteller"(346). "Also versuchte
ich, meinen und anderen Kindern den Stillstand im Fortschritt zu deuten, die raschtrocknende Gleitspur. Ich spielte mit dem versammelten
Trödel, tauschte ihn aus"(346). Dürerzeit wie Neuzeit konvergieren
in Fiktion und Erfahrung zum Wissen vom gleichzeitigen, vieldeutigen
Zusammenhang und Widerspruch gesellschaftlicher Zustände und rollenspielender Verhaltensweisen des Ichs.

Das Bedürfnis, die Geschichte des Lebens und Selbstmordes der eigenen Mutter zu schreiben, setzt den literarisch Arbeitenden in Peter
Handkes WUNSCHLOSES UNGLÜCK in eine äusserste "stumpfsinnige
Sprachlosigkeit". Die Mitteilung der erfahrenen Schreckensmomente
wird im Schreibprozess sofort "entrückt"und"versachlicht zu einer Er-
innerungs-und Formulierungsmaschine". Daher möchte der mit überlegener und betroffener Sachkenntnis ausgestattete Schreibende die
Biographie der Mutter zu "einem Fall machen". Dieser soll den Leser anhand der berichteten Tatsachen und des fiktiv Erzählten "zu einer privaten Teilnahme erpressen". Der Anlass dazu liegt im Schicksal einer Frau, die in "von vornherein schon tödlich" wirkende Lebensumstände hineingeboren wurde. Sichtbar werden von ihr und der Umwelt gepflegte Rituale: Leben als Erfüllung der "Vorsehung", Kartenspiele und Kinderspiele zum Überspielen von Ängsten. Das Fehlen einer anderen Lebensform "und keine andere Möglichkeit"vorstellbar,
machen die Mutter "meistens wunschlos und ein bisschen unglücklich'.'
Geschichtliche Ereignisse werden ihr als "Naturschauspiel" vorgestellt, Politik erschien als "Maskerade", Gemeinsinn als "Ritual", das
Vorrücken im Gesellschaftssystem als nachspielbares "Spiel". Durch
veräusserlichende Lebensumstände zum Spielen von "Kameraden, Tanz-
partner und Kollegenrollen"(25)erzogen, versäumt die Frau in den Al-
lerweltsgeschichten und im "allgemeinen Schrecken" eine eigene Lebensform. Eine gescheiterte Kriegsehe, kümmerlichstes Auskommen,
die Sorge für ein Kind überführen den Zustand des Nichts-Geworden-
seins in eine gesteigerte "Anpassung". "Aus Hilflosigkeit nahm sie
Haltung an", "veräusserte sich". Sie wird "verwechselbar und aus -
tauschbar", bekommt "ein maskenhaftes Gesicht" und sucht sich als
Typ gemäss einer Typenlehre zu befreien und zu verlieren. "Als Typ
trat ein Menschlein aus seiner beschämenden Einsamkeit und Beziehungslosigkeit hervor". Die geregelte Verbindlichkeit des Lebens und
der Umgangsformen stützt sich auf die "kleinen bürgerlichen Erlö -
sungssysteme". Diese bleiben jedoch im Bereich der privaten Welt,
der eigenen Gefühle und persönlichen Umstände wirkungslos. Umgekehrt erscheint dem Beschreibenden das Beschriebene als "ein Li-
teratur-Ritual, in dem ein individuelles Leben nur noch als Anlass
funktioniert". Der literarische Versuch, Allgemein- und Privatinteres-
sen einander anzunähern, läuft Gefahr, sich in Abstrahierungen entwe-
der von den Tatsachen zu entfernen oder die Personen poetisch zu
verinnerlichen. "Ich vergleiche also den allgemeinen Formelvorrat
für die Biographie eines Frauenlebens satzweise mit dem besonderen
Leben meiner Mutter". Demgemäss folgt nach der Darstellung der öffentlichen Rollenübereinstimmung im Leben der Mutter der Versuch,
sich an das entfremdete Individuum heranzuschreiben. "Dieses Mal
aber, da ich nur der Beschreibende bin, nicht aber auch die Rolle des
Beschriebenen annehmen kann, gelingt mir das Distanznehmen nicht"
(44). Im Unterschied zu der fingierten Ordnung des Lebenslaufs einer
"Kunstfigur" handelt der anteilnehmende Teil der Geschichte von höch-

stens "im Traumleben" fassbaren Schreckenszuständen der Mutter.
Er erzählt "von Momenten, in denen das Bewusstsein vor Grausen einen Ruck macht". "Das persönliche Schicksal"der Frau, "entpersön-
licht und ausgezehrt in den Riten der Religion, des Brauchtums, der
guten Sitten, so dass von den Individuen kaum etwas Menschliches übrig blieb", erlaubt dem Beschreibenden keine Vertauschung der "Rollen"(49). Dennoch beanspruchen natürliche Neugier und Unzufrieden-
heit der Mutter einen Ausbruch aus stereotypen Trostritualen, der täglichen Gleichform, der systematischen Entmenschung und Anpassung,
dem Überspielen von Gefühlen und dem Hausfrau spielen. Auf der Suche nach "einem neuen Selbstgefühl" hilft ihr vorübergehend die Lektüre von Büchern, "wo sie die Geschichten mit dem eigenen Lebenslauf vergleichen konnte". Die Vergangenheitsbeschreibungen der Literatur weisen jedoch keinen Weg in die Zukunft. "Sie hätte eine Rolle
spielen können"(64), begnügt sich aber mit gelegentlichen Vergünsti-
gungen. Sie glaubt sich nicht in Beziehung setzen zu können. Äusserste
Verlassenheit, zeitliche, örtliche, seelische und geistige Kontaktlosig-
keit und beständige Kopfschmerzen lassen jede Verstellung gegenüber
der Aussenwelt scheitern. Bei klaren Gedanken"sah sie sich nur noch als
Einzelfall und wurde taub für das tröstliche Eingeordnetwerden". Ohne
Möglichkeit menschlicher Teilnahme, unfähig, "diesen Zustand noch
erträglich zu machen", wird das Existieren zu einer "Tortur". Der
Selbstmord ist der letzte ihr verbliebene Akt individueller Bewusst-
seinsäusserung, die einzige Unterbrechung eines unendlichen Teufels-
kreises. "Sie wusste nicht nur, was sie tat, sondern auch, warum sie
nichts andres mehr tun konnte". Diese endgültige Aufgabe des Rollenspiels durch die Mutter und der Ansturm des "horror vacui im Bewusstsein"hindern den Beschreibenden daran, in die Rolle des distanzierenden, fiktiven Nacherzählens von maschinellen Erinnerungen zu-
rückzufallen. Anders als in lügenden Abenteuerfilmen und Theater-
stücken unterliegt die anteilnehmende Lebensbeschreibung der Übereinstimmung und dem Widerspruch des betroffenen Bewusstseins, dessen äusserste Denkkonsequenz den Tod als Grenze des Vorstellens
mitteilt und erlebt. "Später werde ich über das alles Genaueres schreiben".

Panik, Entsetzen, Scham und Todesangst bestimmen auch in DER KUR-
ZE BRIEF ZUM LANGEN ABSCHIED die Seelenverfassung eines sich
getrennt von seiner Frau auf Amerikareise befindenden Schriftstellers. "So weit ich mich zurückerinnern kann, bin ich wie geboren für
Entsetzen und Schrecken gewesen". Dass derartige Zustände jedoch
keinem passiven Leiden gleichen, sondern "für mich immer Erkennt-
nisvorgänge"auslösten, wird sozial-psychologisch begründet. Aus Armut, mitmenschlicher Kontaktbeschränktheit und reduziertem Mitteilungsbedürfnis wurden schon in der Jugend Umwelt und Träume aus
dem Bewusstsein verdrängt. Angstzustände des Subjekts bedeuten dabei eine Herausforderung auferlegter Zwänge. In seiner menschlichen
Isoliertheit führte das Ich Selbstgespräche, glaubte sich "überall erst
aufspielen"(18), "vorführen" zu müssen. Es ekelt sich vor"allen Begriffen, Definitionen und Abstraktionen". Als Erwachsener wird es dann
von Eherolle, Kenntnissen und Erlebnissen verfolgt und eingeholt.
Diese und andere Zwange wie die Tätigkeit des Beschreibens, die
"zwanghaft, keine Einzeltätigkeit, aus der sich die Gesamttätigkeit zu-
sammensetzte", sucht der sich Erinnernde abzuschütteln. "Ich will
nicht mehr allein sein, sagte ich". "Muss ich mich denn immer noch
darstellen, damit man mich wahrnimmt?fragte ich mich"(56). In Gesprächen und auf der Fahrt mit Claire Madison, einer alleinstehenden
amerikanischen Freundin und Mutter einer kleinen Tochter Benedic-
tine, finden die nach Selbstaufklärung drängenden Fragen eine psycho-
logisch kritische Reflektion. Die beständige Reiselektüre von Kellers
'Grünem Heinrich' unterstreicht dabei die Erprobung von Möglichkeiten, mit Natur und Umwelt in Kontakt zu kommen. Er wird jedoch verfolgt von einem Gefühl des Überdrusses, "dass ich noch immer der
gleiche war und mir nicht zu helfen wusste". Daraus entsteht ein Bedürfnis, "etwas anderes sehen"zu wollen, "alle Sachen anders herum
zu sehen und sie zu ändern"und die nicht naturgemässe Isolierung ver-
gleichend zu überwinden. Im Unterschied zum vergangenen, sich selbst
wegwünschenden kindlichen Zauberspiel erscheint das gegenwärtige
Bedürfnis als "Freude auf eine Zukunft, in der ich nicht mehr der sein
würde, der ich im Augenblick war". Dass das anders Benennen der Gegenstände, das Umtaufen und Namenerfinden auch verstörend wirken
kann, ist den Verhaltensweisen Benedictines zu entnehmen. Das Kind
wird von panikartigen Anfällen gepeinigt, "weil sie mit jedem Blick etwas anderes sieht und sich nicht mehr orientieren kann". Kindheitserlebnisse und die Angst vor plötzlichen Veränderungen, "als ob die Umwelt... sich als etwas ganz anderes entpuppen würde", sind nicht "un-
beteiligt wie in einem Spiel"(98)aufzulösen. Die Furcht, im Falle der
Anteilnahme zurückgestossen zu werden, verbindet die literarische
Gestalt des 'Grünen Heinrich'mit dem Amerikareisenden, "als ob du
die Umwelt nur an dir vorbeitanzen lässt. Du lässt dir Erfahrungen
vorführen, statt dich hineinzuverwickeln". Die mögliche Teilnahme des
einzelnen an einer sich verändernden Zeit und Welt verdrängt nicht
den "horror vacui", "das ungeheure Entsetzen des Kindes...das an

einer Stelle, wo es gerade noch etwas gesehen hatte, mit einem Mal
nichts mehr sah". Der Bewusstseinsgewinn liegt mithin nicht in der
Ortsveränderung oder Wirklichkeitsflucht. "Ich wusste, dass ich mich
von allen diesen Beschränktheiten nie mehr loswünschen würde".
Der lange Abschied vom übertriebenen Ich-Sinn wird für das Ich zum
Ernstfall, "eine Lebensart zu finden, die mir gerecht wäre, und bei der
auch andere Leute mir gerecht werden könnten". Auch eine Verinner-
lichung der Gefühle oder Rollenkennzeichnung von Dingen können, wie
die Verhaltensweisen eines Liebespaares demonstrieren, nicht weg-
weisend sein. Im Vordergrund bleiben erinnerte Schreckensbilder ehe-
lich choreographischer Hass-Spiele, erpresster Lebensformen, syste-
matischer Internatsordnungen und die Betätigung von Spielautomaten,
von Karten-und Würfelspielen; drängend erscheint der Wunsch nach
einem Doppelgänger, die Not, sich aufführen zu müssen und das Verlangen nach figürlicher Ausdeutung, "indem ich das schon im voraus
geregelte Ursachenspiel spiele"(126). Sie entwickeln allesamt eine individuelle Kompensation durch das Rollenspiel. "Wenn wir nicht mit
uns selber allein waren, sondern Rollen spielten, die von Gastgebern,
im Restaurant, Reisende am Flughafen, Kinobesucher, Gäste, und auch
von den anderen als Verkörperung von Rollen behandelt wurden, ertru-
gen wir uns wieder, weil wir uns ganz als Rollenträger erlebten und
waren stolz, wie selbstverständlich wir diese Rollen schon spielten"
(130). Entsprechend kann dann die dem Ehemann heimlich nachgereiste
Judith ihre psychoterroristischen Mordpläne an diesem nicht erproben, ohne 'Posen einzunehmen "(134). Demgegenüber gehört es zur rollenspielenden amerikanischen Auffassung von Geschichte und der Bil-
dungsidee des 'Grünen Heinrich' beiden keine Lebensvervollkomm-
nung zuzuschreiben. Individualfiguren wie Theaterfiguren verfügen
über "keine eigene Geschichte, ihr Leben interessiert kaum". "Statt
sie zu spielen, stellen wir sie nach, und zwar nur in ihren öffentlich
bekannten Gesten", sagt die Amerikanerin Claire. Die gesellschaftliche Rollenbewusstheit europäischer Dramatiker und die Rollenfunktion dramatischer Helden erscheint amerikanischen Zuschauern nicht
heldisch. "Sie wollen nicht Rollen sehen, sondern Handlung, weil sie
glauben, dass ohnedies jeder bei uns eine Rolle spielen kann, und dass
eine Rolle deswegen kein Abenteuer ist"(148). Diese geäusserten Bedenken werden auch von dem europäischen Abenteurer verstanden. Er
bekennt, dass es auch ihm schwerfalle, "Rollen zu schreiben"(150) und
dabei Figuren nicht zu typisieren. Der Verzicht auf ein europäisches
Rollenverständnis, der den Schreibenden schon im Erleben einer ihn
neu bewegenden Lebenslust berührte, wird in den Worten des Film-
regisseurs John Ford zusammengefasst. Der lebenswahre Zusammenhang des Allgemeinen und Besonderen ist in Gesellschaft selten ohne
Lüge zu vertreten. Wenn den "beliebig verfügbaren Posen der Entfremdung"(148)entgegengewirkt werden soll, müssen Geschichten passieren,
wirkliche und erfundene. Die Vertauschung von 'wir' und 'ich' im Amerikanischen symbolisiert den Ausschluss eines nur rein privaten Han-

delns. 'Das kommt vielleicht daher, dass für uns alles, was wir tun,
Teil einer gemeinsamen öffentlichen Aktion ist. Ich-Geschichten gibt
es nur dort, wo einer für alle anderen steht. Wir gehen mit unserem
Ich nicht so feierlich um wie ihr".

Peter Handkes Stück DIE UNVERNÜNFTIGEN STERBEN AUS demonstriert das Ende sowohl idealistischen Lebensgefühls als auch materialistischer Bewusstseinsregelung in der Einheit von Person und
Handlung. Vergeblich sucht Hermann Quitt aus dem Rollendasein eines Unternehmers herauszufallen. Er kann sich den Marktabsprachen
seiner Geschäftsfreunde, die den ruinösen Wettbewerb ausschalten
und den Profit erhöhen sollen, nicht widersetzen. Selbst zeitweilig erfolgreiche Gegenmassnahmen, auf Kosten seiner Freunde den eigenen
Marktanteil zu vervielfachen und die Konkurrenz in der Preisgestal-
tung der Produkte zu unterbieten, legitimieren seine Unvernunft nicht
als eine andere Lebensmöglichkeit. Die von Quitt bewusst in Szene gesetzte "Tragödie aus dem Geschäftsleben", in der das "Ich-Gefühl als
Produktionsmittel" gebraucht wird, löst nicht die ihr zugrunde liegen-
den Bewusstseinszwänge. Die Rationalisierung der kapitalistischen
Arbeitswelt, die Notwendigkeit zur Kartellisierung des Einzelnen und
Ganzen schreitet fort. Sie lässt individuelle Bedürfnisse eines "Für-
sich-Sein" und der Brauchbarkeit von Gefühlen überflüssig werden.
"Ich kann mich an nichts von mir persönlich erinnern" bekennt Quitts
Vertrauter. Quitt ist umgeben von Personen, die wie Hans ihre "tägliche Rolle schon wie etwas Auswendiggelerntes"(8) spielen, einem
"Redezwang" und " verdinglichter Sexualität" unterliegen. Quitts Fragen:"Was ist noch möglich? Was kann ich noch tun?" erscheinen als
nur spielerisch idealistisches Heraustreten aus gegebener Rollenexi-
stenz. "Was spielten Sie da gerade? Es war doch nur gespielt, oder ?
Denn in Wirklichkeit sind Sie sich Ihrer Position bewusst wie wir alle"(29). Selbst die Möglichkeit einer rauschhaft orgiastischen Demon-
stration persönlicher Lebensfreiheit erhebt als Form-Ritual keinen
Anspruch auf Wirklichkeit. Sie wird deklarierbar als spätzeitliche Sensibilität". Die Materialisierung menschlicher Erlebnisfähigkeit, in der
die bürgerliche'Geheimsprachenpoesie " durch eine begrifflich vernünftige, Bedürfnisse schaffende Werbesprache ersetzt wird, erscheint
vollkommen. Das bestärkt jedoch nur Quitts Wunsch, "jemand anderer
zu werden". Er sieht sich beständig mit der Erfahrung der Selbstentfremdung konfrontiert. Er fürchtet, zurückverwandelt zu werden "in
leblose Natur, in der ich keine Rolle mehr spiele"(45). Dabei ist er unfähig, Weltgefühle des 19. Jahrhunderts nachzuspielen oder zu glauben, "dass es das gab, was man spielte, oder dass es möglich war"(53).
"Auf einmal fällt mir ein, dass ich etwas spiele, das es gar nicht gibt,
und das ist der Unterschied"(54). Zuletzt hofft er durch rücksichtslose Verfolgung wirtschaftlicher Machtinteressen zu einer Existenz zu
gelangen. "Ich will jetzt nicht aus mir heraus. Ich bin jetzt ich und als
solcher nur für mich selber zu sprechen". Insofern jedoch das materialistische Vorspielen eines poetischen Freiheitsgefühls nur auf Kosten einer Vielzahl von Unterdrückten glaubhaft wird, tritt Quitts An-
strengung:"aus allem möchte ich etwas anderes machen", auf der Stelle. Die Entfremdung der Menschen voneinander und ihre mitleiderre-
gende Sprachlosigkeit lassen sich als eine Verdrängung des Gefühls

für "die wirkliche Person"diagnostizieren. Als Abbild vergangenen eigenen Leidens zeigen sie jedoch ebenso die Gleichschaltung menschlicher Gefühlsäusserungen. "Kein Traum könnte mir jetzt eine Sache noch fremder darstellen als ich sie schon erlebt habe". Nicht zum auswechselbaren Typ geschaffen, sieht Quitt keine weitere Möglichkeit, wenn diese "sich nicht wieder in ein blosses Gedankenspiel zurückverwandeln soll". Gegenüber der totalen Funktionslogik'der Sachzwänge, der Prioritäten, der Dringlichkeitsstufen für die Bedürfnisse"kann sich "das allerunschlüssigste und doch allerselbstsicherste Gefühl"nicht durchsetzen. Das Leiden Quitts an der Welt:"Ich stecke immer noch tief in meiner Rolle"(59), ist damit wesentlich eine Betroffenheit des Individuums. Die formelhafte Forderung des "Erkenne dich selber" hat in einer geschichtslosen, mitleidslosen, sprachlosen Zeit ihre Berechtigung verloren. Allein das Auslöschen der Existenz bleibt wegen noch fehlender materialistischer "Entpersonifizierungsanstalten" noch im Akt persönlichen Einsatzes. Nach dem Versagen des Ich-Spiels lässt sich Quitt aus seiner widersprüchlichen Rolle als Person einer fiktiven Handlung fallen. "Er rennt mit dem Kopf gegen den Felsquader".

Die Wege des Pressereferenten der österreichischen Botschaft in Peter Handkes DIE STUNDE DER WAHREN EMPFINDUNG führen durch ein Labyrinth von sich widersprechenden Gefühlen. Mit ihnen verwandeln sich Georg Keuschnigs Person, Privatleben und Umwelterfahrung. Zur Entwicklung kommt der Prozess der Befreiung von der Furcht, "etwas falsch zu machen", von der Angst, keine Rettung aus der Vereinzelung und Zusammenhanglosigkeit des Ich-Bewusstseins zu finden. Auf dem Höhepunkt einer persönlichen und familiären Krise verliert Keuschnig in einem Spielpark seine kleine Tochter und be - schliesst, "nicht mehr weiter zu leben". Verzweifelt über die existentielle Ereignislosigkeit und menschliche Verlassenheit findet Keuschnig zuletzt zur Distanz zu sich selbst. "Keuschnig wollte nichts mehr für sich". Seit er von seiner Frau Stefanie verlassen worden war, verstand er nicht, "wie er jemals an sich selber hatte denken können". Keuschnig fühlt sich von einer ständigen Gastgeberrolle befreit. "Ich verändere mich gerade, sagte er. Die Umwelt erschien ihm so verwandelt", dass er seine Kleidung ablegt. Er kauft sich einen neuen Anzug und betrachtet zum ersten Mal Dinge, Gegenstände und Gestalten aus einer anderen Sicht. Das sich Hineinversetzen in das Andere ermöglicht eine Betroffenheit des Ich, die Angstzustände auflöst. "Als er in einer liegengebliebenen Zeitung den Satz bemerkte, einem Sänger sei ein strahlendes C-Dur geglückt, schrie er fast vor Anteilnahme". Zwar verschafft dieses teilnehmende Sehen Keuschnigs Gedanken "keine neuen Gegenstände und neuen Menschen". Es erweckt jedoch eine Hoffnung auf zukünftige Brauchbarkeit und menschliche Auseinandersetzung. Keuschnigs "neugewonnenes Gleichgewicht" tritt der Beschämung und Angst über die rollengebundene Besonderung seiner Exi - stenz entgegen; "und plötzlich ergriff ihn eine tiefe Freude über die Zeit, die jetzt vor ihm lag". Keuschnigs Traum, "ein Mörder gewesen zu sein und sein gewohntes Leben nur der Form nach weiter zu führen", wird damit bedeutungslos. Aufgehoben wird auch der lebensstörende Ausnahmezustand, Keuschnigs Doppelleben, eingeteilt zwischen Familie, der Arbeit nach "Richtlinienbildern" in der Botschaft, zwischen Besuchen von Pressekonferenzen und Beatrice, einer Mittagspausengeliebten. Die Keuschnig bisher unmöglich erscheinende Befreiung von "lebenslange(n) Angstanfälle(n)" hatte ihn immer eine andere Zwangsvorstellung erleiden lassen. Die durch den Traum zerbrochene "Lebensform" zeigt ihm, "dass er jemand anders geworden war". Gleichwohl sah er sich bis jetzt durch die Umstände gezwungen, die hergebrachten Gewohnheiten, Tätigkeiten, Bewegungen, Gespräche unverändert fortzusetzen "im Vortäuschen des gewohnten". Ohne Aussichten für die Zukunft fühlte er sich "von sich selber belastet". Er vollführte das Vertraute nur noch als "zeremonielle Vorgänge, ängstlich bedacht, nicht aus der Rolle zu fallen" (28). Vergeblich suchte jedoch das Vortäuschen und Verstellen, die Nachäffungswut, das Auseinanderfallen des Ganzen und die Entfremdung der Person zu überspielen. "Für das, was ihm zugestossen war, gab es keine Fluchtmöglich-

lichkeit". Auch Keuschnigs wanderndem Absuchen der Umwelt nach
Zeichen gelang es nicht, "die abgefallenen Dinge zu sich zu bekehren"
oder Gefühle zu erinnern. Dem Bedürfnis, "ein ganz anderes Leben zu
führen", "Gefühle neu zu entdecken", fehlte das harmonische System,
in dem "jede Möglichkeit durchgespielt, für jede Eventualität gesorgt"
ist. Das Nachdenken über sich selber stellte nur die Uneigentlichkeit
aller Gedanken und Lebensprogramme fest. Er suchte nach Bestätigun-
gen des Ich-Erlebens, die nicht die Bedrohung einschliessen, "dass er
schon unterwegs aus der Rolle fiel"(88). Das "Recht, ICH zu sagen",
"zu allem ich auch sagen können", bedarf jedoch der Gefühls-und Gei-
stessolidarität. Diese weiss das Allgemeine "jedesmal als das ganz Besondere"zu schätzen und vermisst es nicht ständig. Damit also "eini-
ges anders wurde", lernte Keuschnig die persönliche Beteiligung an
Wunschdingen ideell zu betrachten. "Was Namen als BEGRIFFE nicht
vermögen, leisten sie als IDEEN". Bis dahin aber blieb ihm der Zugang zur Umwelt und zum Fürsichsein verwehrt. Er lebte phantasie-
los und war ohne "Nouvelle Formule", "um sich selber neu zusammen-
zusetzen". Keuschnig sah sich wieder einmal "auf einer Bühne und
wusste in seiner Rolle nicht weiter... obwohl er selber den Text ge-
schrieben hatte"(112). Die andere Art des Nachdenkens, die Verwandlung der von Begriffen geregelten Erscheinung in Ideen ist nicht durch
ein künstliches Rollenspiel zu bewirken. Erst "indem ihm die Welt ge-
heimnisvoll wurde, öffnete sie sich und konnte zurückerobert werden".
In diesem Erkenntnisprozess Keuschnigs spiegelt sich die Arbeit eines sich selbst und den befreundeten Keuschnig notierend erforschen-
den und um Bergung der Erscheinungen vergeblich bemühten Schriftstellers. Der in einzelne reale Wahrnehmung zerfallenen Welt kann
durch erlebte Fiktion ein Modell von Perspektiven und Entwürfen zum
Leben angeboten werden. Das Gleichgewicht zwischen dem Ich und
dem Er, dem Beschreibenden und dem Beschriebenen bedarf des
schmerzlichen Betroffenseins, der plötzlichen Trennung Keuschnigs
von Frau und Tochter und der körperlichen Beteiligung des von
Keuschnig tätlich angegriffenen, den Allwissenden spielenden Schriftstellers. Auf diese Weise erlebt auch der Schriftsteller die Notwendigkeit, alle "Segelfliegerüberblicke", alle falschen Unterordnungen
des Einzelnen zu durchschauen, "alle Mogeleien und alle Erklärungen
mal wegzutun" und das Rollenspiel der Ich-Existenz im literarisch
Allgemeinen und in der erlebten Wirklichkeit aufzudecken. Wo die
Verwandlung von widerstreitenden Ideologien die Gefahr von Harmonisierungen heraufbeschwören könnte, lässt Handke im Entsetzen des
"horror vacui" und in der Hoffnung auf das unangepasst Poetische
Schriftsteller und leidendes Ich sich einander annähern und widerspre-
chen.

Der quälende Wunsch:"Ich möchte Schriftsteller werden"kennzeichnet
erneut den Problembereich eines Handkeschen Helden und wird zum
Ausgangspunkt für die FALSCHE BEWEGUNG. Angesichts fehlender
"Lust auf Menschen"demonstriert Wilhelm Meister durch Schreien
und gewalttätiges Fensterzerschmettern sein Unvermögen, Wortzu-
sammenhänge herauszubringen. Folgerichtig wird er aus dem unpersönlichen, ereignislosen, unpolitischen und selbst in Liebesdingen
kommerzialisierten Heide in Schleswig-Holstein von der Mutter weg-
geschickt. Ausgestattet mit einem Notizbuch für Beobachtungen, mütterlich provozierenden Lagebeobachtungen, Geld und Zugfahrkarte
macht er sich auf die Reise. Zum Ziel der Fahrt nach Süden ist Soest
in Westfalen bestimmt. Ehe er es erreicht, weicht er jedoch schon
vom mütterlich ironisch verordneten Bildungsweg und dem Rat, sich
"zu nichts zwingen zu lassen"ab. Unreflektiert und ohne Notwendigkeit zahlt er das Reisegeld zweier Zugbekanntschaften, der 14 jähri-
gen Artistin Mignon und des sie begleitenden alten Mannes, eines Sän-
gers. Wilhelm, der sich "wie ein Posten in einer Statistik", wie ein
beliebiger "Passant auf dem Foto" vorkam, wird sodann aus seiner
zeichenbestimmten, beschilderten, fotografischen Erlebnishaltung he-
rausgerissen. In einem parallel fahrenden Zug sieht er die vorüber-
gleitende Erscheinung einer dem Alten bekannten Schauspielerin, Therese Farner. "Doch seit ich Dich sah, wusste ich endlich wie mir ge-
schah". Alles Handeln Wilhelms bis hin zu der im Hotel-Meldezettel
festgehaltenen Berufsbezeichnung 'Schriftsteller'bekommt aus der Begegnung mit Mignon, dem Alten und endlich auch Therese"einen Drang
zum Notwendigen". Daher glaubt Wilhelm zwischen der Zufälligkeit
ständiger Beobachtung und dem Eindringen des Politischen als einem
"Hindernis zum ungezwungenen, unbefangenen Leben", ein Gefühl für
die Vergangenheit entwickeln zu müssen. Zum "Schreiben muss ich
mich ungestört und genau erinnern können, sonst schreibe ich nur
was Zufälliges". Daraus aber entstehen wiederum künstliche Einsam-
keitsrollen, die Wilhelm bei einem ihn beherbergenden Brotfabrikan-
ten und einem diesen fälschlich als Onkel ausgebenden, lyrisierenden
Schweizer, Bernhard Landau feststellen kann. Die Formen menschlicher Vergangenheitsbewältigung führen jedoch verschiedentlich zu
"theatralischen Zuständen", "da man sich als Schauspieler seiner
selbst fühlt"(43).
In Parallele dazu wünscht sich die ihren Rollen und Texten entfremdet
fühlende Therese von Wilhelm gerade entgegengesetzt:"Schreib etwas,
das auch ich sprechen kann oder das wir alle hier spielen können".
Offenbar erlaubt die alltäglich sichtbare "Geistesgestörtheit" und "Ab-
gelenktheit der Tatsachenmenschen", die Wilhelm ungestraft und unna-
türlicherweise wie ein Tier in die Waden beissen kann, keine rettende
Rollenharmonisierung ins allgemeine. Zwischen sich verweigernden
Aussenwelten und theatralisch gespaltenen als-ob Verhaltensweisen
des Ich besteht ein offener Widerspruch. Statt sich zur "Überwindung
der Angst" der "Geschichte der Ideen" anzuvertrauen, vollzieht Wil-

helms Gastgeber den Tod als letzte gestische Ablenkung. "Deswegen
ist die Einsamkeit in Deutschland maskiert" und Wilhelms Schreib-
bedürfnis von ihrem politischen Ausdruck distanziert. Wenn der Alte
die Natur als lebenswichtiges Element der Reinigung seiner bluten-
den Erinnerung an die Tötung eines Freundes, der im Krieg kein
"Fachjude" war, begreift, führt das bei Wilhelm zu natürlich unnatür-
lichen Gefühlsreaktionen von Mordlust statt Verständnis. Demgegenüber steht Wilhelms Erfahrung, "dass das Politische erst mit dem
Schreiben unfassbar geworden ist". Sie gefährdet seinen Traum einer bewussten Darstellung der Umwelt. Der höchstpersönliche Schein
des Schreibens lässt ihn aber hoffen, dass "das Poetische und Politische eins sein könnten". Versuche des Ausprobierens von Wirklich-
keitsmöglichkeiten führen jedoch zum unpersönlichen Gleichsetzen
von "Gutmütigkeit und Erbarmungslosigkeit" und dem herzlosen Ver-
wechseln von Personen wie Mignon und Therese. Erinnerungen bleiben daher als Mittel der Assoziation von Vergangenheit und Erlebnis-
gegenwart hilfreich. "Als Erinnerungsvorgang wird das Schreiben,
glaube ich, endlich selbstverständlich werden". Und auch Therese versichert: "Durch diese Erinnerungsarbeit kriege ich auch richtig Lust
zum Theaterspielen". Die Lust auf Menschen und das ich-beteiligte
Schreiben politischer Geschichten wollen Wilhelm aber weder durch
"Wesensschau", gefühlte Anteilnahme, noch assoziatives Beobachten
und Erinnern in der Umwelt gelingen. Alle zu theatralischen und als-
ob-Verhaltensweisen, Schauspielen und Schaustellung ihrer selbst gezwungenen Personen verschwinden oder begehen Selbstmord. Wilhelms
unbeteiligte Vereinzelung unter Vielen kann nicht, wie die Bildblenden
und Einstellungen der filmenden Kamera perspektivisch deutlich machen, durch ein Reiseerlebnis, Bilder, Zeichen Träume, Gedichte und
Begegnungen aufgehoben werden. Die falsche Richtungs-und Empfin-
dungsbewegung des Wegfahrens, Weggehens und Wegschauens angesichts von Angst-und Aggressionszuständen, ich-bezogener Einsamkeit
und Schreibzwängen bedarf einer eindringlichen Korrektur. Im Schnee-
sturm auf der Zugspitze findet Wilhelm Meisters Bildungs-und Erkun-
dungsreise ein unpoetisches, natürliches Ende. Alle den Ich-Erzähler
belastenden Zwänge, Rollen-und Gefühlsverfremdungen und die poetische Notwendigkeit der Darstellung nicht zufälliger, vom objektiv berichtenden Er-Erzähler beobachteten Weltgefühle werden aufgelöst.
Es ist die als natürlich akzeptierte, unmaskierte Einsamkeit und der
damit mögliche unabhängige und beteiligte Erinnerungsvorgang, die
dem poetisch Schreibenden den Weg zur selbstaufklärenden sozialen
Mitteilung eröffnet.

Die Beziehung des einzelnen zu seinen Mitmenschen, der Versuch mit
einem andern unter andern zu leben und die Zustände des Alleinseins
in der Alltagswelt bilden die Textgrundlage einer Schallplatte, 'The
Lefthanded Woman'. Sie untermalt das andere Lebensgefühl der Heldin in Handkes DIE LINKSHÄNDIGE FRAU. Marianne, dreissig Jahre
alt, verheiratet mit dem Verkaufsleiter einer Porzellanfirma, Mutter
eines achtjährigen Sohnes, lebt am Rande einer grossen Stadt "in beque-
men Verhältnissen". In "einer terrassenförmig angelegten Bungalow-
siedlung"existiert die Frau zwischen Schularbeiten, elektrischer Näh-
maschine und Fernseher in ihrer "Wohneinheit". Oft erscheint sie ver-
sunken in die Betrachtung der winterlichen Ausläufer eines waldigen
Mittelgebirges. Der heimkehrende Mann, Bruno, der auf Geschäftsrei-
se "wochenlang im Ausland war", versichert der Frau nachdrücklich,
"dass wir zueinander gehören". Sein Geschäftsaufenthalt hatte ihn in
ein kaltes, dunkles und fremdes Land geführt, dessen Sprache ihm
ebenso unzugänglich war. Er hat das Alleinsein als Angst erfahren, so
dass er sich seiner Familie umso verbundener glaubt. Marianne gegenüber, die "anders wie immer erscheint", fühlt sich Bruno frei von
Angst und Rollenzwängen. "Und ausserdem bist du eine Frau, vor der
man nichts spielen will"(18). Gleichwohl vertauscht der Heimgekehrte
zum Abendessen die Privatheit der Wohnung mit der bedienten "Geborgenheit" eines Restaurants. Einer Eingebung Brunos folgend, ver-
bringt das Ehepaar auch noch die Nacht im Schlosshotel, dessen noble Szenerie Bruno zum Glücksort erklärt. "Ich fühle jetzt eine Zauber-
kraft, Marianne. Und ich brauche dich.Und ich bin glücklich". Der von
der Frau im winterlichen Morgengrauen gewünschte Aufbruch und
Heimweg, auf dem Bruno noch "einen Purzelbaum auf dem hartgefro-
renen Rasen" schlägt, erbringt einen Situationsumschwung. Von einer
Idee, "einer Art... Erleuchtung"bewegt, fordert die Frau von Bruno,
"dass du von mir weggehst;dass du mich allein lässt. Ja, das ist es.
Geh weg, Bruno. Lass mich allein". Nach kurzem Zögern und ohne
weitere Diskussion willigt der Ehemann ein. Von der um sein Unter-
kommen besorgten Frau wird er noch an eine gemeinsame Bekannte,
die Lehrerin Franziska verwiesen. "Ihr Lehrerkollege hat sie gerade
verlassen". Der in Rollenspielen geübte Mann glaubt noch nicht an die
Bewusstheit der Handlungsweise seiner Frau. Anlässlich späterer Besuche fragt er sie: "Soll dieses Spiel denn immer weitergehen, Marianne? Ich mag jedenfalls nicht mehr mitspielen"(35). Die Frau jedoch
stellt sich auf die neue Situation des Alleinseins ein. Der von Franziska gepredigten Frauenemanzipation fremd, das Seltsame des am
Morgen passierten gleichwohl ernst nehmend, setzt sich die Frau über
Bindungen der Vergangenheit hinweg. Sie verlangt vom Mann keine zi-
vile Scheidung und macht ihm auch keine Vorwürfe. "Erinnerst du dich
überhaupt noch, dass es zwischen uns einmal eine Innigkeit gab, jenseits davon, dass wir Mann und Frau waren, und doch bestimmt davon,
dass wir es waren?", fragt Bruno und erhält keine Antwort. Die hergebrachten "Daseinsformen", "wo das Leben nur darin besteht, das

Fernsehen nachzuspielen"(26) sehen sich durch Mariannes scheinbar
unüberlegtes Handeln Veränderungen ausgesetzt. Nicht nur werden
die Wohnräume von den Möbeln bis zur Glühbirne umgeräumt, und
Brunos Sachen entfernt. Marianne nimmt auch eine Heimarbeit als
Übersetzerin französischer Sachliteratur an. Freundin und Ehemann
äussern den Verdacht, Marianne sei von einer Krankheit befallen,
sei eine "Privatmystikerin", ein Mensch, der ein"bisschen spinnt".
Die sich im Alleinsein übende Frau widerspricht reflektierend:"Meint
was ihr wollt. Je mehr ihr glaubt über mich sagen zu können, desto
freier werde ich von euch". Ihr Zustand des Alleinseins trifft jedoch
auf allgemeines Unverständnis. Er wird von Franziska verachtet, von
Bruno bis zum Verrücktwerden gefürchtet und von Kind Stefan zunehmend als ausserhalb der Normalität empfunden. Er bringt die Frau jedoch zum Sehen der Dinge um sie herum und zum Nachdenken über
sich selbst. Andere einsame Menschen wiederum wie der Verleger-
Freund verdächtigen Marianne des Rollenspiels:"Warum spielen Sie
das Mutter-Kind-Spiel?"(49). Und der sie besuchende Ehemann bemerkt, sie wolle ihn durch die Veränderung ihres Lebens "nur auf die
Probe stellen". Sie gebe jahreszeitlichen Launen nach, "Mariannes
Wintermode". Demgegenüber distanziert sich die Frau von den Ich-
verfremdenden Formen gesellschaftlichen Miteinanderlebens. Das
Problem des Alleinseins lässt sich weder durch einen Fernsehdoku-
mentarbericht "über einsame Menschen"noch durch einen zu überset-
zenden Erfahrungsbericht einer jungen Französin" rationalisieren.
Die ihm eigenen Zustände reichen von es sich gut gehen lassen, über
Wesenlosigkeit,Müdigkeit,Angst vor dem Tode,Selbstbetrachtung,
rastloser Verzweiflung bis zu Anfällen von Gewalttätigkeit,bei denen
die Frau ihren Sohn würgt. Anstelle eines Verlangens "nach Glück mit
anderen zusammen" tritt die "Angst vor dem Glück". Diese lässt auch
andere Menschen in der Gesellschaft oder bei Rollenspielen Zuflucht
suchen. So agiert Bruno, "der wie gemacht scheint zum Glücklichsein"
"theatralisch" als er Marianne wiedertrifft. Er schreit sie an oder
legt sich auf der Strasse auf den Boden, "mit dem Gesicht nach unten".
Auch der ständig "Kommunikationsbereitschaft" beweisen wollende
Verleger, der allerorten auftrat "als sei er der Gastgeber",ist auf
der Flucht ins Alleinsein. Er konnte sein Glück mit einer jüngeren
Freundin nicht ertragen. Franziska wiederum sucht Schutz vor einem
Glücksverlangen, das fortwährend scheitert. Das Bild einer gesellschaftlich arbeitenden Gruppe scheinbar emanzipierter Frauen sah
aus "als seien es Einzelne, die aus Bedürfnis sich einander zuwandten"
Und dem tölpelhaft, ungeschicktes Stolpern vorführenden Benehmen
von Mariannes Vater liegt die Erinnerung zugrunde, dass er "vor vielen Jahren ein erfolgreicher Schriftsteller gewesen"war. Er sucht Ablenkung von dem Bewusstsein, dass er irgendwann einmal anfing, unzu-
frieden zu werden und "in die falsche Richtung zu leben". Dem Einsamen sind verbergende Rollenspiele nicht fremd. "Wie eine Ausrede
kommt mir inzwischen manchmal das Schreiben vor". Auch hat er"im-

mer nur so getan"(98) als ob er ungeschickt sei. Es fällt dem Vater
daher nicht schwer, einem arbeitslosen Schauspieler seine Fehler
vorzuhalten: "Sie wollen eine Figur sein wie in diesen amerikanischen
Filmen und setzen sich doch nie aufs Spiel. Deswegen posieren Sie
nur"(95). Wenn die Zurückhaltung des Ich vom Schauspieler einmal
durchbrochen wird, und er Marianne, der er tagelang nachgegangen
war, seine Liebe erklärt, entbehrt auch das nicht einer theatralischen
Dramatik. Folgt doch auf den Aufruf, ihn nicht seiner Einsamkeit und
verlorenen Existenz zu überlassen und auf die Gefühlswallung: "Oh,
wie ich sie begehre. Mit Ihnen zusammensein, gleich jetzt, ganz stark,
für immer", der freiwillig beschleunigte Abgang des Schauspieler-
Liebhabers; "er sah fast böse aus, dann rannte er aus dem Lokal".
Welchen Rollenspielen des Posierens, Verstellens, Auftretens und
Mitspielens der einzelne sich auch zuwenden mag, die Hoffnung, sich
in einem fremden Erdteil gegenseitig zu erkennen, sich von anderen
unterscheiden und "endlich aufeinander zugehen" zu können, bleibt
auch für die Liebe unerfüllbar. Bei einem abendlichen Zusammentref-
fen versuchen alle mit der Frau bekannten Personen miteinander wörtlich und körperlich in Kontakt zu kommen. Die Einsamkeit der Frau,
des Verlegers, der Lehrerin, des Schauspielers, des Ehemannes lässt
sich nicht durch Vornamen, Umarmungen, Trinken, Schweigen, Tanzen, Zeichnen oder Reden überwinden. Auch neue "Nachdenkmöglich-
keiten führen noch zu keiner Ich-Du-Begegnung. Die linkshändige, ein
Anderssein lebende Frau bleibt eine wesenlose Traumgestalt, schwe-
relos in ihrem Alleinsein. Sie erlebt dabei die Konfrontation mit dem
unverstellten Ich als eine unter andern, aber frei von Rollenspielen.
"Sie stand vor dem Spiegel und sagte: Du hast dich nicht verraten und
niemand wird dich mehr demütigen".

Lebenserinnerungen der grossbürgerlichen Fabrikantentochter Katharina Wüllner spiegeln die Hauptperson von Peter Härtlings Roman EINE FRAU. Nach Ablauf eines dreiteiligen, Kaiserreich, Weimarer Republik, Hitler-und Nachkriegszeit umspannenden"Bilderbogen" von nationalen Wahnvorstellungen wird sie sich der ihr auferlegten Rolle bewusst und befreit sich von ihr. Katharinas Erkenntnis, "ich habe immer nur gespielt"(365), ihre Entdeckung, "dass sie gelebt worden ist, dass sie zu wenig getan hat, selbst ein Leben zu führen", reift erst als alte Frau und Grossmutter. Von dem Zeitpunkt an kann sie sich ihrem letzten Spiegelbild gegenüber abschminken. Im Gegensatz dazu diskutiert die ihren Enkel Achim umgebende bundesdeutsche Studentenjugend die Gesellschaft als Kunstprodukt, als etwas, "das man im Spiel zerschlagen könne". Omas Erinnerungen an Spartakisten, die Luxemburg, den Kapp-Putsch etc. werden als "nicht bewusst" deklassiert. Gleichwohl belegen "erzählte Erfahrung" und Tagebucheintragungen den Leidensweg einer Fremden in der Welt. "Fremd bin ich eingezogen", diese Zeile aus Schuberts Winterreise wird von Onkel David zu Katharinas Taufe gesungen. Sie kennzeichnet Katharinas Selbsterleben innerhalb eines fortschreitenden Verfalls der Welt und ihrer Familie. Wie die Mutter Susanne ungeübt war, zu Dingen und Personen Kontakt herzustellen, die "ihr fremd sind", kann auch Katharina "sich nicht verstellen". Sie ist dem Verfall des grossbürgerlichen Lebensstils in ihrem Elternhaus ausgesetzt. Er führt "von de Rösser uf de Ziechen", zur "Steckrübenkunst" in der Küche und endlich zum Bankerott des Vaters. Auch unterliegt Katharina den "Überredungskünsten", "Schwindeleien" und Luftschlössern ihres ersten Jugendgeliebten Eberhard. Vergebens sucht sich das junge Mädchen in die "Riten" des um ihre ältere Schwester Elle gruppierten sozialistischen Freundeskreises "einzuüben". Nur Kathis Liebe zu dem visionären, weltfremden Anarchisten Skodlerrak führt zu einer kurzen, aber lange erinnerten Begegnung. Dann löst der Hellerauer Spartakistenkreis sich auf, das 'enfant terrible', Schwester Elle verwandelt sich"in ein plapperndes Geschöpf der Demimonde". Fast ohne es zu wissen, wird Kathi in die Symptome des allgemeinen Untergangs der Zeit verwickelt, den ihre Mutter frühzeitig prophezeite:"Es wird sich alles ändern, Kathi. Nichts wird bleiben. Diese Welt wird untergehen, meine, deine". Die äusseren Stationen dieses Weges werden umrissen durch die Verarmung der Familie als Folge des ersten Weltkriegs, den Tod der Schwester, die Kriegsteilnahme der Brüder Dieter und Ernst, die Verheiratung Kathis an den sudetendeutschen Wirkwaren-Fabrikantensohn Ferdinand Perchtmann in Brünn, die Geburt ihrer Zwillingssöhne Peter und Paul, ihrer Töchter Camilla und Annamaria. Es folgen weiter die Verfolgung deutscher Juden und damit der Ver - wandtschaft mütterlicherseits, Katharinas Fluchtversuch aus einer unglücklichen Ehe, ihre Verbindungen zu Prchala und Waldhans, der Selbstmord des Onkels David Eichlaub, der Bankerott und Tod des Vaters, die Heldentode des Ehemannes, des Sohnes Paul und des Bruders

Ernst. Handlungsprägend sind auch die Ausweisung aus der Tschecheslowakei, die Neueinbürgerung mit Mutter, Tochter und alter Kinderfrau in der BRD, die Verwandlung Katharinas, ihr Abenteuer mit Werner Rossbach, das Leben mit Ferdinand Novotny, letzte Familienfeier und Altersheim. Diesem Ablauf der Zeit gegenüber war für Kathi keine unabhängige Selbstbetrachtung möglich, "weil die Zeit schneller ist als unsere Erfahrung und weil uns fürchten, der Zeit verloren zu gehen". Auch die Betrachtung, die die Dame zu den verschiedenen Zeitpunkten ihres Lebens ihrem Spiegelbild widmet, führt zu keinem distanzierten Selbstverständnis. Sich im Gegenteil dessen bewusst, "dass man ein Bild von sich hat, das kein Spiegelbild widerlegen kann", ist das Fräulein sowohl "mit sich im Reinen" als "noch nicht fürs Feuer". Bis zur vorletzten und letzten Spiegelbetrachtung und dem Moment des Abschminkens des alten Selbst gelingt es Katharina jedesmal, das Spiegelbild im Glas mit sich zu vereinen, auch wenn das eigentliche Ich davon losgelöst ist. In ihrer nächsten Verwandtschaft hingegen enden alle Versuche des Widerstandes gegen den Zeitablauf tragisch. Allen voran scheitert der Vater, Georg Wüllner, Kosmetikfabrikant und elegant gekleideter Frauenheld am Umbruch der Zeiten. Er ist begabt, Parfümkreationen zu erfinden, den Frauen zu gefallen, die Kinder verrückt zu beschenken und Feste zu feiern. Dem Familienleben jedoch zieht er Vergnügungsreisen vor, lebt in Kurorten wie ein Fürst, weicht Schwierigkeiten gern aus und verkörpert so den Lebensstil einer grossbürgerlichen Welt. "Es war zum Spiel. Er konnte es noch"als ihm die Welt schon finanziell zu - sammenzubrechen beginnt. Der von Wuchs kleine Vater, der wippend gross erscheinen wollte, "Emotionen überspielen" konnte, der geübte Begleiter, "war eben nicht nur ein Gaukler. Uns hat er eine Figur vorgespielt, die leicht zu lieben war, die sich aber auch mühelos entziehen konnte"(182). Er weiss, dass er der Geschichte nicht entrinnen kann. Er spielt seine Herrenrolle ohne Klage auch im grössten Elend der wirtschaftlichen Endstation eines Vogelfutterhandels. Selbst bei der Bestattungszeremonie "brach der Vater aus", "setzte sich über gesellschaftliche Spielregeln hinweg". Der Sarg kippte den Totengräbern versehentlich in die Grube. Ein anderer Versuch, dem Leben die eigene Welt entgegenzusetzen, wird vom Onkel David Eichlaub unternommen. Als Jude von Kindheit an der Erfahrung des Fremdseins "ausgesetzt", entschliesst er sich zum Leben ausserhalb "der Ordnung der Erwachsenen". Er gibt seinen Apothekerberuf auf und lebt als "Kunstmensch", ein "Gaukler, ein Randgänger", seine Gesangsstimme zu Liederabenden der neureichen Gesellschaft vermietend. Als deutscher Jude nicht länger bereit, "eine weitere Rolle der anderen"(69) zu spielen, fühlt er sich schliesslich "krank von Verstellung"! Politisch und menschlich ist er dem heraufziehenden Reich nicht gewogen. In der Familienrolle des Narren, Luftikus und Spassmachers, der "täuscht und soll Euch täuschen", sucht er eine Möglichkeit inneren Überlebens. In seinem alten Gehrock wie eine E.T.A. Hoffmann -

oder Charlie-Chaplingestalt wirkend, "ein Spieler" aus einer untergehenden Welt, registriert er die Vernichtung des deutschen Judentums. Selbstironisch bemerkt er, "er lasse sich manchmal für einen ganzen Monat im grossen Schrank einmotten und vor ein paar Tagen habe man ihn erst wieder aus dem Schrank geholt". Als ihm auch "Alter und Narrheit"keinen Schutz mehr zu bieten scheinen, Auschwitz und Theresienstadt den deutschen Judenhass dokumentieren, kommt aus Dresden die Nachricht, "Onkel David habe sich das Leben genommen". Katharina, durch unerfüllte Jugendlieben in ihrem Selbstgefühl verstört, sieht so an den Lebensbeispielen des grosspurigen Vaters und theatralischen Onkels auch für sich die Welt zur Kulisse zusammen - schrumpfen, in "der ich und andere auftreten". Sie erkennt jedoch noch nicht die Art ihrer Rollenverpflichtung. Lange hält die Atmosphäre und Morbidität der bürgerlichen Welt Katharina in ihrer Ehe mit Perchtmann gefangen. Erst allmählich lernt sie in Prag und Brünn ihre Umgebung und ihren Mann kennen. Sie stellt "im Spiel mit Migräne", beim Besuch Wotrubas, als Mitarbeiterin in der Fabrik ihres Mannes, als Gastgeberin in einem Freundeskreis 'Kathis Zirkel', als Frau und Mutter Kontakte zu Menschen her. Diese sollen sie ihre Erinnerungen an eine verweigerte Liebe, an Skodlerrak und Kasimir vergessen lassen und der Gesellschaft ihren eigenen "Stil vorführen". Gleichviel bleibt ihr Wirklichkeitssinn noch durch Phantasien und Einbildungen beeinflussbar. Eine Begegnung mit einem jungen Mann an einer Haltestelle macht ihr das deutlich. "Er hat eine Rolle gespielt, für mich ganz allein, weil ich ihn mir so wünschte an diesem Frühlingstag". (192) Trotz sich verschlechternder beruflicher und privater Beziehungen zu Ferdinand, trotz des Miterlebens der sich entwickelnden deutsch-tschechischen Konfrontation löst sich Katharina nur langsam von der ihr Denken bestimmenden Vergangenheit mit ihren Lebensriten. Tschechische Arbeitsniederlegungen in der Fabrik ihres Mannes, die Farce ihrer Ehe, das schmierenkomödiantisch militärische Gehabe ihrer Brüder, die deutsche Besetzung der Tschechei, die nationalsozialistische Indoktrinierung ihrer Söhne, die zeitweise Verleugnung ihrer jüdischen Abstammung, der Tod Pauls und Ferdinands, die Niederlage Hitlerdeutschlands sind Stufen einer chaotischen Lebensentwicklung. Sie lassen die eingeengte Katharina nach einem Gegenüber verlangen, "das mir Wirklichkeit vermittelt". Der Grossbäcker Adam Wagner wird Katharinas Lebensgefährte während der letzten Kriegswochen bis zum Einmarsch der Russen in Brünn. Des Vermögens, Haus und Fabrik enteignet, überlebt Katharina den Treck der Ausweisung in den Westen Deutschlands. Die Entbehrungen und Erfahrungen der Flucht lassen sie die Vergangenheit abwerfen. Sie "hatte sich gehäutet, das alles gehörte nicht mehr zu ihr". Aus der Brünner Fabrikantenfrau entsteht"Katharina die Proletin". Egoistisch verroht, zieht sie ohne Rücksicht auf Tochter und Kinderfrau mit dem Soldaten Werner Rossmann herum. "Die Zeit hatte sie freigesetzt". "Aus allen Pflichten entlassen", schminkt sich die Person Katharina um. Das Lot-

terleben mit Rossmann verhilft ihr'zu jener Verwandlung,die sie sich
wünschte". Von Rossmann schliesslich im Stich gelassen,arbeitet sie
als Packerin. Sie findet ihre Kinder Camilla und Peter wieder und
sieht den Bruder Ernst zurückkehren. Schliesslich befreit sie sich
auch von ihrer Jugendliebe,als sie in dem ehemaligen SS-Angehöri-
gen Obermeier den ehemaligen Anarchisten Skodlerrak wiedertrifft.
Jetzt erst gelingt Katharina die völlige Distanzierung von der Vergangenheit und der ihr darin zugewiesenen Rolle. So wie ihre Mutter hatte
sie nie "eine Rolle spielen wollen und immer Hauptrollen spielen müssen"(331). Sie hatte ein Leben geführt,das für sie andere erfanden. Zu-
rückblickend auf ihr Leben mit Rossmann,fühlt sie keine Reue. Wenn
die Kinder festzustellen glauben,ihre Mutter'habe im Krieg die Fas-
sung verloren", sieht Katharina sich vielmehr "freigelassen, Stück für
Stück,und hält ihre Freiheit aus". Endlich ist sie aus der Rolle einer
auf Mann und Kinder immer Rücksicht nehmenden Ehefrau entlassen.
Wenn sie jetzt, zu ihrem 65. Geburtstag in eine "Rolle schlüpfe"(367),
die Parade der Gratulanten abnimmt, tut sie es bewusst. Sie schafft
Distanz zwischen sich und den sie früher lebenden anderen, den Familienangehörigen als einer "Versammlung von Freunden, die miteinander verwandt sind". Die Vergangenheit findet keine Deckung in der
Gegenwart. Auch für sich selbst hat Katharina das Abziehbild einer im
Zeitenwandel gleichen Personenidentität aufgegeben. Es gibt nichts
mehr zu vertuschen, nichts mehr zu schminken. Was sie noch mit der
Vergangenheit verbindet, beruhte dort auf der falschen Selbstbespiege-
lung in ihrer Rolle als eine Frau. Jetzt ist Katharina in der Lage,das
gegenüber der "Kunstfigur" geforderte freie Handeln:"Es ist ihre Rolle...Ich will sie ausgleichen"(163/164) in die Wirklichkeit umzusetzen.
So wie sie jetzt die bürgerliche Konvention nicht davon abhalten kann,
ihre jüdische Grossmutterrolle durch ein Zusammenleben mit dem
ehemaligen Nazi Novotny zu kompromittieren, so beginnt Katharina
ihr siebtes Leben mit dem Abschütteln der Rolle ihrer Vergangenheit, eine Frau.

Peter Härtlings Auseinandersetzung mit der Frage, wie vergangene und gegenwärtige Wirklichkeit erfassbar werden kann, entdeckt in ZWETTL. NACHPRÜFUNG EINER ERINNERUNG die Ambivalenz des Rollen-spielen. Ein Erzähler befindet sich auf der autobiographischen Suche nach einer geistigen Wiederbelebung der Wörter, Orte, Bilder von Nachkriegsereignissen und Familienangehörigen. Schwierigkeiten bereitet dabei die Rekonstruktion und Dokumentation des Sterbens des in einem russischen Kriegsgefangenenlager verschollenen Vaters Rudi H. Tun, Stimme, Gesicht des sich aus einer durch den Krieg zerrütteten Ehe zurückziehenden Vaters verschieben und verwandeln sich. Auch die eigene Kinderrolle gewinnt keine Eindeutigkeit. Der Erzähler trifft dabei auf die Gestalt eines zwölfjährigen Jungen, der im Ich-Bewusstsein des Nachprüfenden keine unmittelbare Identität erreicht. Der Junge ist erfüllt von Entsetzen, Widerwillen und Trotz gegen den Zerfall der Familie, gegen die verständnislose "Welt der Grossen". Er sucht Zuflucht bei Fantasien, Träumereien, Lügen und "schützenden Narrheiten". Weder die Grossmutter, Mutter, Tante K. oder Schwester L. werden eingeweiht. Es ist jedoch die Gestalt des Vaters, die dem an der Erinnerung arbeitenden, revisionierenden, verschiebenden und raffenden Erzähler eine Vergegenwärtigung der Vergangenheit und seiner eigenen Sprache und Stimme schwermachen. Ehe die Geschichte des Vaters nicht durch amtliche Nachforschungen, überlieferte Briefe, ausschnitthafte Erinnerungen und Nachrichten der Tante K. "in die Zeit zwischen Mai 1945 und April 1946" "eingebracht" werden kann, verfangen sich auch die Möglichkeiten des sicheren, nachprüfbaren sich selbst Zurückrufens. Die vom Ich-Erzähler erlebten Halluzinationen, Traumvorstellungen und Fiktionen beim Beschreiben der Erinnerung suchen einem Anderssehen der Vatergestalt auszuweichen. Daher fühlten sich der Erzähler und der Junge der Mutter trotz ihrer selbstmörderisch depressiven Natur nahe. "Denn sie wusste viele Spiele und sie liess ihn früh frei". Melancholisch und oft ungerecht abrupt, erscheint die Mutter doch "leicht und lachend in der Erinnerung", ein Ort der Zuflucht. Von ihrer Einsamkeit und Verwandlungsfähigkeit, sie "spielte Hauptmann" oder "alte Weiber", führen Erinnerungen zur Verlebendigung der eigenen sprach-und stimmlosen Gestalt. Diese wird "sichtbar nur in Aktionen". Da er immer "auf dem Sprung" war vor Kränkungen der Welt, spielt der Junge "mit der Angst der Erwachsenen". Er "spielte den Taubstummen", "Feinde-Erkunden", "spielte den Schlafenden", "spielte Typhus", "äffte den Gebrauch des Landserjargons nach", "spielte Doktor L.", "spielte den Herrn über ein grosses Reich", "Schiff und Taucher" oder "Gärtner". Wiederholt spielte er die abendliche Pantomime "Lintschi stirbt" und "Soldaten", bis er sich an die vielen Spielarten des Alleinseins gewöhnt"(60)hatte. Die an die Tante gestellte Frage, "welcher Art die Spiele der Kinder gewesen seien", bei denen eins ins andere überzugehen schien, bleibt unbeantwortet. Sie erscheint jedoch angesichts der schon als Kind beobachteten unberechenbaren Spiele der Erwachsenen umso berechtig-

ter. Neben der spielenden Mutter tauchen in der Erinnerung die Gestalten eines im Purpurmantel Parade spielenden russischen Generals auf. Sichtbar wird auch ein mit den Kindern Eislauf spielender
Rotarmist und ein deutscher Offizier, "der den Untadeligen gespielt
hatte"(115). Diese Erinnerungen des Erzählers lassen es deutlich werden, dass die Spiele des Jungen mehr umgriffen als deren erzählerische Reproduktion mitteilen kann oder als Bewusstmachung menschlicher Verluste zugeben will."Was stärker durchschlägt, ist die Laune,
die aus dem Spiel wuchs, oder die Spiele verursachte, eine Stimmung,
durch die das Spielmuster ungenau blossgelegt wird"(140). Der Zwang
für den Jungen, immer "eine neue Rolle"(154) zu spielen, soll den Zustand des Alleinseins verdecken, Verletzungen und Kränkungen zuvor-
kommen. In diesem Zusammenhang bemächtigt er sich einer Draisine,
die ihm spielend zum "Tarninstrument"seiner "grossen, um die Erde
reichenden Flucht wird". Dieser Abwehrcharakter eines phantasieren-
den, lügenden, täuschenden, verdeckenden, ersetzenden Rollenspiels des
Jungen gelangt besonders im "Vater spielen" zum Ausdruck. Dort war
es dem Jungen bei Störungen der "Spielordnung"gestattet, den "Vater
zu ersetzen, ihn auszuspielen".
Dementsprechend verfolgt der Versuch des Erzählers, sein Ich nach-
prüfbar in einem Buch festzuhalten, immer nur ein sich Wegerzählen,
Trennen, Wegdenken von der Gesamtheit seiner Existenz. Der Ich-Erzähler weiss am Ende nicht, "ob ich es gewesen bin. Ich könnte es gewesen sein". Ihm verwirren sich bei der Wiedergabe des Gespielten
und Erlebten in einem Aufsatz über Zwettl die erinnerten Lebensrollen des Vaters, der Mutter und anderer Angehöriger mit der Fiktivität seiner erzählerischen Rolle. "Jetzt bin ich dran, allein, ich erfinde,
was gewesen ist". Umgeben von dokumentationssüchtigen Zeitgenossen,
die wie der Er-Erzähler oder Tante K. und Mimi N. beständig aus eigener Perspektive die persönlichen Erinnerungen in dem Erzählten
korrigieren und verschieben, wird der Ich-Erzähler schliesslich zur
faktischen Einbringung, zum Anderssehen der Geschichte seines Vaters und dessen Tod gebracht. Sich selbst gegenüber findet sich der
verunsicherte Erzähler jedoch noch in der gleichen Position wie sein
gesuchtes Jungen-Ich. Das Präsens des Erzählens kann die Vergangenheit nicht als Gruppenporträt einer Wirklichkeit zusammenfügen. Das
Nachschreiben hebt die Getrenntheit von Erzähler und eigener Person,
des Er und des Ich nicht auf. Die Figur bleibt tonlos und damit ausgedacht. Der erfahrungsbegrenzte Erzähler kann über die Aufklärung der
Fiktivität der Rollenpositionen nicht hinausgelangen. Verlorene Iden-
titäten, die doch eine persönliche rollenspielende Identität besassen,
sind durch die Nachprüfung von Erinnerungen nicht mehr wiederzugewinnen.

Schmerzhafte, züchtigende Kindheitserlebnisse lassen den aus politischem Exil ins Elternhaus heimgekehrten, leidenden "Narrekaschper" in Peter Härtlings FAMILIENFEST, den Geschichtsprofessor Georg Lauterbach in rückblickenden Erinnerungsbildern an der historischen Wahrheit seiner Existenz als Lehrer, Aufrührer und Weiberheld im schwäbischen 19. Jahrhundert zweifeln. Seine philosophische Arbeit über die "Verlassenheit des Individuums in der Geschichte"und seine sukzessiv und gleichzeitig der langjährigen Geliebten, der Gräfin Franziska, der Schwester Philine und dem Freund Kunter erzählten erlebten Geschichten mit anderen Menschen zeugen von seinem Bemühen, vergangene Gegenwart und gegenwärtige, wieder erinnerte Vergangenheit auf das Vorhandensein des Ich nachzuprüfen. Die ihm wiederholt ins Wort fallenden, korrigierenden, auf Unglaubwürdigkeit hinweisenden Zuhörer entdecken das Erzählen von Philine, von Franziska, Kunter, Emanuel, Naphta, Deutsch und anderen als Sucht Georgs, "Ungleiches im Gedächtnis gleich zu machen". Derartige Versuche, die Geschichte als ein den einzelnen und seine Empfindungen vergessendes Abstraktum durch umerzählende Wiedergeburt der Phantasie als unbestreitbare Wirklichkeit fassbar zu machen, ähneln jedoch nur Kostümierungen von Wörtern ohne Wirkungskraft und Stimme. Lauterbach braucht eine Vielfalt von Formen der rabulistisch erfindenden, täuschenden, phantastisch betrügenden, vereinfachenden Selbstdarstellung. Unangenehme Erinnerungen an geschwisterlich romantische Taten, Qualen und Feindseligkeiten werden aus dem Sinn gespielt, umgedacht, verspielt. Auch erschien dem Jungen "durch Fieber täuschen" als ein wirkungsvolles Mittel, sich gegenüber der Umwelt zu schützen, wenn er nicht durch Fluchtversuche häuslichen Zwängen und der Verschwisterung mit Philine zu entkommen trachtete. Seit seiner Kindheit war Georg im Umgang mit seiner Schwester Philine daran gewöhnt, das Leben im Spiel zu ertragen und spielerisch revidierend, sich hineinredend zu erinnern. "Du spielst, Georg. Ich spiele nicht, Philine"(45). Ohne ihre geistige und körperliche Liebe und Gegenwart kann Lauterbach in der Welt nichts"mehr ernst nehmen". Sie ist ein Teil einer nicht durch Daten und Zahlen beweisbaren Geschichte. Von Philine räumlich und zeitlich getrennt, erfährt sich Georg zunehmend als Gegenstand vielfältigen Rollenspiels und Opfer rätselhafter Schwächen und Krankheit. Bevor er jedoch durch körperliche Entfremdung von der Schwester zur trotzigen Erkenntnis gelangt, "er verspiele sich selbst"(156) und ein zweifelnder Verstand habe ihn zu übersteigerten Wahrheiten verleitet, wird er Teilnehmer gesellschaftlich, politisch aufrührerischer Intrigen seiner Schüler und Freunde. Auf diesem republikanischen Schauplatz hatte Kunter "sich die Rolle selbst zugeschrieben"(95). "Deutschs Rolle"(93) hingegen wurde gemeingefährlich und der Verräter Kyrion "beherrschte seine Rolle"(llo)erfolgreich. So lebte Lauterbach im beruflichen und privaten Bereich wie auf einer Bühne, erfüllt von wunderlichen Auftritten und Verücktheiten. Nicht sicher, "ob die Bühne im Spiel einbräche"(14o), zweifelnd

ob er nicht eher abtreten solle,"um sich zu retten", erscheinen Lauterbach selbst Liebesbeziehungen nur als ein Spiel von Rollen. Vom
erotischen Kinderspiel nach Regeln mit Elise bis hin zum Erwachse-
nenspiel mit Verena Danielsson, Lauterbach "spielte, baute die Bühne
um sich selbst auf, der Dialog hallte"(88). Auch im sich selbst zuse-
henden, betrügerischen Liebesspiel Georgs mit der menschensammeln-
den Gräfin Franziska Varnbühler verrät seine Begegnung mit anderen
nur eine Verlorenheit und politische Vergiftung des Ich. "Er sah sie
und sich auf der Bühne"(83). Lauterbachs Vorstellung von der Behauptung der historischen Figur in der verstümmelten, sich wiederholenden Wirklichkeit war weder durch rollenspielende Figuren noch durch
Daten und variierte, das Gegenteil beschönigende Geschichten einlös-
bar. Selbst die Gestalt des das Wort "Gottes und die Ordnung" predi-
genden und Wunderheilungen vollführenden Bruders Immanuel , der
von Georg in die Rolle eines ihn peinigenden Gegentyps abgedrängt
worden war, und der ihm als Kind "um Gottes und der Ordnung willen"
die geistige Unschuld geraubt hatte, vermittelt letztlich brüderliche
Liebe. Die "unbestreitbare Wirklichkeit", das von allem deutenden Bei-
werk und der Geschichte befreite Individuum ist durch keine spielerische Imagination der dargestellten Figuren oder des vergegenwärti-
genden und erinnernden Ich-Erzählers zu erfassen. Lauterbach verliert beim Tode des Neffen Naphta die letzte ihn mit seiner Vergan -
genheit verbindende täuschende Erinnerung. Die Geschichte hat ihren
möglichen glückhaften Bezugspunkt verloren, die Annäherung des
Menschen an die Geschichte erscheint sinnlos. "Könnte es nicht sein
...dass der Welt zum Verlust alles als höhere Narretei zu betrachten wäre, gleichsam ein Familienfest zur Belustigung derer, die es
inszeniert hatten"(89). Die vom Autor in die Gegenwart fortgeführte
Familienchronik und das berichtete Familientreffen jedenfalls ent -
deckt, dass die Familiengeschichte und -gestalten Georg Lauterbachs
schon von jeher von Varianten geprägt waren. Diese zeigen neben dem
unterdrückten Bericht über einen beispielhaft erpresserisch erscheinenden Familienzwang anlässlich eines Familientages, dass beschriebenen Wirklichkeiten immer der bestätigende Mund fehlt zugunsten
täuschender Kostümierungen und erzählerischer Fiktion. Diese können jedoch keine Aufklärung eines gemeinsamen Gedächtnisses in der
Geschichte erreichen. Die höhere Narretei überlässt das Individuum
einer Existenz der bewusstseinsdämpfenden Gleichgültigkeit.

In Uwe Johnsons mehrbändigem Werk JAHRESTAGE versucht die aus
Mecklenburg stammende und in New York lebende,in Vertrauensstel-
lung bei einer Bank arbeitende Gesine Cresspahl ,ihrer teen-age
Tochter Marie Vergangenheit und Gegenwart ihres Lebens erklärend
und erzählend verständlich zu machen.Dabei werden deutsch-und
fremdsprachlich zitierte Lokal-und Zeitberichte ihrer neuen und in-
ternationalen Weltperspektive mit Erinnerungen an die Lebensgeschichte der grosselterlichen Familie Papenbrook und Cresspahls
in einen politisch,menschlich gesellschaftlich und zeitlich vermisch-
ten und doch kausal geordneten stimmigen Reproduktionszusammen-
hang gebracht.Was jedoch einmal"Wirklichkeit, Lebensgefühl, Handlung war"lässt sich nicht mühelos intellektuell zusammensetzen.
Sprache und Worte geben nicht selbstverständlich Personen, Denken
und Geschehen zu erkennen.Ihre sich wiederholenden Zwänge dienen
genauso zur Verschlüsselung und Vergessen und Tarnen von Rollenverhalten,Ängsten, Kriegsgreueln und störenden zeitgemäss biographischen Erinnerungen.Der Verlust von Wirklichkeit und Heimat
zeigte sich schon in der Lebens-Schaustellerei von Gesines Eltern.
Dem in der Fremde wurzelnden Vater, Jakob, war es unmöglich,al-
lein für seine Frau Lisbeth zu leben.Als Anti-Nazi,englischer Agent
und Nachkriegsbürgermeister von Jerichow musste er dann unter
sowjetischer Besatzung "die Analyse seiner Klassenlage und seiner
persönlichen Rolle bei falschen Wendungen der Weltgeschichte"(284/
III)im Konzentrationslager Fünfeichen durchstehen.Um die politisch-
geschichtlichen familiären Wechselfälle zu überstehen, suchten die
Menschen in Jerichow Zuflucht in synthetisierenden Rollenhaltungen.
So konnte sich Lisbeth nur im Kino von der "Welt aus Spiel und Vor-
täuschung"(686/II) ablenken.Auch Gesines Erzählungen unterscheiden nur selten zwischen erlebter Vergangenheit und der erfundenen,
Stimmigkeit auffüllenden,täuschenden Wiedergabe erzählter Erinne-
rungen.Das aber trifft beständig auf Maries Kritik der erzählerischen Perspektiven der Mutter und führt zu häufigen Veränderungs-
wunschen, anders zu berichten und die Wahrheit des Erzählspiels zu
rechtfertigen. Umgekehrt findet sich ein vermeintlich distanziert er-
zählender Autor Johnson bei amerikanischen Juden der Perspektiven-
vermischung unterworfen. Unwillentlich sieht er seine die deutsche
politische Vergangenheit analysierende Person in das Gelächter des
Vortragspublikums einbezogen,das aufklärende Erzählerrolle und er-
littene politische Rollen zur Vertauschung bringt. Im Unterschied dazu erscheinen dann Dialoge zwischen dem Autor und seiner Hauptperson über die richtige, nicht kausal-logisch sich wiederholende Darstellung erlebter Wirklichkeit als die Er -Ich -Sie-Erzählperspekti-
ven objektivierende, zeitenvermischende Einschübe. Die Geschichte
der New Yorker Cresspahls ist gleichwohl von rollenspielenden Figuren eingerahmt. Zu ihnen gehören in der Erinnerung der alte Papen-
brock, sein Sohn Horst, Rechtsanwalt Avenarius Kollmorgen und Hilda
Paepcke.In der Gegenwart treten als Rollenspieler auf:Maries Freun-

dinnen Marjorie, Francine, Naomi, Clarissa und Mrs. Williams, der
Hausfreund D. E. und eine Reihe literarischer Typen wie Karsch und
Anselm Kristlein. Diesen Figuren gegenüber spielt dann Gesine die
Rolle einer sich nicht auf Menschen einlassen könnenden Mutter, die
sich dennoch für die Bürorolle einer Mrs. Cresspahl verkleiden muss,
ein "vorgetäuscht vorbildliches Verhalten"(639/II) demonstrierend.
Selbst von Maries verstorbenem Vater gibt Gesine vor, nur das Not-
wendigste zu wissen. Sie traut weder dem Wirklichkeit blockierenden
Gedächtnis noch biographisch zitierenden, zwingenden Gesprächen.
Tochter Marie und deren Tonbandkassette erscheint daher als einzig
mögliche, weil Wirklichkeit und Lüge stets kontrollierende, distanzierende Bezugs-und Kontrastfigur. Die Geschichten der Mutter finden
aber selten den Beifall der "Ironie in Schiefhalsigkeit"(499/II) bekun-
denden Tochter, da es ihnen an Glaubwürdigkeit fehlt. Verschieden in
Erlebnis-und Empfindungsfähigkeit sind beide Frauen doch Partner
bei einem Rollenspiel, das nicht erwünscht ist. "Die Rollen trennen
uns"(1o35/III). Auch Marie hat ihren gesellschaftlichen Rollentribut
zu entrichten. Sie spielt die ins Amerikanische umgezogene und geistig sprachlich umerzogene deutsche Emigrantin, die Rolle der jungen Dame, die sich daran begeistern kann, Rollenbiographien amerikanischer Politikerfreunde zu verfolgen. In Parallele dazu ist die Mutter der standardisierten Belehrsamkeit einer scheinbar Faktentreue,
Vorbildlichkeit und Überlegenheit inszenierenden Zeitung, der alten
"Tante Times", verfallen. Damit gibt sich Gesines angestrebte erzählerische Objektivität als Möglichkeitssortierung von Geschichten,
erinnerter Zeit und gegenwärtig erfundener und mitspielender Wirklichkeit zu erkennen. Gesines Misstrauen gegenüber dem Rollenleben,
dem Programmdurchspielen von Menschen der Gegenwart, wie M.
Roche-Faubourg oder Familienangehörigen wie Anni Killainer wirkt
auf diese Weise doppeldeutig. Ihrem äusseren Bild nach schien Gesine nicht zu den "Rollenträgern des Gegenteils"(11o/III) zu gehören.
Doch auch sie spielt ihrem, sein Leben spielenden Vorgesetzten in
der Bank, dem Direktor de Rosny, Loyalität nur vor. Mrs. Cresspahls
gesellschaftliche Verhaltensweisen bleiben nicht unangefochten. So
behauptet Mr. Fleury, dass sie "durch strenges und eben nur vorgetäuscht vorbildliches Verhalten um sich Kränkungen und Verletzungen ausstreue". Gesines Schwierigkeiten der Selbsterfahrung sind jedoch für andere nicht einsichtbar. Sie sucht durch erzählte Geschichten und gespielte Verhaltensweisen nachzuholen, was Erinnerung und
Vorstellungsvermögen nicht als Wirklichkeit verbürgen können oder
wollen. Wirklichkeit in der erinnerten Vergangenheit erscheint immer
als persönlich erzähltes, nicht geschichtliches Produkt einer Zeit und
Marie als Auftraggeber. Die Vergangenheit besitzt für Gesine nur in-
soweit Wahrheit, als Cresspahl an ihr beteiligt ist. Er war es, der Gesine die subjektive Wahrheit des objektiv Falschen beigebracht hatte.
Damit rechtfertigt das von D. E. so verehrte Bewusstsein Gesines
seinen Willen zur Tarnung, zur Benutzung täuschender biographischer

und zeitgenössischer Modelle, die vor verfehlter Erinnerung und schmerzhafter Ich-Betroffenheit Unangreifbarkeit gewähren. Aber selbst D. E. , an sich kein Normstück, nichts zum Erzählen, steht nicht ausserhalb des Bedürfnisses nach Selbstschutz. "Vergessen. Gesine, lass uns das spielen: wir wären bei Wes verheiratet"(9o5/II). Auch die gemeinsamen Restaurantbesuche, wo D. E., Gesine und Marie wie eine "Familie aus Dreien" wirken, passen zur allseitigen Haltung des Verkleidens, sich Darstellens, Aufführens und Versteckens. Angesichts des Problems gegenseitiger Verständigung erlaubt jeder dem anderen seine Rolle. Mit Unterbrechungen"darf D. E. wieder in seine andere Rolle, die des Plänemachers, des Beschützers, des Bewegers"(ll5o/ III) eintreten. Leidenschaftlich gerne "Familienleben spielend", bei Marie eine Erzieherrolle wahrnehmend, wird D. E. verschiedentlich in der Rolle des Heiratswilligen irritiert. "Als Ersatz könne er ein Laienspiel ankündigen - eine Sache mit verteilten Rollen"(1334/III). Die Auseinandersetzung mit verlorener und zu lebender Wirklichkeit, die erzählerische, fotografisch-bildliche Wiedergabe von Geschichten und das Fertigdenken, Erkennenlernen von historisch verängstigen-den, schmerzlichen Verhaltensweisen bedient sich der Vermittlung von fiktiven Rollenspielen. Dabei gelangt zur Unterscheidung, dass Professor Erichson "die Wahrheit für konkret hält", die Gesine subjektiv behauptet und Marie als Objektivität fordert. Es bleibt"eine geheime Bewandtnis beim Erzählen", die in dessen Ambivalenz von Fiktion und Aufklärung bei den rollenspielenden Figuren, Erzähler und Autor, zutagetritt.

Zu welchen Erkenntnissen und Verhaltensweisen unterhaltende Reise-
beschreibungen gemäss den Normen gegensätzlich gesellschaftlicher
Rollenspiele führen kann, demonstriert ein Prosatext Uwe Johnsons
EINE REISE WEGWOHIN. Karsch, journalistischer Augenzeuge -und
Berichterstatter zwischen Seite Drei und der Seite Sport einer Ham-
burger Tageszeitung leidet an seinem Selbstverständnis und zweifelt
an seiner beruflichen Schreiberei. Kränklich und älter werdend, führt
er sich auf, "als lebte er neben sich her". Er akzeptiert daher die Einladung von Karin F., einer ehemaligen Freundin und nun privilegier-
ten Staatsschauspielerin in Ost-Berlin. Unangekündigt und unentschul-
digt nimmt K. Urlaub von seiner Tätigkeit. Zunächst hat das den Anschein einer privaten Ablenkung von westdeutscher Alltagsroutine,
von einer Ehescheidung und von Alleinsein. Bald aber wird der Aufenthalt für Karsch zu einer verblüffenden Konfrontation mit seinem Denken fremden Ausdrucksweisen, Lebensgewohnheiten und-verhältnissen.
Neugier, Eigennutz und beruflicher Verwertungs-Habitus drängen
Karsch zur genaueren Recherchierung der Fakten und Zahlen hinter
den verfremdeten Verhaltensweisen und deren ostdeutscher Sprachre-
gelung. Er verfolgt Pläne zu einem wirtschaftlichen Report, zu Reise-
berichten und akzeptiert einen westdeutschen Auftrag, eine Biographie
über den Volkshelden und Radrennsportler Joachim T. zu schreiben.
Schnell begreift er, dass die Joachim öffentlich zugewiesene Rollen-
aufführung als Skispringer, wie auch die Rolle einer Schauspielerin
nicht einfach mit dem "wirklich getanen Leben" einer Person stim-
mig gemacht werden können. Demgemäss ergeben sich für Karschs
eigenes Wirklichkeitsverständnis Schwierigkeiten bei seinem Interview mit Achim. Dieser möchte sich in seiner "berühmten Rolle"(45)
nicht gesellschaftlich wertfrei und unreflektiert autobiographisch wie-
dergegeben sehen, wird doch von allen Bürgern ein veränderter Mensch
erwartet. Die Karsch fehlende "parteiliche Perspektive"der Nachrich-
tenerstattung wird jedoch allmählich durch seine anwachsende Anteilnahme an ostdeutscher Gegenwart, eigener Vergangenheit und west-
wie ostdeutscher Republikflucht ersetzt. Bestürzt bemerkt er die zu-
nehmende Änlichkeit seines Verhaltens und seiner Sprachgewohnhei-
ten mit denen der Ostdeutschen. Er sieht "wie träumend den verstell-
ten Karsch, deutlich wie ein Gegenüber zwischen den anderen Passa-
gieren" eines Zuges, die auf der Flucht in den Westen im Unterschied
zu dem recherchierenden K. die Tatsächlichkeit ostdeutscher Staats-
bürgerschaft aus Verzweiflung spielen. Aus dieser als Augenzeuge
vermeintlich gewonnenen Gemeinsamkeit der Erkenntnis und von dem
Gefühl der Zwischenexistenz bedroht, rettet sich Karsch unter Aufgabe seiner Biographie-Projekte zurück nach Hamburg. Dort angekom-
men, sieht er sich von fragenden Freunden zur journalistisch-finan-
ziellen Ausbeutung seines ostdeutschen Urlaubs genötigt, "wie es denn
wirklich gewesen war". Es gelingen ihm aber weder der erbetene lok-
kere Reisebericht noch der dafür von ihm vorgeschlagene wirtschaftliche Report im Sinne der "Darstellung ostdeutscher Folgen westdeut-

scher Politik".Anstelle gewohnten subjektivistischen Objektivismus
bietet Karschs "Aufführung"(7o) seinen Bekannten unreflektiert ostdeutsche Sprachgewohnheiten.Perspektiven,die ihm dann selbst als
unerklärliche "Regelverstösse"erscheinen.Karschs öffentliches Eintreten für die Anerkennung eines ostdeutschen Staates,"dass Ost -
deutschland die klassischen Kennzeichen eines Staates aufwies wie
Westdeutschland auch",entfernt ihn nicht nur von geltenen politischen
"Richtlinien"seiner Zeitung.Er verliert im gleichen Masse die Fähigkeit,für Seite Drei verwertbare Berichte zu schreiben.Karschs ver-
bal soziales Aus-der-Rolle-fallen bei einer Fernsehdiskussion macht
ihn dann endgültig zum Gegenstand politischer Bühnendarbeitungen,
Auftritte und Veranstaltungen, bei denen er das Recht des Wiederver-
einigungsgeredes in Frage stellt.Eine fehlberatene polizeiliche Durch-
suchung seiner Wohnung "mit dem Verdachtstitel Landesverrat" und
die Beschlagnahmung seiner Materialkartei zur Geschichte politischer
Begriffe verhindern jedoch,dass Karsch"aus freien Stücken seine Rolle hingeschmissen hätte"(76).Er entflieht auf der Reise wegwohin den
ost-und westdeutschen Faktenwirklichkeiten und der Not der deutschen
Teilung.Als anonymer italienischer Steuerzahler und ausländischer
Zeitungskorrespondent schliesst sich Karsch privat vom Gespieltwerden austauschbarer und doch getrennter deutscher Rollenwirklichkei-
ten aus,bewusst mit "Wind und Sonnenschein" angenehm fiktional
"über persönliche Verhältnisse der italienischen Politik und Industrie"
berichtend.

Das "revolutionäre Potential"der Veränderungen erstrebenden Jugend
soll gemäss kultusministeriell bildungspolitischer Richtlinienplanung
in den Volksschulen durch geeignete Lesebücher gefördert werden.
Dass dazu aber literarische "Vorbilder,die handeln"schwer zu finden sind, wird in Siegfried Lenz's Roman DAS VORBILD dargestellt.
Mit der Herausgabe des Schullesebuches sind drei Pädagogen beauf-
tragt.Alle sehen sich ausserstande,für das dritte Kapitel ihrer Arbeit eine Geschichte zu finden,deren Haupthandlungsträger ideell und
praktisch für diese Zeit beispielhaft erscheinen. Jeder der von ihnen
mitgebrachten und auf einer Herausgeberkonferenz diskutierten literarischen Vorschläge erweist sich für einen der Beteiligten als un-
annehmbar. Die Vorstellungen darüber, welche Lebensbilder Vorbilder sein könnten, ob diese überhaupt noch eine Bedeutung haben, stimmen bei dem pensionierten Rektor Valentin Pundt, dem Studienrat Jan
Peter Heller und der freien Lektorin Rita Süssfeldt nicht überein.
Wiederholt prüfen, bewerten und vergleichen die Herausgeber die ausgewählten Textbeispiele auf ihre Vorbilder hin. Jedesmal aber erweckt
deren Eindeutigkeit, schablonenhafte Vorgeformtheit, soziale Nützlich-
keit und Typisierungstendenz unterschiedliche Zweifel. Der auftrags-
gemässen Suche nach Idolen und Wegweisern für die Jugend steht in
der Wirklichkeit eine heillos plakative, kulturell, sprachlich, gesellschaftlich systematisierte grosstädtische Welt gegenüber.An dieser
Welt, die durch den Protestsänger Mike Mitchener angegriffen wird,
scheitert Harald Pundt, studierender Sohn des Pädagogen. Die Umset-
zung gesellschaftlichen Geschehens in persönliche Erfahrungen lässt
sich nicht durch allgemeine Wahrheitsformeln und durch die Manie
einer "Jagd nach Gründen für ein bestimmtes Verhalten"(156)vollzie-
hen. Die Einengung individuellen Lebensraumes hat unverantwortliche
Ausmasse angenommen.Ihnen gegenüber erscheinen die lebensgefährlich verkehrswidrigen Autofahrmanöver der Frau Süssfeldt im Gross-
stadtverkehr oder die gesetzwidrige Demonstrationsteilnahme von
Heller geradezu gerechtfertigt.Im Kontrast hierzu steht "die Fraglo-
sigkeit, mit der Pundts Vorbild seine Rolle spielt"(98) und die Frag-
würdigkeit aller arrangierten Versuche, fiktiven Personen die "Rolle
des Idols"(132) zu unterstellen. In langen literarischen Diskussionen
von Ersatzbeispielen konzentrieren sich die Herausgeber endlich auf
die Analyse der Biografie von Lucy Beerbaum, einer berühmten Bio-
chemikerin. Als Ausdruck demonstrativer Solidarität mit den Opfern
des griechischen Obristenputsches hatte sie das wirkungslose, aber
moralische Selbstopfer ihres Lebens erbracht. Zutage tritt hierbei
der Widerspruch zwischen Handeln und Denken, Alltäglichkeit und
Ausserordentlichkeit einer die Zeitgeschichte mitgestaltenden Wis-
senschaftlerin. In den Augen der Lesebuchherausgeber verleiht er der
Idee eines Vorbildes Bedeutung und Umstrittenheit zugleich. Lucy's
Tod unterscheidet sich von anderen, eindeutigeren Rollenverhalten.
Diese gelangen zum Ausdruck, wenn der berufliche Reformidealist
Janpeter sich an das Vertrauen seiner Schüler heranspielt, "auf der

Suche nach einer anderen Haut"(231); wenn der von epileptischen Anfällen gepeinigte ehemalige Archäologe Heino Merkel "zeitlebens nur
mit einem einzigen 'seinem Stück'reist";wenn Harald Pundt durch
Selbstmord versucht, "neue Möglichkeiten des Protestes auszupro-
bieren". Das als Vorbild gewählte Leben Lucy's offenbart glaubwürdi-
ge Verhaltensweisen von fraglichem Erfolg.Schon als Kind scheiter-
te sie in ihrem Bemühen, sich von Rollenspielen ihrer Umgebung zu
distanzieren und "ihre Rolle zu verändern"(239).Versuche politischen
Rollenprotestes gegen "das übliche Spiel"(251) schlugen Lucy auch als
Studentin fehl. Opferhaltungen wurden vereitelt.Auf verschiedenen distanzierenden Erzählerebenen literarischer Erfahrungsgewinnung ,
Autoreneinblendungen und persönlicher Betroffenheit durch Ereignisse des Lebens erkennt jeder der drei Herausgeber, dass Vorbilder
unter Bedingungen des Widerspruchs wirken.So lassen sich der protestierende Hungerstreik und die künstliche Selbstisolierung Professor Beerbaums auch nicht als logisches Rollenverhalten und Märty-
rertum typisieren.Pundt, Heller und Süssfeldt suchen daher in Lucy's
Verhaltensweisen den Verstoss gegen die Regeln einer politisch wissenschaftlich verwalteten Welt zu würdigen.In diesem Sinne gälte Lucy's Protest und "unzureichende Rolle"(446) besonders für die politischen Gefangenen, die wie ihr griechischer Kollege und Jugendfreund
Victor Gaitanides immer bedacht waren, "rollengerecht"(344) zu han-
deln.Schon als Student hatte er die Kommilitonen gewarnt,'die aus der
Rolle fielen"(339). Letztlich gelangen die Herausgeber jedoch in ihrem
'Spiel mit den marktgängigen Vorbildern"(349) zu keiner befriedigen-
den Übereinstimmung.Für Doktor Pundt stellt die These,dass das
Vorbild "sich seine Rolle erkaufen"(361)muss,eine durch den Tod seines Sohnes schmerzlich erfahrene und für ihn somit pädagogisch un-
brauchbare Deutung des Handelns für andere dar.Er fühlt sich zur
Empfehlung von Vorbildern nicht mehr geeignet und tritt von seiner
Herausgeberschaft zurück.Aber auch Pundt kann sich dem unaufhebbaren Widerspruch der Vorbildlichkeit nicht entziehen und wird zum
verprügelten Opfer seiner Intervention gegen eine einen Strassenpas-
santen belästigende Jugendbande. Der von den verbliebenen Kollegen
letztlich eingereichte Kapitelvorschlag einer Verschmelzung in sich
widersprüchlicher Episoden aus dem Leben Lucy's findet keine mini-
sterielle Zustimmung.Die in Auftrag gegebene Suche nach einer vor-
bildhaften Persönlichkeit erscheint dem Referenten Dr.Dunkhase
nicht in einem'Beispiel der passiven Auflehnung"erfüllt.Als Vertreter
einer "neuen Spielart der Arroganz"(518),die ihr Rollenbewusstsein
aus dem Kontakt mit der gesellschaftlichen Praxis herleitet,geht es
Dunkhase um "Handeln um jeden Preis".Das eine mehrschichtige Deutung zulassende Vorbild im Kapitel 'Umstrittene Entscheidung' wird
kampflos zwanghaften Rollenvorstellungen geopfert.Ihrer Rechtfertigung nach gleichen diese einer intakten Windmühle, "die bei ausrei-
chener Regung in der Luft,für jedermann sichtbar vierflügelig um
sich schlägt".Dabei scheitern sowohl die literarische Dokumentation

individuell widersprüchlicher "Einbildung"(441) und die Rolle eines vorbildlich werdenden Gegenspielers, als auch die rollenspielenden und nur täuschend fiktiv erlebbaren, verschmelzenden Versuche der "Selbstversetzung"(168) des Beschreibenden, der Beschriebenen und Lesenden in den anderen. Gegenüber dieser erzwungenen Aufklärung angestammter Dunkelheit kann das Deuten jedoch ebenso "auf neue Art in Besitz nehmen, den unaufhebbaren Widerspruch bestätigen, wenn es gleichbedeutend wäre mit eigenem Erfinden"(363).

In Hugo Loetschers Roman DER IMMUNE erzählt ein Intellektueller,
"ein mit Empfindungen umgehender", ein Pflastertreter von Zürichs
Niederdorf, Geschichten aus der Vergangenheit. Im Rückblick auf ver-
schiedenste erschreckende Jugenderlebnisse im Kreise der Familie
entsteht eine "Bild-Abfolge" als assoziatives "Durchspielen des Stich-
worts"(378) und Verbinden der verschiedenen Elemente des Ankom -
mens und Zurückkehrens in diese Stadt Zürich und des wieder Weggehens. Die assoziierten Geschichten porträtieren wiederholt auf verschiedenen Ebenen den Lebensweg eines gespaltenen Einzelnen, eines
Repräsentanten des grossen Welttheaters. Dieser erkundet Lebensmög-
lichkeiten und sieht sich zum Rollenspielen in Gegenwelten gezwungen,
da er "zur Sache wird". Auf seinem "Stationenweg" findet er schon
bei seiner Geburt den Satz demonstriert:"Natura hominis arte facta
est". Das von Er -Sie -Erzähler beobachtete, vom Ich-Erzähler erlebte und den Autor -Dichter einbeziehende Erwachsenen-Theater erlaub-
te dem Säugling jedoch noch keine aktive Beteiligung. "Aber er wollte
endlich mit eigenem Programm auftreten"(6). In diesem Kopf, "der
mitdenken wollte", und sich nach perspektivisch wiederholten Zeugungs-
auftritten "an seiner Zeugung selbst beteiligt"(43), waren alle Voraussetzungen einer gesellschaftlich aufsteigenden Entwicklung vorhanden.
Er sorgt für unvorhergesehene Eingriffe in Erwachsenenspiele. Als
rollenloser Vorhangzieher im Kindertheater, der sich im ungeeigneten
Moment eine Rolle aneignet, stiftet er Verwirrung. Diese frühe Beteiligung an Kinderspielen klärt ihn aber auch über das gesellschaftliche
Erleiden von Rollenauftritten auf. Der weitere Weg über Statisten-Volk
-Gefolgerollen beim städtischen Schauspielhaus endet vorzeitig beim
unprofessionellen "Immunentheater", wo jeder "mitspielen konnte,
auch Sie und ich". Es folgen wechselnde Schauplätze wie die spielerische Besetzung des Odeon als studentisches Revolutions-Volksthea-
ter. Der proklamierten Machtübernahme der Phantasie fehlen aber die
richtigen Rollen. Weder als Intellektueller noch als Wasserkopf lässt
sich das Problem des "wozu und überhaupt"in irgendeiner weise gesellschaftlich konkretisieren. "Vielleicht wäre es besser, ich trete ganz
anders auf"(34). Angesichts der geistig seelischen Selbst-Entfremdung
des Theater -Menschen bewegt sich das Leben des Intellektuellen zwischen Davonlaufen und Verstecken. Er hat den Wunsch, "sich in dem
Masse zu immunisieren als er die Fähigkeit bewahren wollte, zu emp-
finden und zu agieren". Schon als Junge in einem zerrütteten Elternhaus lebend, hatte er lernen müssen, "sich auszuschalten", um"am Leben zu bleiben". Die so geübte Distanzierung von der eigenen Person
lässt auch die ihn umgebenden Menschen zu Figuren werden. In biographischer Darstellung erscheint der Vater als stets arbeitslos, streit-
süchtig und alkoholisiert. Die Mutter kämpft beständig um das soziale
Fortkommen und die Sesshaftigkeit. Zusammen mit der Palette der um
das Niederdorf gruppierten bäuerlich-proletarischen Vorfahren sind
die Personen alle vom Leben "Angeschlagene". Des Immunen Bemühungen, sich von der Gesellschaft "nicht tödlich infizieren zu lassen",führt

zu Erkundungen der "Grenzen der eigenen Toleranz". Das Überleben
und Davonkommen geht dabei auf Kosten geistiger Unschuld, die ohne-
hin durch eine Inflation von leiblichen, vaterländischen und dokumen-
tierten Vorfahren belastet ist. Er hat Angst, "etwas vorspielen zu müssen"(lo9), mit dem Verlust der Nacktheit zu "Gesten und Rollen"und
damit zu "Schwindel und Täuschung"(112) gezwungen zu werden. So ist
der Immune von Jugend an auf Übergänge und Bewegung bedacht. Er
wird ein "besessener Geher", ein "Stadtflüchtiger". Das Bedürfnis
nach "Schutz und Verpackung", der Wunsch "unter vielen einer unter
anderen zu sein", sucht gleichwohl den Schauplatz gemachter Erfahrung als Ort der Wiederholungen auf;"denn sich immunisieren war
das Verhalten beim zweiten Mal". Das Defizit der Erfahrbarkeit des
Ich soll durch Analysieren seines Verhaltens als Gigolo, als Homo -
sexueller, als Waffenexporteur Säuerlein gedeckt werden. Das intellektuelle Erlernen des Sehens stösst jedoch beständig auf gesellschaftliche Abhängigkeiten. Französischlehrer und Schularzt suchten schon
die Seele des Immunen gesellschaftsgerecht zu heilen. Und auch ge-
sellige Einladungen verlangen das Eingestimmtsein auf "Chor-Auftrit-
te". In der Zeitungsredaktion dann verwandelt die Machtübernahme
des Drucker-Bosses die Person zur Ware. Das verbleibende Lebens-
Vakuum wird durch das mitternächtliche Narrentreiben im Milieu der
Fantasio-Bar dokumentiert. Weder hat die Phantasie die Macht übernommen noch der Immunisierungsprozess die Flucht in den Alkohol
und immer neue Verstecke überflüssig gemacht. Unfähig, als letzte
Immunisierung Selbstmord zu begehen wie der Hippie Christian, verliert sich der Immune auf seinem Stationenweg in die Gegenwelt einer Schiffsreise auf dem Amazonas. Proletensohn oder Herrensohn,
an ein "zur Deckung bringen" der verschiedenen Ebenen methodisch
pädagogischer Ich-Erfahrung ist nicht zu denken. Das assoziative,
kettengereihte Durchspielen "menschlicher Möglichkeiten" wie das
"kollektiv-psychokinese"Abschiessen eines Fernsehbeitrags des Immunen, das emotionale "in"-und "out-sein" unter Jungintellektuellen
oder das Dasein als Schweizer señor in Südamerika lassen sich nicht
durch eine Sprache beschreiben, die kein wertendes Vehikel sein soll.
"So sehr er das Wort'immun'benutzte, er war jemand, der gleichzeitig von Behaftbarkeit sprach". Die Methoden der Vergangenheit, die
spielenden Versuche, sich zu immunisieren sind von zweifelhafter Wirkung. Sie enden dort, wo die Gegenwärtigkeit des Schreibenden als eine
durch Manuskripte vermittelte Existenz durch Beschlagnahmung seiner Papiere infrage gestellt wird. Die Übergänge zwischen erlebten
und erfundenen Lebensgeschichten, die Märchen von Billbill und die
Lügengeschichten professioneller, das 'repeat' spielender Wortarbei-
ter unterliegen den Varianten eines schreibenden "Robotbildes". "Ge-
sucht wird der Dichter". Vielsprachigkeit, stetes Unterwegssein und
unkontrollierte Verhaltensweisen erschweren jedoch international die
erzählerische Identifikation des Ich. Die recherchierende Frage:"Sind
Sie nun eigentlich immun oder nicht", beansprucht Wahrheit als nackte

Offenbarung. "Spielten Sie Rollen, die Sie nicht angaben?"(416). Zur Suche nach menschlichen Möglichkeiten gehört nicht nur die "Blosstellung "des Rollenspielens sondern "auch der Kleiderwechsel"(416). Er erlaubt dem Robotbild eines Dichters, ein Märchen zu erzählen, "das gar keines war"; Ereignisse, Episoden, Beispiele, Porträtgalerien beliebig zu verfertigen und zu reihen, ohne eine Einmaligkeit der Kunst-Lebensübungen fürchten zu müssen. "Alle meine Erwachsenen-Spiele sind mir geblieben"(419). Die Bemühungen am Leben zu bleiben, erschöpfen sich nicht in der Defizitdeckung der gesellschaftlichen Abhängigkeiten, der Empfindungen und Handlungen der eigenen Person und der Formen der Selbstverleugnung. Die Wünsche nach Schutz, Flucht, Andersein weisen die nicht erfolgreiche Herrschaft der Rollenspiele zurück in die Fiktion des Dichters. Als vielschichtiges Rollenbild ermöglicht dieser den Immunen und stellt ihn zugleich infrage.

Hans Erich Nossacks Roman EIN GLÜCKLICHER MENSCH erzählt
die Geschichte eines alten Mannes, die auf den "toten Punkt" nicht
als Ende, sondern Ausgangspunkt der Wirklichkeit des Lebens aus-
gerichtet ist. Er erscheint als alleinstehender, pensionierter Washingtoner Beamter, ministerieller Abteilungsleiter für Südamerika, mit
eigenem Haus in vornehmer Wohngegend. Er ist "ein verhältnismäs-
sig anständig gekleideter alter Herr mit regelmässigen Gewohnheiten, vielleicht etwas pedantisch". Eine Tante Minnie und eine schwar-
ze Reinmachfrau kümmern sich um ihn. Gelegentlich besucht ihn Aggie, seine verheiratete Tochter und angesehene Ärztin in Philadelphia.
Nach vierzig Dienstjahren, in denen er den "braven Beamten gespielt"
(95) erinnert sich der Mann einer anderen Identität. Seinen Gedanken
überlassen, erzählt der Mann zuerst einem von ihm erfundenen "Gegenüber"(11) seine persönlichen'Erinnerungen". Sie kreisen um das
jetzt industrialisierte "Newropa", das angeblich eine "Strafkolonie"
mit dem "komischen'Namen Aporee gewesen sein soll. Die Schwierig-
keit jedoch, dem Erfundenen nicht bei jedem Satz "die eigenen Worte
in den Mund"zu legen und dessen allgemeines Desinteresse an der
Vorgeschichte von Newropa, lassen den überlegenen Ich-Erzähler den
Erfundenen ausradieren. Stattdessen beobachtet er einen Mieter in einer Dachwohnung schräg gegenüber in der Q-Street, von dem er so
viel weiss, "wie ich von mir weiss". Es ist ein kaum dreissigjähriges,
"seine letzte Hoffnung auf Aporee"setzendes Ich, dem der Alte nun
seine "Erinnerungen an Aporee"erzählt. Auf diesem Erdteil, Land
oder "jungfräulichen Kontinent"starb seine Gefährtin, die, "die dann
meine Frau wurde". Geboren wurde dort aber auch Aggie, als erstes
und einziges Kind. Seit seinem Rücktransport ist die Nennung des Na-
mens Aporee bei Tochter und Schwiegersohn als schizoider "Unsinn"
verboten. Obwohl Aporee jetzt für die Wissenschaft "ein neues Spielzeug'darstellt, und beim neunzehnjährigen Enkel mittlerweile Mode
geworden ist, liegen die Theorien über seine geographische Entste-
hung noch im Dunkeln. Weder Bibliotheken noch Geschichtsbücher
konnten darüber Auskunft geben, wie dieses Aporee zu erreichen war.
Er hatte es als ein "Land ohne Wachstum", als wüstenähnlich gelb-
braunen Fleck zuerst in der Schule auf einer "altmodischen"Landkar-
te entdeckt. Die beiläufige Bemerkung der Lehrerin, in Aporee dürfe
'man endlich ein wahres Wort zu sich sprechen, ohne dass andere über
einen herfallen", hatte ihn berührt. Sie erweckte in ihm die Hoffnung,
"dort, in dem grossen Schweigen braucht man nicht mehr zu wachsen'.
Aber erst mit dreissig Jahren erfuhr er dann von Matrosen eines Aporee mit Lebensmitteln versorgenden Frachtdampfers erneut von der
Existenz dieser geheimnisvollen Insel. Nach langem Suchen findet er
Kontakt zu einer Anwaltsfirma, die auch eine "Tarnfirma" eines Ge-
heimdienstes sein konnte. Durch deren Vermittlung hofft er, seine
zwanghafte Vergangenheit "auch wegen der sogenannten Angehörigen"
verlassen zu können. Er setzt seine "letzte Hoffnung auf Aporee"als
"eine letzte Zuflucht". Er wird von mehreren Instanzen, Behörden,

Staatspolizei, Kliniken "auf Herz und Nieren" geprüft. Letztlich setzt
man ihn nach Unterschreiben eines Rückkehrverzichtes, mit einer
neuen Identität, Computernamen Henry, Pass und Startgeld versehen
auf Aporee aus. Von Aussenstehenden darf die Insel, die "durch eine
unvorstellbar grosse Hitze zerstört worden sein" muss, nur mit Schutz-
anzügen betreten werden. Vor den Küsten patrouillieren ein Flugzeug-
träger und Kriegsschiffe. Sie bringen Ersatz "für die Krepierten".
Wirklichkeit und Unwirklichkeit von Henry's drauffolgendem zweijäh-
rigen Aufenthalt auf Aporee enden mit dem historischen Ereignis einer Geburt. Sie ist der Anlass zu einem Neuanfang und der Rückkehr
von Vater und Tochter nach Amerika. Auf Aporee mit seinen fisch-
losen Gewässern, leeren Ebenen und trennenden Gebirgen hatte bis
dahin kein Leben entstehen können und auch die Geburt des Mädchens
kostet den Tod der Mutter. Neben dem Sterben gab es in Aporee nur
die Freiheit strenger Disziplin. Orientierungspunkte wie die Landungs-
stelle, das Gemeinschaftshaus, die Klinik, die Funkstation waren nur
Bezeichnungen von Zivilisationsnachahmungen. Angesichts dieser Zeit-
und Herkunftslosigkeit Aporees, der Lücke der Welt, wäre nichts "lä-
cherlicher, als eine Geschichte der Insel schreiben zu wollen". Damit
werden die Erinnerungen an das Leben im "Unterstand", an Aporee
als einen "Zustand" des Wartens zur Geschichte allen Lebens. "Eines
Tages werden Sie begreifen, dass alles, was ich Ihnen hier erzähle,
mit Aporee zu tun hat. Mit Ihrem Aporee". Wenn jedoch die Wirklichkeit in einem Buch "der Reihe nach" beschrieben, durch Geschichten
geschildert werden soll, lässt sich aus ihr nichts lernen. Kontaktpunk-
te verschwinden. Nur "das Suchen danach bleibt immer das gleiche".
Die Geschichten selbst verbürgen keine Wahrheit. "Nichts von dem,
was ich Ihnen so lang und breit erzähle, braucht so gewesen zu sein
wie ich es erlebt habe. Es gibt keinen Beweis dafür". Die faktische
Gültigkeit der vom Ich abschweifend subjektiv erzählten Worte liegt
in der Veranschaulichung dessen, warum sie gesprochen werden.
Die Betroffenheit von dem Warum des privaten Lebens und Handelns
kommt selbst in Aporee nicht zur Ruhe. "Man muss dieses Warum nur
fühlbar machen". Einige der Ausgewanderten erfanden "sogar Geschichten über sich, um sich besser dahinter verschweigen zu können". Die
von den hundert Bewohnern Aporees, von der Hysterikerin, vom Pas-
sagier, von Naleco, vom Admiral, von Ramsic, vom Schrebergärtner
gut erfundenen Geschichten vergangener Schicksale versuchen ihr
"Vorher" möglichst persönlich zu schildern. Deutlich wird dadurch
jedoch nur die Enttäuschung ihrer Hoffnung, "dass die Wirklichkeit
für mich anfange". Auch gehört es zum Erzählen einer Geschichte, die
immer zum "Spitznamen passte", den jeder bei seiner Ankunft erhielt,
dass sie "niemand hören will". Die Schwester, der Clown, der Farmer,
der Funker, die Schauspielerin, der Doktor, der Makler, alle suchen
sie den Verlust ihrer Wirklichkeit zu verbergen. "Im Grunde waren
zu meiner Zeit alle in Aporee enttäuscht". So fühlten sich die Leute
nicht nur betrogen, weil "der versprochene Tod nicht kommen wollte"

und sie "jetzt hier länger leben müssen". Den der Wirklichkeit eines
schnellen Todes entzogenen Heimatlosen fällt es vor allem schwer,
die jahrelange "Zwecklosigkeit" ihres Lebens, die zeitlos "toten Strek-
ken", den endlos "toten Punkt" als einen "angemessenen Zustand"hin-
zunehmen. So versuchen die Menschen "die Sinnlosigkeit unseres Da-
seins als die uns gemässe Existenzform zu akzeptieren, ohne der Vergangenheit die Schuld dafür zu geben und ohne sich der Gegenwart
durch eine künstliche Zukunft zu entziehen". Es ist die allen auferlegte Aufgabe, ohne alltäglich gewohnten "Schwindel weiterzuexistieren",
ohne zivilisatorische "Ablenkung mit sich selber" auszukommen. Die
Unmöglichkeit, die Beschäftigungslosigkeit mit offenen Augen zu ertragen", führt zu rollenspielenden Verhaltensweisen und der Erwartung einer "Auflösung des Rätsels"durch jeden Neuankömmling. So bekommt der mit zwei Schreibkladden anlandende, Notizen machende
Henry sogleich den Spitznamen "Archivar", ohne dem Namen gerecht
werden zu können oder zu wollen. Dient doch die Geschichte und Krankheit Nalesco's, eines früher berühmten Schriftstellers, der immer alles für Bücher aufgeschrieben hatte, als warnendes Beispiel für den
möglichen schädlichen Umgang mit Worten. Von den Verhaltensweisen
des letzten Neuankömmlings abgesehen, spielte jeder der von Aporee
Enttäuschten "seine durchsichtige Rolle"(143). Der Unterschied zum
Leben in der Zivilisation, wo "jeder seine Rolle"(144) für Wirklichkeit hält, lag in Aporee darin, dass niemand "ein Hehl daraus macht,
dass es nur eine Rolle war"(144). Gleichwohl soll sie den Enttäuschten helfen, dem sinnlos gewordenen Leben einen "Anschein von etwas
Wirklichkeit zu geben". Das Leben in einem Bewusstseinszustand, in
dem jede Beschäftigung mit der Vergangenheit "bereits Gestorbene"
rettungslos mit "Leichengift" infiziert, lässt erfundene Geschichten
von erlittenem Unglück als individuelle Eigenheit erscheinen. So spielen sie den Tod erwartende Existenzen, die doch mitmenschlichen
Kontakt pflegen. In ihrer Einsamkeit überrascht, geben sie sogar vor,
zu streiten, zu handeln, mit Worten zu spielen oder täuschen auch nur
einen Hustenanfall vor . Die Wichtigkeit, "die Rolle richtig zu spielen"(196), überträgt sich auch auf den Neuankömmling, den Mann, "der
über die Schienen gestolpert ist". In einem Leben, in dem sich nichts
verändert, verspricht allein die angenommene oder zugedachte Rolle
einen letzten Ausdruck von Selbstbewusstsein. Denn selbst Naleco's
"Rolle eines Verlorenen Menschen"(195)bedarf'vieler Proben, um die
Rolle klassisch zu spielen"(195). Die Zurschaustellung "alter Mätzchen", "Gesten von früher", erscheint als verzweifeltes Bemühen,
"nicht von sich sprechen zu müssen". Die Menschen versuchen, den
Verlust einer Wirklichkeit zu verdecken, das "Schauspiel meiner Enttäuschung"nicht zu zeigen. Je ferner aber die Zeiten rücken, in denen
die Menschen auf Aporee innerhalb eines halben Jahres an Blutzer-
setzung starben, umso stärker wird das Bedürfnis nach Geschichten
und Rollenspielen. In dem "Land ohne Wachstum", in dem nicht einmal
der Tod "eine Wirklichkeit" hatte, enthüllen Spitznamen keine wahren

Geschichten. Ob die Oberhirtin der Schaf-und Ziegenherden, genannt
die Schauspielerin, "früher Schauspielerin gewesen war, weiss ich
nicht. Vielleicht spielte sie nur die Schauspielerin, das ist möglich"(81).
In Aporee haben auch der letzte menschliche Trost, das Unglücklich-
sein und Traurigsein, einen Sinn verloren. So bietet das Rollenspiel
den einzigen Widerstand des Geistes zum "Gefühl der Endlosigkeit".
"Ich spiele hier nur die weise Frau, das ist auch nur eine Rolle, schwer
genug ist sie zu spielen"(153). Die "Masken" und "Verkleidungen"der
Menschen in Aporee, so gut sie im einzelnen passen und gespielt sein
mögen, dokumentieren das Bewusstsein verlorener Wirklichkeit. Nichts
täuscht einen darüber "hinweg, dass es nur eine Rolle ist"(147). Das Ende von Aporee, das mit der ersten Geburt eines lebenden Kindes, der
Tochter Henry's, anbricht, ist auch das Ende eines erhofften letzten
Zufluchtsortes, das Ende des rollenspielenden Verschweigens des Ich.
Dem als ein "glücklicher Mensch"angesehenen Vater bleibt nur übrig,
erneut nach seiner Wirklichkeit zu suchen. Mit neuer Identität ausgestattet, führt er das Leben eines braven Washingtoner Beamten, "mit
regelmässigen Gewohnheiten, vielleicht etwas pedantisch". Dieser "tote Punkt"der Erinnerungen an Aporee und der Lebenswirklichkeit erscheint jedoch aus der Perpektive des künstlerisch überlegenen Ich-
Erzählers immer als "der Ausgangspunkt, um ein Bild zu malen oder
ein Buch zu schreiben"(269). Neben den faktisch aufklären wollenden
Berichten des Vergangenen wird wahre Wirklichkeit immer nur privat im Kopf des erzählenden Ich fühlbar und als Fiktion von einem
Gegenüber erlebbar. "Nicht die Worte, wie sie mir im Gedächtnis geblieben sind, sind wichtig, man könnte sie als Geschwätz abtun... Nicht
die Worte, sondern allein, warum sie gesagt werden und warum sie so
gesagt wurden"(195).

In dem Roman EIN NEUER MORGEN lässt Gerhard Roth seinen im
Auftrag eines deutschen Verlages an einem Buch über New York arbeitenden Bildjournalisten,Friedrich Weininger, sich in die Abenteuer
und Affären einer Gelegenheitsbekanntschaft, eines Mr. Dalton, ver
wickeln. Damit scheint die spannende Entwicklung einer Kriminalgeschichte durch einen beobachtenden und entdeckenden Er-Erzähler
thematisiert. Nicht nur wird das Milieu einer Grosstadt in fotografischen Momentaufnahmen und Tonaufzeichnungen eingefangen. Weiningers Motivjagd nach den Hintergründen einer von ihm beobachteten
Verfolgung Daltons wird durch die Ermordung beteiligter Unbekannter dramatisiert. Der von Ehefrau Betty engagierte, dann aber für Dalton als Leibwächter arbeitende Mr. Olson, der von diesem erschlagene
Douglas Knight, die Geliebte Daltons und spätere Freundin Weiningers,
Patricia, und der konspirativ agierende Dalton selber, sie alle figurie-
ren in einer gegenwarts-und vergangenheitsbezogenen Ich-Erzählung
und berichteten fotografischen Schnitzeljagd als Statisten des Verlierens und Wiederfindens von anonymen Personen. Die Unaufgeklärtheit
der Motive und Verhältnisse der anscheinend "in eine unangenehme
Sache", in Erpressung und Mord verstrickten Figuren entspricht der
Unentwickeltheit und Posenhaftigkeit ihrer zwischenmenschlichen Beziehungen. "Dalton oder der Fremde oder Patricia, sie waren wie die
Figuren von Filmausschnitten:ohne Ursache und Zusammenhang waren sie in sein Leben getreten und jeder hatte seine Geschichte"(31).
Die Gewohnheit Weiningers, "Geschichten zu erleben", sich verwickeln
zu lassen, macht ihn jedoch nur zum gleichfalls Verfolgten, ohne ihn der
Lösung seiner Fragen näher zu bringen. Die Aufklärung über das wahre
Leben des Mr. Dalton von dem betroffenen Ich-Erzähler allen Interes-
sierten nachgeliefert als "die zweite Hälfte der Geschichte, und diese
zweite Hälfte ist meine Geschichte...und meine Geschichte ist eine
Geschichte von Irrtümern und falschen Berechnungen". Weiningers
Verdacht, Dalton habe von allem Anfang an "den Harmlosen nur gespielt"(154), erfährt kriminalistische und menschliche Bestätigung.
Norman Dalton, alias George Webster, entdeckt sich als Bankangestell-
ter Rober Finn. Nach Unterschlagung von $ 3oo. ooo verkündet dieser
eines Tages beim Abendessen im Kreise von Frau und Kindern, "dass
ich mal eben Zigaretten holen wolle.Ich stand auf, nahm meinen Rock,
brummte etwas, verstaute das Geld in meinem Oldsmobile und kehrte
nie wieder zurück". Die von Polizei und Familie initiierte Suche nach
dem Geflüchteten, seine Verfolgung und Erpressung durch Privatdetek-
tiv Olson und dessen Tod und vorhergegangene Ermordung der mit ihm
verbrecherisch konkurrierenden Zwillingsbrüder Douglas und Emil
Knight, liefern die Erklärung für die äusseren Bewegungsabläufe Dalton's in New York. Dass jedoch sein Versteckspiel das Abbild einer
inneren Verstellung ist, wird erst abschliessend festgestellt. Durch
Arbeit angepasst, "mit Betty, meiner Frau, über 2o Jahre verheiratet",
erschien Dalton das Leben in automatische Ordnungen eingefügt . Die
Selbstverständlichkeit jedoch, mit der "ich mich verstellt, verursachte

mir körperliches Unbehagen. Und doch flüchtete ich mich immer wieder, wenn es mir vorteilhaft erschien, in Verstellung"(16o). Aus dem Zwang des sich in Szene setzens, sich verstellens, posierens, des eine "Rolle spielens"(168), des Verhaltens, "das ich mir anzog, sobald ich den ersten Schritt in die Bank getan hatte, und wieder auszog, sobald ich sie verliess"(166), ergibt sich die Zerrissenheit, Entfremdung und Absonderung des Ich aus einem vorgegebenen Lebenszusammenhang. Dass sich die Flucht des Ich in die Unabhängigkeit unter kriminellen Vorzeichen entwickelt, ist angesichts seiner behaupteten existentiellen Bedrohtheit und vorhergegangenen menschlichen Erpressung, anerzogenem Verhalten, Verstellungserwartungen, Höflichkeitsautomatik und Ausplünderung keine Frage der Moralität. Wenn am Ende Dalton's Ausbruch in die Freiheit des Ich, die eine Veränderung seines Selbstbewusstseins bedingt, eine permanente Flucht wird, gibt es für Dalton doch nichts zu verlieren. Und in dieser Erkenntnis fühlte sich Weininger Dalton "für einen Augenblick ganz nahe", erscheinen doch Personennamen und-schicksale wie die fotografierten und beschriebenen Lebens-Bilder einer Kamera-Geschichte austauschbar.

Anselm Kristlein, Held von Martin Walsers Roman HALBZEIT und ein von Ehefrau Alissa "durchschauter Komödiant"gestaltet sein öffentliches und privates Leben zu einer "varietereifen Nonstop-Nummer". Das aber liegt nicht allein an seiner Vorliebe, in äusseren Welten zu brillieren, eine akademische Karriere mit der Laufbahn eines reisenden Handelsvertreters aller Branchen und Artikel zu vertauschen und "die Rolle eines klugen Mannes zu spielen"(83). Anselm ist vom Zufall "oder wie man die graue Mieze, die mit unserem Erdball spielt", nennt, zum" Kuppler und Zutreiber"auserwählt. Betrogen und betrügend ist er damit beschäftigt, für Mosers Versicherungsgeschäft "den Neutralen zu spielen, als Fachmann mit Technikergesicht und Rechenschieber"Beratungshonorare zu verdienen. So wird das Schauspielern, Mimen, Tarnen, das Auftreten und Masken tragen zu Anselms zweiter Natur. Auch im Kreise von Frau und Kindern, Guido, Lissa, Drea, fühlt er sich vom Alltag nur eingeengt. Er "spielt den gut aufgelegten Dreizimmer-Jupiter"(18) und kräht nach jeder Nacht seiner "Identität nach für einen weiteren Tag". Auf der Suche nach der Verankerung des Ich erscheint das Rollenspiel keineswegs als unlautere Mimikry oder als Verücktheit einer einzelnen Person. Gesellschaft und Natur werden von derartigen Verhaltensweisen geprägt und machen sie notwendig. "Eine Frau, die von einem Mann überhaupt keine Rolle verlangt, hat ihn schon verloren. Und vielleicht hat uns die am längsten, die ohne es zu wissen, von uns verlangt, dass wir unsere Lieblingsrolle spielen"(82/83). Umgeben von rollenspielenden Akteuren auf verschiedenen gesellschaftlichen Szenen, von der "Schaubude" des Friseursalons Flintropp bis zum politisch-kommerziell-erotischen Theater der feineren Gesellschaft und ihrer "Ensuite-Spieler"(553) in Frantzkes Konzernmenagerie übt Anselm sein "Repertoire". Wenn immer es Gelegenheit gibt, die häuslichen"Kleider meiner Rolle"(181), die Standard-Familien-und Verwandtenszenen hinter sich zu lassen, stellt sich Anselm in neuer Umgebung, bei anderen Menschen auf andere Rollen um. Wo "die Natur seit Millionen Jahren in Mimikry macht", kann es Anselm Kristlein nur noch um die glaubwürdigste Aufführung seines Parts zu tun sein. "Meine Rolle sass. Sie sass so gut, dass ich nur aufzupassen hatte, dass ich sie nicht, verführt von zu grosser Sicherheit, zu nachlässig spielte und dadurch verriet, dass es eine Rolle war" (78). Obwohl das Rollenspiel zur allgemeinen Praxis gesellschaftlicher Anpassung gehört, und dort über-und unterboten wird, erscheint es trotz allem noch als Versuch des Selbstausdrucks. Hinter der idyllischen Maske des Clowns zeigt es sich als Geste der Selbsterhaltung in diesem "aus Geschwätz gewobe(n) Leben, das so wichtig war, weil es kein anderes gab". Somit beschreibt Anselm psychoanalysierend die nicht abreissende Reihe seiner Eroberungen, um wiederum sein beständiges Abgelenktwerden von Melitta ertragen zu können. Seine Abenteuer entdecken eine alle Rollenaktivität überschreitende Entfremdung vom menschlichen Gegenüber. Der wechselnde, formal meisterhafte Gebrauch des Rollenspiels hindert Anselm jedoch an der Einsicht,

"eine Rolle ist immer mehr als eine Rolle. Mentiri, ein Verbum deponens, wegen der Nähe zum Subjekt"(53o). Ausgehend von der eigenen Familie bis zum erweiterten Verwandtenkreis, zum Kreis der Freundinnen und Freunde und der feinen Gesellschaft in Wirtschaftskreisen spielt Anselm auf verschiedenen Ebenen, in verschiedenen Personifizierungen und erlebt die Zwanghaftigkeit des Rollenspiels. Ob Fräu -
lein Bruhns Schicksal als Nebenperson "eine grosse Rolle spiele"(1o5),
Schauspielerin-Freundin Anna "ihren Rollen in der Wirklichkeit wenigstens ein bisschen nachzukommen"(199) sucht, ob "es sich um Josef-Heinrichs Schlafzimmer-Inszenierungen handelte", in denen die
"Technik die Hauptrolle"(2o3) spielte, oder um Josef-Heinrich selber,
der noch seiner Verlobten zuliebe "sein Leben neu eingerichtet"hat;
ob der homosexuelle Edmund "sich aufspielt, dass er uns ein gefährliches Leben vorspielt"(279), ob es Arbeitsdirektor Hünlein war, der
grotesk "aus der Rolle fiel"(384), die Menschen bekommen Rollen zu-
geteilt und werden Opfer eines "Regieeinfalls". Ob Melitta dem Josef-
Heinrich vor die Bett-Kamera geliefert wird, ob Alissa, die bemerkt,
dass Anselm sich nicht geniert, "wenn ich Zeuge aller Rollen werde,
die er spielt"(245), selbst eine "Tagebuchspielerei" erfindet und dazu
ein "Ehebruch-Spiel inszeniert"(53o), ob Anselm sich selbst als Gallileo Cleverlein in wissenschaftlicher Rolle ironisch distanziert oder
auf fremdem Parkett ein neues Solo versucht, "die Rollen waren ver-
teilt. Ich musste mir eine Rolle suchen, die noch von keinem anderen
gespielt wurde, die aber doch angenehm hineinpasste in das Stück, das
im Grossen Salon der Frantzke-Villa immer wieder gespielt wurde"
(4o5). Was nach aussen funktional als gesellschaftliche Dekorations-
rollen erscheint, verdeckt nur das Auseinanderfallen menschlicher Innen-und Aussenwelterfahrung. Anselms maschinenartig registrierender
Kopf erlaubt es ihm, "in fünf, sechs vollkommen verschiedenen Spra-
chen"widerspruchsfrei mit einer Vielzahl von Menschen zu kommuni-
zieren. Hingegen kann Alissa ihrem "inneren Zustand"selbst zitierend
nicht näherkommen. Alissas Liebe zum "alten Zeug", zum"Umgang mit
Historischem", ihre Häuslichkeit und Vorliebe zu Bildern und Lektüre
"der Innigkeit, die dem Irdischen ins Märchen entfliehen", fehlt die
Welterfahrung ihres Mannes. Für Anselm intoniert der viel "beschriebene Wechsel von innen nach aussen" nur einen "lebenslänglichen Irr-
tum". Die Einheit des Getrennten ist weder im inneren noch äusseren
Erfahrungsbereich auffindbar. Alle ohnmächtigen Bemühungen um eine
Erfahrungsidentität entdecken ein vorherbestimmtes Schicksal als die
"einzige Wurzel, die man hat". Rollenspiele imaginierter Innen-und
Aussenwelterfahrung können zwar zu einer Steigerung des Selbstge -
fühls führen. Sie ermöglichen aber keinen Personenaustausch, keine
Flucht oder Befreiung des entfremdeten Ich. Sie indizieren stattdessen
die Existenz einer Wirklichkeitsdimension, die dem Menschen nicht zur
Verfügung steht. In ihr stellt das einzelne Subjekt ein Objekt dar, wird
der Spieler zum Gespielten. Der "grosse Regisseur, der nie genannt
sein will"und als Zufall, "das Schicksal, die Mieze, der liebe Gott" um-

schrieben wird, sorgt in übergeordneter Instanz dafür, dass die Spieler paarweise zusammenfinden. Er lässt Regieeinfälle zur Wirkung gelangen, und "mich stellt er in die Vorhanggassen, jeder sagte seinen neuen Text". Im Kreislauf der höheren Gerechtigkeit und Ordnung der Welt bleibt dem Individuum allein die Erkenntnis seiner Begrenztheit. Die "Totalsichtkonserve" als neuestes Produkt von Anselm Kristleins Bianca-Werbung belegt die vorherrschende Einseitigkeit menschlicher Perspektiven. "So lange unser Hirn nicht eine ganze Batterie von Einsichten gleichzeitig auffahren lassen kann - so lange wird sich nichts ändern auf der Welt. Lieber Gott vergib mir, wenn ich Dich schon mal graue Mieze genannt habe, aber Du wirkst eben oft wahnsinnig ver - spielt"(281). Alle Erlebnisreichhaltigkeit und Darstellungsvielfalt der Innen-und Aussenwelt und mit diesen das Rollenspiel scheitern an dem Nachweis des Nutzens:"Cui bono. Das ist überhaupt die Entschuldigung. Du bleibst an Ort und Stelle. Zum Segeln reicht es nicht". Die Aufklärung der höheren Zwanghaftigkeit der Fiktion, in der der Mensch als "Marionette"(171) agiert, verlagert dessen Selbsterhaltungsanspruch in den Bereich einer Theodizee des Komödienspiels. Spieler und Gespielte begegnen sich dabei in begrenzten und entgrenzten Innen-und Aussenwelten.

Der Firmenrepräsentant der "Chemnitzer Zähne", Franz Horn, lebt in
Martin Walsers Roman JENSEITS DER LIEBE von Ehefrau Hilde und
Töchtern getrennt. Seinem langjährigen Freund und Chef, Direktor Arthur Thiele und dem ihm vorgesetzten jüngeren Kollegen Horst Liszt
liefert er dabei Beweise "zunehmender Lebensfeindlichkeit". Sie sig-
nalisieren allen Beteiligten eine grundlegende Irritierung von Horns
sozialem und privatem Selbstverständnis. Siebzehn Jahre war Horn im
Aufbau des Verkaufs-und Liefervertragsnetzes des Zahnersatzherstel-
lers erfolgreich gewesen. Dann musste er im Zuge einer kaschierten
betrieblichen Leistungsreorganisation seine Position an den "prallen
Volljuristen" Liszt abgeben. Er wird finanziell und rangmässig in der
Firma zurückgestuft, "weil im Geschäftsleben immer alles im Fluss
ist". Gleichwohl geniesst der Degradierte das Wohlwollen des neuen
Vorgesetzten und das fortgesetzt freundschaftliche Vertrauen von
Herrn Thiele. Beide Herren und ihre Familien schätzen Horn weiterhin als "Freundlichkeitsgenie", als menschliche "Brücke zwischen Arthur und Horst"und deren Temperamenten. Auch Horn bemüht sich weiterhin um einen zur Schau gestellten betrieblichen und interfamiliär
harmonischen Verkehr. Auf die Dauer aber lässt sich eine "Verkramp-
fung" und "Verbissenheit" Horns, Grinsen und bösartige Anspielungen
im Umgang mit Thiele und Liszt nicht übersehen. In dem Masse, wie
sich Horn als "Vollversager" geduldet glaubt, scheint der ansonsten
sympathische Betriebsvirtuose, Dr. Liszt, Horns Existenz auch unter
eine "Versager-Optik" zu stellen. Als Vertreter "aufgebraucht" und
"unfähig", etwas dazu zu lernen, zerfällt Horn die Wirklichkeit der män-
nerfreundschaftlichen Verbundenheit mit seinen Vorgesetzten. "Er hatte nicht Schritt gehalten mit seinem Abstieg". Ein letzter Vertrauens-
beweis gegenüber Horn, der Auftrag, beim englischen Geschäftspartner
eine Verteuerung der Lizenzverträge durchzusetzen, schlägt fehl. Horn
unterlässt es, den kranken, erfolglosen und verhandlungsunwilligen
Mr. Heath zum Vorteil der eigenen Firma in die Enge zu treiben. Er
zieht sich aus scheinbar "zartfühlender Menschlichkeit" und "Gefühls-
vernichtungsunfähigkeit" zurück und verlässt London. Was dann, wie
Horn ahnt, von Thiele und Liszt als sein Versagen ausgelegt werden
wird, erscheint Horn gleichwohl als der Anfang einer überfälligen
Selbsterkenntnis. "Die Tage in London hatten diese grosse Klarheit geschaffen. Seit er sich anschauen konnte wie einen anderen" tritt die versteckte Schäbigkeit des liebenswürdigen Horn zutage. Sein Gleichmut,
seine Freundlichkeit und seine Beliebtheit beruhen auf einem Schwindel. In Wahrheit sucht Horn seit zwei Jahren durch "Zuschauen, Fak-
tensammeln, Prüfen"Material gegen seinen Rivalen Liszt zusammen-
zutragen. Horn fühlt sich bis in seine Träume hinein von Thiele und
Liszt lebensgefährlich verfolgt. Er glaubt, "in ihrem Auftrag an der
Zerstörung" seiner Familie zu arbeiten, fürchtet überall, ihnen zu begegnen. Sinnlos plant er sinnvoll erscheinen sollende Verhaltensweisen
und imaginäre "Feldzüge gegen Thiele und Liszt", das dickmachende
Biertrinken als Mittel der ästhetischen Verletzung Thieles nicht aus-

genommen. Bevor Horn sich "zum ersten Mal wirklich von aussen"sah,
hatte er "sich nicht eingestanden, wie gehässig er in Wirklichkeit war,
wie angefüllt mit Hass, Feindseligkeit und Niedertracht. Ihm fiel das
Wort Tollwut ein". Dabei erinnert Horn die schlagkräftigen Umstände
seiner Trennung von seiner Familie. Er akzeptiert den Abstand zwischen einem inneren und einem äusseren Menschen und wird sich der
Gespaltenheit seines sozialen Verhaltens bewusst. "Die Rolle des lu-
stigen Horn, des liebenswürdigen Horn, des lieben Horn, die war aus-
gespielt"(125). Horns gesamte gesellschaftliche Existenz tritt ihm nun
als gefährliches Rollenspiel gesellschaftlicher Selbstbehauptung vor
Augen. So klar Horn plötzlich auch "die miese Rolle wurde, die er all
die Jahre im Betrieb gespielt hatte"(12o), erkannte er auch, dass sie
ein Bestandteil des Gesellschaftsprozesses war. So konnte Mr. Heath
den Angriff Horns durch ein Versteckspiel "aus seiner Kindheit"ab-
wehren. Und die Freundschaft Thiele-Horn war darauf begründet gewesen, dass der im "Frühlingsausbruch" erblühende Thiele mit seiner
Frauenunersättlichkeit "jahrelang vor ihm aufgetreten ist". Auch Horns
Spielen im Kreise seiner Kinder, wo er am liebsten den Erfrorenen
spielte, gehörte genauso zum bedrohlichen Alltagswahnsinn wie seine
Neigung, bei jedem "gut angesehen" zu sein. Im Büro liess ihn das stun-
denlang die"Ansicht üben","dass Dr. Liszt ein wunderbarer und bewun-
dernswerter Mann sei". Und auf Betriebsausflügen hatte Horn geglaubt,
sich immer singend "aufführen" zu müssen. Ein Verzicht auf zwanghafte Verhaltensweisen, auf Gedankenzwänge schien jedoch nicht möglich, "solange er den liebfreundlichen Horn spielte und nicht ein einziges Mal zurückschlug", auch nicht als die Angst, aus dem Betrieb zu
fliegen, schon überwunden war. Horn vermag weder eine Übereinstimmung mit sich zu erreichen noch "einen anderen Menschen zu erkennen". Wenn Ehepaare wie die Liszts "beide zum selben Ende hin erzählen", fehlt Horn diese "moralische Temperatur". Auch Horns "Büch-
lein mit Arbeitsnotizen über 5ooo Geschäftspartner" sichert nicht den
erfolgreichen Kontakt mit dem Gegenüber. Das Zurückfallen Horns auf
sein gespaltenes Selbst erlaubt keine Befreiung seines Bewusstseins,
kein Wegdenken vom verdrängenden Rollenspiel. Horn versucht, sich
gegenüber seinen Freunden durch Unterstützung der Lokalpolitik einen
Platz anzuweisen. Seine schockiern sollende Unterzeichnung eines kom-
munistischen Wahlinserates, die seine betriebliche Existenz beenden
soll, bleibt völlig unbeachtet. Das von Dr. Liszt gezeigte Verständnis
für das"menschliche Problem"von Horns äusserer sozialer Veränderung findet bei diesem keine Entsprechung. Horn fehlt die befreiende
"Dauerhaftigkeit" der Ereignisse und Personen. Diese erscheinen als
"Thiele-und Lisztfiguren" seiner eigenen angsterfüllten Selbsterkenntnis gemäss widersprüchlich und unklar. Auch jenseits der Liebe und
nach versuchter Tablettenvergiftung lässt sich "eine richtige Trennung
von sich, eine vollkommene Verurteilung seiner selbst"nicht durchsetzen. Selbst im Stadium schwindenden Bewusstseins hört Horn traum-
haft, wie die Thiele-Lisztfiguren die Verantwortung für seine Tat ab-

lehnen. Weit davon entfernt, durch Horns Versuch der Selbsttrennung getroffen zu sein, diagnostizieren sie das Verhalten eines Vollversagers. So erlebt der sich sterbend glaubende Horn erneut die normale Last seiner Existenz, bevor er von Stimmen als lebend erklärt wird.

Der Held in Dieter Wellershoffs DIE SCHATTENGRENZE fühlt sich
bedroht von Nachstellungen der Steuerfahndung und gewalttätiger Heh-
lerfreunde. Er versucht daher, "sich ganz zurückzuziehen", sich aus
seinen Spielen, "die nicht aufgingen", zu retten und sich von sich zu
befreien. Geschehensszenen überschneiden sich dabei vielfach räumlich und zeitlich in imaginierten Aktionen, Erinnerungen und allgegen-
wärtigen Angstzuständen. Es entwickelt sich das Abbild einer sich zu-
grunderichtenden Existenz, die aus ihrem Rollenbild zu sich selbst
flüchten möchte. Dem Mann aber erscheinen seine Fluchtversuche eher
durch äussere Umstände bedingt. Er fühlt sich durch viele erfolglose
Bewerbungen gedemütigt und ist in verschiedenen Beschäftigungen
schon gescheitert. Abgesunken zum Arbeiter in einer Packerei und
einer Autowaschanlage sucht er vergeblich nach Möglichkeiten der
grossen Veränderung. Der Mann verstrickt sich in "Spiele, die nicht
aufgingen, ohne, dass er mogelte"(33). Er unterschlägt beständig Geld.
Bei einer erfolglosen Schauspielerin und nur gelegentlich beschäftig-
ten Funksprecherin findet der sich immer mehr eingeengt fühlende
Mann Aufnahme. "Auch sie war ein Vorschuss, weil er ihr vorgespielt
hatte, dass er jemand anders sei"(49). Erfahren im Rollenspielen und
im Zustand des Fremdseins durchschaut die Frau jedoch die selbst-
betrügerischen Täuschungsmanöver des Mannes und bringt ihn in ihre
Abhängigkeit. Sie verschafft ihm den Posten eines Geschäftsführers
in einer Altwagen-und Reparaturwerkstatt. Dem Mann scheint diese
äusserlich positive Wendung seines Geschicks nur neue Ängste ein-
zuflössen. Ein Geschäftsrückgang mit Altwagen zwingt den Mann zu
erneutem Selbstbelügen. Heimlich schreibt er wiederum Bewerbungs-
briefe. Auch leidet er unter Einbildungen, Hildes Gunst mit dem Partner seines Chefs teilen zu müssen. Der Mann fürchtet, von dem erfolgreich Parkhäuser und Motels bauenden Kessler als Person betrogen
und beruflich ausmanövriert zu werden. Hilde hingegen ist von "Ols-
hausens Clique" abhängig. Sie kämpft gegen berufliche und existentielle Unsicherheit, indem sie taktisch erotische Beziehungen eingeht.
Der Mann erkennt darin bald den Zwang, erfolgreich und selbständig
sein zu wollen. Umso mehr fühlt er die Notwendigkeit, sich beweisen
zu müssen und versagt doch angesichts Hildes Forderung:"sei doch
was, tu doch was, sei doch wer, sei doch du selbst, sei doch dein wahres Selbst". Obwohl das verwandte Rollenspiel beider Menschen klar
zutage tritt, "alles war falsch an ihr. Auch mit ihm war alles falsch",
begegnet er dem Druck der Aussenwelt weiterhin durch Selbsttäuschungen, Lügen und Einbildungen. Seinem Versuch, sich als Schrott-
händler mit eigenem Abschleppwagen und Abstellplatz selbständig zu
machen, stellen sich Hindernisse entgegen. Die Steuerfahndung über-
prüft seine Bücher. Der Mitarbeiter Paul beschafft einem Hehler ge-
stohlene und dann frisierte Autos. Der Mann möchte sich der Verantwortung entziehen. "Eine Täuschung, die er zu brauchen schien, um festhalten zu können, an einer anderen längeren Täuschung, mit der er lebte, die er nicht durchschauen wollte. Er spielte manchmal, dass er leb-

te, aber es war nicht wahr"(67). Von Autodieben handgreiflich am Aus-
steigen aus dem Hehlergeschäft gehindert, der Zerstörung eines ge-
stohlenen Wagens als Hauptschuldner verdächtigt, glaubt sich der Mann
von allen Seiten eingekreist. "Sie spielten ihn, drangen gegen ihn vor"
(3o). Die durch einen Zeitungsbericht ausgelöste Einbildung eines
Fluchtversuches über die Grenze um "ihr Spiel"(99) zu verderben,
scheitert an einem Motorschaden seines Autos. Der Mann wird von einem Lieferwagen nachhause abgeschleppt. Er wird von Ängsten und einem allmählichen 'Zunehmen eines Drucks, der von allen auszugehen
schien" (89), gepeinigt. Nach seinem Auszug bei Hilde und der Zwi-
schenstation einer Übernachtung bei einer Kinokassiererin fallen Lebenswirklichkeit, ausgedachte Flucht und Heimkehr über die Grenze
in der Einbildung zusammen. Ohne dass die gefürchtete Suche nach ihm
je Gestalt annimmt oder äussere Veränderungen sein Versteck in einer Pension bedrohen, arbeiten die gedanklichen "Sprüche in seinem
Kopf"(96) an individuell abstrahierenden "Einbildungen und Erinnerungen"(loo). Die in Schattengrenzen verwischten Bewegungen, Zeiten,
Handlungen und Personen lassen "alles wie ein falsch begonnenes,
gleich wieder abgebrochenes Spiel"(lo2) erscheinen. Das Verbrennen
des Wagens gerät als inkriminierende Aktion ins Licht des Ungewis-
sen. "Er kämpfte gegen die Täuschung an, dass nichts geschehen sei"
(lo3). Die äussere Sinnlosigkeit des Spiels lässt den Mann dann auf
sein Verfahren der nur negativen Selbstbehauptung aufmerksam werden, das stets "hinauslief auf seine Niederlage"(89). Das Durchschauen
des Spielzwangs bestärkt den Wunsch des Mannes, Klarheit zu finden
"über sich und das andere, das er nicht kannte, in das er verstrickt
war, Klarheit über den geheimen Zusammenhang der Widerstände, gegen die er ankämpfte". Das Patiencenlegen und Rollenspiel des flüchten Wollenden, bei dem der Mann sich unverständlicherweise bemühte,
"wie für einen anderen, dessen Stelle er eingenommen hatte und der
zurückkommen würde, um ihn abzulösen"(lo6), zu handeln, wird endlich
mit dem Bewusstsein eines "Ich bin noch da" konfrontiert. Die Rück-
zugsmöglichkeit des Mannes in die scheinbare Sicherheit des Spielens
einer Flucht weicht dem Nachdenken über sich selbst und seine Lage,
"er stand immer noch dahinter er durchschaute sich selbst"(ll9). Der
möglichen Loslösung von der Vergangenheit und der Trennung von einem gespielten Ich, die der Mann im Ausland erfährt, steht jedoch zuhause die gewohnte Verfolgungstäuschung gegenüber. "Patiencen legend
mit dem Blick zum Fenster oder mit dem Blick zur Tür", weiss sich
der Mann einem ambivalenten Angstgefühl verbunden, das Fiktion und
erhoffte Klarheit auf eine Schattengrenze hinweist.

Im Gewande einer Kriminalgeschichte demonstriert Dieter Wellers -
hoffs Roman EINLADUNG AN ALLE gesellschaftliche und menschliche Rollenperspektiven. Der negative Held existiert in sich vermi -
schenden erlebten und erinnerten Vor-und Rückblenden eines Er-Erzählers. Ebenso erscheint er jedoch als Nicht-Existenz in der Rolle
eines von allen deutschen Polizeidienststellen Verfolgten und Studien-
objekt eines Autors. Über die seelischen Reflektionen der erzählten
Ich-Person wird nur sparsam berichtet. Der Fliehende selbst kann
über Absichten und Motive seiner täuschenden und selbstbetrügeri-
schen Fluchtversuche nur wenig sagen:"Ich weiss nicht mehr, wer ich
bin"(237). "Weshalb flieht er? Er weiss es nicht. Er hat keine Erwartungen, kein Ziel. Er ist eingeschlossen in eine riesige Blase". Es wird
damit zur Aufgabe der ermittelnden Mitspieler des Er-Erzählers, ein
noch unbekanntes Persönlichkeitsbild aufzuklären. Vor den Augen des
Lesers deckt es dann den Rollencharakter aller Beteiligten und allen
Geschehens auf. Ausgehend von vereinzelten ländlichen Diebstählen und
Einbrüchen entwickelt sich ein Mosaik von Straftaten. Sie gipfeln in der
Erschiessung des Angestellten Alfred Bentrup und des Polizeiobermei-
sters Wiedemann. Die Morde werden von der Bevölkerung und von der
Presse als Serienverbrechen des "Bluttäters von Gretisch", des "Wald-
menschen", des "Gewaltverbrechers" rollenmässig eingestuft. In kri-
minalogischer Perspektive aber entsteht aus der Annahme der Täterschaft "eines einzigen Mannes" erst langsam ein Täter mit "Tatmerk-
malen", ein "Serieneinbrecher", ein unbekannter Gesuchter und schliesslich der verdächtige, aktenkundig gewordene Gewohnheitsverbrecher
Bruno Findeisen. Die um Unterscheidungsmerkmale im Täterbild eines Mannes, der "durch sein Verhalten von der Mehrheit abgewichen"
ist, bemühte Ermittlungsarbeit schreitet zur Festlegung eines Rollen-
charakters fort. Dabei wird das Innere des Menschen, der zu wiederholten Malen seinen Verfolgern entgeht, "Gegenstand" kriminalistischer,
öffentlicher und psychologischer Spekulationen. Findeisens Vorleben
ist erfasst. Als Sohn eines Kriminellen Hehlereien, Geld-und Waffen-
diebstähle begehend, durchläuft Bruno verschiedene Fürsorgeheime
und Gefängnisse. Er versucht, mit dem Bruder nach Amerika zu entfliehen, wird immer von neuem eingefangen, erlebt die Erschiessung
des vom Militär desertierten Bruders, kommt ins KZ und Kalibergwerk.
Die Nachkriegszeit sieht Bruno als Gelegenheitsarbeiter und Schwarz-
markthändler, Gewohnheitsdieb und Insasse von Zuchthäusern. Gegenüber diesen verfügbaren äusseren Tatsachen bleibt die innere Existenz
des Verfolgten uneinsehbar. "Eigentlich ist es sonderbar, dass dieser
Mensch wirklich existiert". Es tauchen die Polizei täuschende Doppelgänger auf. Ein Landarbeiter "hatte plötzlich diese Rolle spielen müssen"(lo3). Der unsichtbar bleibende Findeisen wird zur fehlenden
"Hauptperson"(llo) in einem auf Erfolg angewiesenen, erfolglosen "Schau
spiel"(lo3), "Modellfall"(97),'Schau von der Kripo"(lo2). Aber nicht nur
die Exponierung einer kriminalistischen "Zwangsidee"verhindert die
Aufklärung der Verhaltensweisen des Flüchtigen und die Verwandlung

von Spekulation in Realität. Die erzählerische Reproduktion von Erinnerungsbildern und entschwundenem Gedächtnismaterial über Brunos
Ich unterliegt ebenso den Schreibzwängen schematisierender Verein-
fachung und aggressionsverdrängender Entstellung wie Brunos Leben
selbst. Auch aus dieser Perspektive zeigen sich sowohl der "Allgemeine Anordnungen" treffende, theoretisch operierende "Profi", Oberpoli-
zeirat Bernhard als auch der gejagte "Landesfeind Nr.1" einem verwandten Rollenzwang unterworfen. Die telefonische Bestellung an den
Einsatzleiter:"Schöne Grüsse von Bruno"und dessen Betrachtung des
Fernsehfilms "Ein Deserteur wird gejagt", zeigen ein Bewusstsein
von dem Zusammenhang des Rollenspielens und Rollenerleidens. In -
wieweit Bruno, dem ein Mord so vorkommt, "als sei das immer schon
so gewesen oder habe schon festgestanden"zur Selbstdistanzierung
fähig ist, wird aus dem Negativen beantwortet. "Könnte er jemand anders sein, könnte er es anders machen". Das Unvermögen, in der gesellschaftlichen"Welt der Sachzwänge"noch eine Haltung des Ich zu
konkretisieren, äussert sich bei Bruno im Erleiden einer "Konform-
persönlichkeit". "Ich weiss nicht mehr, wer ich bin". "Ich denke manchmal, ich bin jemand anderes. Ich habe Angst. Ich weiss nicht wovor.
Wer erklärt mir, was ich falsch mache"(235). Im "Gedankenspiel"(231)
ärztlich psychoanalytischer Deutung werden dann derartige Fehlreak-
tionen als Abweichung des Individuums von der allgemeinen "Sozialisation" und "Triebverdrängung"definiert. Das erleichtert dann die Annahme, dass die mangelnde Selbstverantwortung des unangepassten Individuums einen die herrschenden Moral-und Zivilisationsformen be-
stätigenden "Kontrasteffekt" darstellt. Die Tatsache einer gesellschaftlichen Konformisierung des Individuums zugunsten "der allgemeinen
Lebenserhaltung" wird damit sanktioniert. Wo dieser "Teilhabe an der
allgemeinen Neurose" jedoch eine von Kindheit an erlernte "Auflösung
der Hemmungsinstanz" gegenüber steht, die in gesellschaftlicher Definition zu Verbrechen führt, wird das Erleiden sozialer und psychischer
Rollenzwänge nicht geleugnet. "Besonders in den unteren Schichten mit
beschränktem Zugang zu den institutionell zugelassenen Mitteln"ist der
Drang zum "Davonlaufen", "Fortlaufen", die Flucht in die Welt "des
Selbstbetrugs und eines phantastischen Scheinlebens"(165) Symptom
abwehrender Reaktion auf "Frustrationen und Druck"der Gesellschaft.
Im Begehen einer Straftat gibt sich das Ich dann "freie Hand, den Ten-
denzen seines Unbewussten nachzugeben", die der"Normale"unter gün-
stigen sozialen Umständen zur Sublimierung bringt. Dieser sozialpsychologische Zusammenhang von Rollenzwang und unbewusstem Rollenspiel beschäftigt auch das "Gedankenkino" eins Reporters der "Regen-
bogenpresse". Ausgehend von den Erfahrungen seines Metiers erkennt
er im "Indianer spielen"(105) Findeisens den Rollenzwang zum Verbrechen, "nicht nur wegen der Beute, sondern um zu zeigen, dass er lebte".
Am Ende scheitert die Normabweichung des Verfolgten. Findeisen findet erneut in "die Polizeikiste"heim. Das vermeintliche "Lehrbeispiel"
einer Verbrecherjagd hat jedoch die äussere und innere Rollenambiva-

lenz scheinbar sich ausschliessender, getrennter, gesellschaftsschüt-
zender und gesellschaftsschädigender fiktiver und realer Verhaltensweisen zur Aufklärung gebracht.

PAULINCHEN WAR ALLEIN ZU HAUS ist nicht nur der Titel des dritten Romans von Gabriele Wohmann. Es ist auch die Überschrift eines
Textes, mit dem die achtjährige Heldin des Buches von ihren Adoptiveltern eine sie rettende Überweisung in ein Internat fordert. An diesem
Handlungshöhepunkt kommt ein widersprüchlich folgerichtiges Erzie-
hungsexperiment zum Abschluss. Dabei wird die Vollwaise Paula zum
Gegenstand und Subjekt rollenspielender Ich-Vernunft. In den Rollen
der "Adoptierer", "Schreibmaschinengespenster", "Erziehungsfanati-
ker", "Schläfer" und "Erklärungsprofis"treten das Ehepaar Christa und
Kurt auf. Sie agieren als Teilnehmer eines spannenden Krimis, wie aus
Paula "ein vernünftiger Mensch"wird. Beständig suchen sie nach heraus-
dividierbaren, kinderpsychologisch durchreflektierbaren Hintergründen
und Motiven im Fehlverhalten Paulas. Als Eltern repräsentieren sie
pseudoaufgeklärte, sich und das Kind überspielende Lerndoktrinäre.
Die "Charakteristika", die Norm von Paulas Lebensalter gestatten nach
Meinung der Adoptierer keine "Querlagen zur Realität". Wenn es das
Erziehungsprogramm nahe legt, missbilligen die einer "Spielhandlung"
nicht abgeneigten Eltern "das Spielen eines kleinen Mädchens Paula,
das ein Paul zu sein vorgab"(77). Fortwährend sieht sich Paula zu pädagogisch programmierten Spielen aufgefordert. Sie fühlt sich als ein
"richtiges Schaustück, ein Lernmaterial erster Klasse" behandelt und
besprochen. So entwickelt Paula eine "vermutlich hysterisch-neuro-
tisch-paranoische Angst um ihre Intimsphäre". Sie glaubt sich seit dem
Tod ihrer wirklichen Eltern ihres Privatlebens beraubt. Sie sehnt sich
nach Gefühlen, Geborgensein, Gelobtwerden und möchte wichtig _ und
ernst genommen werden. In der öden Welt vernunftgeprägten Erwach-
senendenkens haben weder "Gefühligkeit", "Gefühlstheater"noch "köst-
liche Sachen, Zirkus und Brombeeren", Jahrmarktsplätze, klebrige Hän-
de und Redeschwälle ihre Berechtigung. Beständig wird sie zu äusseren Spielkontakten und -beschäftigungen aufgefordert, als Spielobjekt
der Erwachsenen missbraucht. Paula will aber nicht "noch was von mir
aufgeben". Vergeblich auf Veränderungen und Entgegenkommen im Verhalten ihrer Adoptiveltern wartend, flieht Paula in vielfältige Aggressi-
onshaltungen und Täuschungsmanöver. Vom einstudierten Frühaufwa-
chen, vorgetäuschten Krankheiten, Schlafzuständen, erfundenen Eltern-
geschichten, Lügengeschichten in verschiedenen Schreibheften, "Interpretationen seines Innenlebens" reagiert das Kind auf Normierungsver-
suche durch seine Umwelt. Es gelingt den Adoptiveltern weder, Paulas
Bedürfnis nach Liebe zu erwidern noch das von ihr inszenierte Verkleidungstheater zu verstehen. Sie erscheinen aufgeklärt genug, um die
Disqualifizierung männlicher und weiblicher Verhaltensweisen als
"veraltetes Rollendenken" (41) zu vollziehen. Sie verstehen jedoch nicht
die "Knicks", die Paula bewegen, in die Spielrollen eines Paul und eines Paulinchen zu flüchten. Jedesmal, wenn Paula ihre "Paulsachen",
Paultextilien anzieht und in eine Jungenrolle schlüpft, wird dieses Verhalten als psychopathisch identifiziert. Darum bemüht, Paula die'Schauspielerin ", das Theaterspielen auszutreiben, fordern sie das Kind

gleichwohl auf, die Paula-"Rolle"(49,139,141) durchzuspielen, wenn ihnen das erziehungspsychologisch angebracht erscheint. Die Eltern versuchen, Paulas irritierendes "Tagesverhalten"durch erzieherische Anpassung an Erwachsenenrollen aufzuheben. Der Innenwelt des Kindes
wird dabei jede Spiel-und Gedankenfreiheit entzogen. Ohne sich über
ihre Rollen Rechenschaft geben zu können, zieht sich Paula jeweils in
die frühkindliche Welt des Paulinchen oder die des Partisanen-und Don
-Quichotte-Paul zurück. Der Neugier des Kindes auf sein Ich, seinem
Recht auf Selbsterfahrung können nicht Verweise auf menschliches
Mitleid oder zitierte Beispiele innerer Liebesmöglichkeiten bei Schu-
bert, Goethe, Moritz entgegengestellt werden. Es ist unmöglich, die
Wahrheit des Ich, das "viele Wahrheiten" umfasst, in Rollenspielen zum
Ausdruck zu bringen. Um "überhaupt zu sein, wie ich eigentlich bin",
bedarf es der Distanzierung durch den scheinbar persönlichkeitsfrem-
den Entschluss, das Paulinchen-Paula-Paulspiel aufzugeben. Die Rettung des Ich liegt in der freiwilligen Annahme einer sogenannten rea-
listischen, vernünftigen Menschenrolle. Der äussere Zwang eines In-
ternats-und Gruppenlebens erscheint Paula zumindest als ungestörte
Möglichkeit des konsequenten inneren Alleinseins. "O ja, ich werde einen Zustand zu Ende leiden können, ich werde etwas zu einem Abschluss
bringen, ein Pech, ein Elend, ich werde nicht dauernd unterbrochen, ich
werde mich also dann auch zu Ende freuen, allein". Damit beendet die
bewusste Ichverfremdung in der Fiktion jedes fiktive Aufklärungsthea-
ter.

Einen thematisch umrissenen und doch weiten Umgang mit den durch
öffentliche und private Zwänge geprägten menschlichen Rollenexisten-
zen demonstriert Gabriele Wohmanns Roman SCHÖNES GEHEGE.
Der Erfolgsschriftsteller des bösen Blicks, der Hoffnungslosigkeit und
Todessehnsucht, Robert Plath, hat Schwierigkeiten, sich mit der filmischen Reproduktion seines öffentlich verkauften Typs zu identifizieren.
Als Hauptdarsteller im Fernseh-"Projekt Portrait Plath", eines Bei-
trags zur Serie über das "Elend der Psychiatrie" soll er zum exemplarisch wirkenden Filmobjekt einer "dramatischen Fallstudie"theatrali-
siert werden. Filmemacher und Regisseur A.P.Roll "möchte Plath in
einen Zustand der Wehmut und Nostalgie versetzen. Rückblick-Plath"
und gestellte Erinnerungsszenen eines trostlosen Schriftstellerlebens
ergeben jedoch einen "Kontrast des Privaten zum Drehbuch, des Ge-
genwarts-Plath zum vergangenen Plath. Zum Plath im Kopf von Roll".
Das filmisch trickreiche und motivbestimmte Nachspielen von vergangenen schlechten Zeiten im Leben Plaths zum Zwecke aussagekräfti-
ger Erschütterung der Fernsehzuschauer wirft Plath aus dem "Zusammenhang mit der Welt". Angesichts der sichtbar vorbereiteten "Denkkassetten", der Verkürzungen, die alternativlos ein Bild des Schreckens
aufbauen, vermisst Plath das unexemplarische Private. Plath "will nicht
mehr auf Klagelieder und Gestöhn fixiert werden". Auch Plaths gegen-
wartsbezogener Widerstand gegen die autobiographische Reproduktion
seines öffentlichen Images als literarischer Markenartikel, als'Rebell"
gegen den "Konsumfetischismus" stösst auf Unglauben. Es kommt dem
mit Plath diskutierenden Roll vor, als "spielten Sie DA eine Rolle, also
JETZT. Den gefassten, den beinahe geradezu heiteren Plath"(22). In
Rolls Sicht gibt auch die vorherrschende "subjektive und private Ma-
sche"(64) Plath nicht das Recht, "Verwirrung zu stiften und Betroffene,
die betroffen sind, weil sie sich betroffen fühlen, hinterher zu beruhi-
gen". Arbeitet nicht gerade der Autor Plath mit das Erlebnismaterial
organisierenden Mitteln? Liegt nicht den "Tricks und Manipulationen"
ebenso ein Missverhältnis zwischen Erlebtem und Niedergeschriebe-
nem zugrunde wie dem filmischen Vorgang? Und ist die von Plath gegenüber öffentlich erwarteten "Rollen"(71) beanspruchte Ich-Form
nicht "ebenfalls Ihr Problem, nicht das Ihrer Rezipienten". Insofern
Plaths Veröffentlichungen sich ungezwungen mit dem Ich beschäftigen,
legen diese der rezipierenden Öffentlichkeit "ja selber dieses Bohren
nach dem Autobiographischen nahe". Die von Plath beklagte "Deformation der Wirklichkeit" und seiner Autobiographie durch die Filmkunst
erscheint damit nicht zuletzt als ein Problem der öffentlichen und privaten Selbstdarstellung. Die Entlarvung der gesellschaftlichen Formen
der Ich-Entfremdung bedarf der Selbstbesinnung auf Formen der Mittäterschaft. Plaths irritierender Wunsch, das öffentlich gepflegte
"Image"des alten Plath zu enttäuschen und ein "veränderter Plath"zu
sein, "ein ganz anderer Plath", "der kein Mitläufer ist, der nicht die übliche Rolle blindlings übernimmt"(99), der "einen Glücksfall" hinkriegt,
führt notwendig zum eigenen Betrachten seiner Vorgeschichte. "Ich bin

in meinem schönen Gehege". Die dort vorherrschenden Lebensbedingungen entsprechen jedoch kaum dem Wunsch, an "irgendetwas Gutem,
Richtigem, Schönem zu arbeiten, an diesen winzigen Anstiftungen zum
Glück". Das ersehnte Privatleben, die "Fröhlichkeit oder Lebensfähig-
keit", wird nicht allein durch die elende "Scheissschreiberei"als verhasster "Verdauungsabnormität des Gehirns"verhindert. Beständig
weiss sich Plath auch von angeborenen Angstzuständen, Alpträumen,
Hotelzimmerängsten, Entsetzen und Grauen belästigt, die nach Distanz,
Filterung und Therapie verlangen. Plötzlich entdeckt sich die Person
im schönen Gehege als "fast überhaupt nicht brauchbar", als Mensch,
der "das Private noch nicht mal erledigen" kann. Plath möchte sich
über seine "Haltung, meine Rolle, mein Selbstverständnis usw. hinweg-
setzen"(71). Angesichts der irdischen Endlichkeit dieser "Gedanken-
spiele" über "das Nichts als Definitivum, als Abschluss von allem"
bleibt als Joyce'sches Leitmotiv vieler Tage Plaths:"Alles andere ist
Beschäftigungstherapie". In täglichen Telefongesprächen mit Mutter
und todkrankem Vater möchte er sich deren und seines Lebens stimm-
lich versichern. Plath hofft, dass die Todesnähe durch "Kunststücke",
durch Betrugsmassnahmen kurzfristig verdrängt werden kann". Plaths
Bemühen, dem Entsetzen vor dem Tod zu begegnen, das unausweichliche Ende"als die grösste Hoffnung und den wahren Anfang" zu bejahen,
ist nur "durch mehrere Selbsttäuschungen möglich". Mit Hilfe ablenkender Unterstützung seiner Frau Johanna exerziert Robert seine Ma-
nien des Essens, Kaffeetrinkens, der Ortswechsel, des Hotelreisens,
der Fernsehabende und nicht zuletzt einer "Bibel-Dichtung-Musik-
Mixtur". In der'durch diese Helfer", dieses "Gemisch und Sammelsu-
rium" samt "Grossem Gehege" von C.D. Friedrich empfundenen Betroffenheit liegt für Plath die Hoffnung, "dass ich endlich in eine Übereinstimmung komme, mit mir selber". Unter dem zur Verfügung ste-
henden "Trostpotential" fehlt allein "das Bettlakenthema". Der unsport-
liche Plath verwirft sexuell mechanische Betätigung als gesellschaftlich "rollenimmanent"(lol). Plaths öffentlich privat widersprüchliche
"Akrobatik"übt, in "den Vorgang Leben den täglichen Tod oder den Tod
täglich zu integrieren". Auch der Schreibberuf erprobt gegensätzliche
Gefühlswerte "bis zu den glücklichen Rändern". Liebesgeschichten als
"Reproduktion von Verhaltensmustern" lehnt Plath ab. Der Gebrauch
erzählerischer Er-Form und eine den Themaanspruch verändernde
Schreibabsicht werden nicht berücksichtigt. So liess sich von der Ich-
Person des Romans, die schreibt, das Autobiographische nur "mühsam
und nicht ganz aufrichtig wegmogeln". Getreu der Montaigneschen Ma-
xime: "Ich bin der einzige Inhalt meiner Bücher", erkennt der neue
Plath die "Zudringlichkeit des Schreibens"als "Notwehr"des Ich. "Ich
möchte von mir reden, dann lüge ich am wenigsten, dann mache ich keine Fehler, ich möchte von mir ausgehen und dann irgendwohin kommen"
In seiner Abneigung gegen das literarisch "Mitläuferhafte der Kollegen",
das "Mitläuferhafte eines Lebens"findet für Plath dann das Anderswer-
den als Vermischung von Leben und Ich im Begriff des Romans statt.

"Eigentlich schreibe ich überhaupt nur, um mich von meinem Privatleben zu drücken. Um mich gegen Praxis, Verwirklichung mit einer
Ausrede zu schützen". So entzieht sich Plath den Zwängen gesellschaftlicher Verantwortung, um im Kunstgebilde des nicht völlig rationali-
sierbaren Schreibprozesses mit seiner Innenwelt zu monologisieren.
"Ich müsste meine psychosomatische Diagnose des jeweiligen Schreib-
morgens dazuliefern". "Ich werde meinen innerästhetischen Leser ein-
bauen". Plath sehnt sich nach der Ich-Veränderung, dem Erfahren von
Glücksgefühlen "durch unscheinbare Begebenheiten". Dieser Wunsch
erweist sich aber als "Flucht vor dem, der Sie wirklich sind, erwachsen, infantil selbstverständlich auch" und als "Aufspielen" und Bemühen, andere klein und dienstbar zu machen. Nur bei Schwester Delia
und Schwager Carlo in Zollikerberg gelingt es Plath, sich weniger aufzuspielen und der Beschäftigungstherapie nicht bewusst nachzugehen.
Aber selbst eine Beschreibung dieser guten Zeitabschnitte Plaths belegt eine grundsätzliche Rollenbefangenheit. "Plath merkte, wie sehr
er selber sich vorkam, als spiele er noch immer eine Rolle, mal die,
mal jene... er entdeckte an sich lauter Posen, Attitüden, vorgefertig-
tes Material an Gesten und Wortschatz"(27o/71). Nicht anders liegen
dem Schreiben Plaths die selben Bezugssysteme zugrunde. Unwillig,
sich zu'ganz anderen Personen hin, fiktiven"hinzuschreiben, miss -
braucht er die nicht fiktiven Personen seiner Umwelt für seine Roman-
figuren. Es ist ihm unmöglich, äusserlich wahrgenommenes zu verinnerlichen oder Liebe zum Mitmenschen im anderen Masstab als dem
der zwanghaften Blutsverwandtschaft und des Ehevertrages zu begreifen. Plaths materialsammelnde Notiersucht dient vornehmlich der pro-
tagonistischen Tarnung seines Ich. "Das krampfartige Rollenspiel, das
war nur der Reiz, mich in der Rolle von jemandem zu sehen und aus-
zuprobieren"(19o). Durch Johanna s ihn "alltagsfähig" erhaltende Anti-
thesen wird er beständig mit seinen paranoiden "Anomalien"konfrontiert. Plath ist sich durchaus seiner "verschiedenartigen Versagenszu-
stände" bewusst und wie "sehr er ein Ergebnis von angelernten Gewohnheiten und Ausdrucksweisen war". Von Kindheit an steht er unter dem
Erfolgszwang, "bloss nicht enttäuschen zu wollen in einem Rollenspiel"
(278). So entspricht die verbesserte Plath-Auflage der alten Plath-Ge-
wohnheit, "aus mehreren Duplikaten seiner selbst zu bestehen, sich
aufzuspielen"(277). Plaths Absage an sein jahrelang strapaziertes
"falsches Image", seiner Versicherung:"Rollen spielen, ein Aufschnei-
der sein, aber damit ists aus und vorbei"(286) steht die Erstarrung
kindlich natürlicher Identitätswechsel zu Verhaltensweisen eines Erwachsenen entgegen. "Seit längerer Zeit waren die Rollenwechsel un-
spielerisch und unfreiwillig"(293). Sowohl wenn es sich um die Nachahmung von Hollywoodstars als auch beliebiger Leute handelte. Der
geistige Ausbruch aus dem schönen Gehege zum Bewusstsein, "dass er
mit diesem Spiel immer weiter gemacht hatte", wird von Plaths Denken nicht geleistet. Die Notwehr des Ich gegen die Papiertragödie des
Fernseh-Künstlerporträts erübrigt sich durch den Tod von Plaths Va-

ter. Eine auf einem Friedhof geplante Filmszene aus dem Leben Plaths erhält nun ihren besonderen Stellenwert für Plath. Die Dreharbeit wird verschoben, die Initiative zur Neubearbeitung von Johanna übernommen. Der so lange gefürchtete Tod des Vaters aber wird zum Mittel umfunktioniert, um sich mit einer vordem unbekannten, nicht im Rollenspiel imitierbaren Grenze auszusöhnen. "Ich werde über den Tod des Vaters schreiben. Über mich selber also doch wieder". Mit dieser Einreihung der Plath immer bedrohenden Todesangst unter seine Beschreibungsobjekte ist ein neuer Abschnitt in der Selbstdarstellung Plathscher Verstörung erreicht. "Plath vergrösserte sein schönes Gehege und redete davon". Mit der fiktiven Annäherung an den Tod des Vaters als literarischen Gegenstand findet sich der behauptete Gegensatz öffentlicher und privater Selbsterfahrung endgültig in der Selbstaufklärung eines schönen Geheges aufgehoben, wo nun Schönheit und Schrecken zum Synonym werden.

Nach dem Tode ihres Mannes Erinnerungen, Alleinsein und Betrübnis
ausgesetzt, bietet die Heldin von Gabriele Wohmanns AUSFLUG MIT
DER MUTTER ihren vier erwachsenen, verheirateten Kindern und den
beiden unverheirateten Schwestern keineswegs ein Bild der Hilflosigkeit. Die "nicht spektakuläre Witwe" wirkt auf die jüngere ihrer Töchter derart spektakulär, dass diese ihre Betroffenheit über die unange-
brachten Tröstungen schriftlich ausdrücken zu müssen glaubt. "Der
Artikulationsversuch über die Mutter ist meine extremste Zuwendung."
In der Nähe der Mutter wohnend, demonstriert die Tochter ihre Be-
sorgtheit durch tägliche Telefongespräche. Sie machen gemeinsame
Ausflüge in die Berge und in den Zoo. Häufige Besuche von Haus zu
Haus, nützliche Alltagsberatungen und gemeinsam verbrachte Festtage
halten eine Verbindung aufrecht. Alle Anstrengungen können der Tochter jedoch nicht das Gefühl nehmen, dass ihre Anteilnahme verkrampft
ist, Abschieds-und Umarmungsszenen übertrieben "gespielt"(12) wirken. "Unsere Bewegung winken ist fast theaterhaft künstlich". Die Beziehung zwischen Mutter und Schwiegersohn hingegen "belastet einfach
gar nichts". Ihre Herzlichkeit, Bewegungen, Umgangston wirken "unver-
krampft", voller Heiterkeit, Ernst oder sachlich. "Keine Angst ver-
fälscht die Gebärden und die Wörter". Auch im Umgang mit ihren anderen Kindern oder den Schwestern, zu denen sie vor den sie ängsti-
genden Wochenenden flieht, zeigt sich die Mutter allen möglichen Anforderungen gewachsen. Gegenüber der von Komplexen und dem inneren Bild der Mutter gequälten Tochter erscheint die Mutter als eine
"folgsame Privatschülerin". Ihr Wochenendleben im Umkreis der
Schwestern ist voller Glück, "ein günstiges Geschick, ein Segen". Selbst
alltäglichen Bekannten wie dem Apotheker sucht die Mutter gerecht
zu werden, "indem sie sich verkleinert". Offen und anteilnehmend gegenüber den Nachbarn wird die Mutter von ihnen "sozusagen mitgelebt",
ist "jemand im Passiv". Obwohl diese Relationen der Tochter nicht
ganz zu stimmen scheinen, hat die Mutter von jeher ihr Leben als "eine Mitorientona, , , in den Lebensläufen anderer" genossen. Auch wenn
sie der in einem Friseurbetrieb erhältlichen Kunstbehandlung nicht
zugetan ist, gibt die Mutter nach vergeblichen Verständigungsversuchen
ihre "Widerstandsleistungen" auf. Nach vollendeter Prozedur scheint es
ihr sogar, "als gehöre sie etwas mehr dazu". Derartigen Verhaltensweisen der Mutter entsprechen in der beobachtenden Perspektive der Tochter auch verwandte Gefühlsäusserungen. Für die Mutter ist "das Selbstverständliche keine Anstrenung". Ohne darüber zu reflektieren, führte
sie es vor "wie ein Lehrbeispiel". 53 Jahre ihres verheirateten Lebens
haben ihr, wie sie sagt, die Selbstverwirklichung ihres "eigenen Wesens"
gegeben, sie in der "Beziehung zu dem Mann" geschaffen. Sie ist nicht
weinerlich oder wehleidig, vielmehr zur Gefühlsfähigkeit veranlagt.
Zum Staunen und sich Freuen bereit, begegnet die Mutter insbesondere den Kindern mit bedingungsloser Liebe. Voller Ungezwungenheit,
Zutrauen und Neugier lernt die Mutter mit neuen Lebenssituationen um-
zugehen. Dass sie sich ohne Tricks in der Routine des Witwenallein-

seins ehrlich zurechtfindet, irritiert die Tochter bei ihrem Porträt
der Mutter. In einer Umwelt, in der der Mensch durch ein System "von
Tricks und Täuschungen" angefeindet wird, tragen "die Kulissenhaftig-
keit und der Theaterdonner" des Alltags, der "hochdramatische Bau-
lärm" und "posenhafte Gebärden" zur Verunsicherung der Tochter bei.
Zudem erscheinen ihr die mitmenschlichen Reaktionen "wie in einer
schlecht einstudierten Rolle bei der ersten Probe" (28). In dieser Welt
wirken die Bemühungen der Tochter um die Mutter verkrampft, "recht-
haberisch, neunmalklug, besserwisserisch, gefühllos belehrend". Kaum
fähig, ihre eigene innere Panik zu kontrollieren, fällt es der Tochter
angesichts des unspektakulären Benehmens der Mutter schwer, sich
angemessen auszudrücken. Bei ihrem Versuch, zum inneren Bild der
Mutter schreibend vorzudringen, erleidet die Tochter Gefühlspaniken
und Empfindungsanfälle. "Wie verkrampft ich doch immer wieder bin,
ihr gegenüber". Im Bewusstsein "ihrer Schuld", der Mutter nicht gerecht zu werden, sie vernachlässigt zu haben, gelangt die sich und andere überanstrengende Tochter langsam zur Selbsterkenntnis. Beim
Aufschreiben der Sätze der Mutter, beim Festhalten des von der Mutter brieflich und im Tagebuch Berichteten begreift die Tochter die
Eigennützigkeit ihrer scheinbar allein natürlichen Anteilnahme am
Schicksal der Mutter. "Zwischendurch fühle ich, dass ich beim Schreiben die Mutter schon zu sehr verarbeite, beinahe verwandle... Ich bin
darauf aus, mir meine intellektuellen Freuden zu bereiten. Ich will immer einen Gewinn für mich rausschlagen". Statt eine "gelassene heite-
re Sprache" im Umgang mit der Mutter zu gebrauchen, verfällt die Tochter einer blöden Babysprache. Auch erlaubt sie sich ruppige Zurecht-
weisungen. Sie sucht die Mutter in eine geschichtslose Welt einzufüh-
ren wie in einen "Spielzeugzoo" und in den Handlungen der Mutter die
eigenen Daseinsängste auf die Probe zu stellen. Ihre innere "Flauheit",
ihr "ganzes unglückliches Bewusstsein von der Mutter" ballen sich zusammen. Sie bewirken jedoch auch eine Veränderung in den Verhaltensweisen der Tochter, insofern sie "graduell ihre eigene Schuld erlebt".
Das angesammelte Arbeitsmaterial über die Mutter, das einer steifen,
distanzierten, entseelten "Schreibbeobachtung" gleichkam, "ist das Gegenteil geworden". Die gezielte Beschreibung "einer Linie entlang ihrem Witwenlebenslauf" wird von der Wirklichkeit des Lebens der Mutter eingeholt. Der Versuch der "Annäherung", der selbstgenüsslich die
rollenhaften Empfindungen und Verhaltensweisen der Mutter aufzeich-
nete, verfolgte nur die "Möglichkeit, über den Kopf der Mutter weg mit
mir selber zurechtzukommen". Eine Selbstbegegnung gelingt aber nur
dann, wenn die Tochter ihre das "Erbarmungstheater" reflektierenden
Beobachtungen aufgibt. Sie muss ihre "Sätze fluchtartig" verlassen und
jemand sein, "der sich ausliefert und überfallen lässt, jemand, der emp-
findet". Vorübergehend erkennt die Tochter, dass das der Mutter prä-
sentierte Ich eine "billige Unterstellung, Angeberei, Aufspielerei" dar-
stellte. Die Angst der Tochter vor einem natürlich empfindenden, selbst-
verständlichen Umgang mit der Mutter, die Angst vor einer Aufgabe der

schützenden, notierenden Denkarbeit, kennzeichnet eine durch Rollenverhalten gestörte Kommunikation. Der ständig der Mutter erteilte
"Ewigkeitsunterricht", die "Belehrungssuada", zwingt diese zu einem
"Rollentausch, der sie zum Pflegling degradiert"(88), während der
Tochter in ihrer "Obhutsrolle"(76) alles Selbstverständliche miss -
lingt. Das Verhältnis von Mutter und Tochter spielt sich ab wie zwischen "billigen aufgemotzten eingestürzten Dekorationen. Ein schlech-
tes Stück, eine schlechte fahrige Probenarbeit, nur bewusstlos dekla-
matorische Dialoge, eine ungeschickte Maske, ein Provinzialtheater
mit nicht einmal durchdachtem Ehrgeiz". Aus "feigem Liebesmangel,
aus nackter Liebesangst" waren die Unzulänglichkeiten einer bevor-
mundenden "Bewusstseinsmaskerade"erwachsen. Sie krankt von Grund
auf an der unversöhnten Umgestaltung "der Beziehung von Eltern und
Kindern" durch die Rolle des Erwachsenseins. "Mit jeder neu anpro-
bierten Haltung verrate ich die Kindheit". Die mögliche Alternative,
"sich als alt gewordenes Kind verständlich zu verhalten, widersteht
mir auch: wir degenerieren in einen Rollentausch. Wenn ich mich selber als Schutz-und Geborgenheitsspender dann ja doch nur aufspiele,
spiele ich mich pausenlos genug auf, bestenfalls als Habtags -
kraft"(75). Eine natürliche, nicht einstudierte Haltung scheint angesichts
derart vorherrschender Beziehungslosigkeit und quälender'Rollenvertauschung"(8o)nur noch als Akzeptieren des Nicht-Spektakulären möglich. Die Schwestern der Mutter hingegen, die diese schliesslich bei
sich aufnehmen, pflegen den natürlichsten Umgang mit ihr. Nichts ist
dort "vorsätzlich und vorgetäuscht". Abhängige Beziehungen werden
so durch die Einbringung des Eigenen zu Gefühlen der Zusammenge-
hörigkeit verwandelt. Die Tochter lernt aus dem "Beobachten von Innenwelt und Aussenwelt", dass das Dasein einer Witwe nicht als un-
abänderlicher Rollenstatus zu begreifen ist. Genausowenig kann einer
verwitweten Mutter durch ihre vergangene"Rolle im Spiel Familie"
(123) geholfen werden. Die Auseinandersetzung der Tochter mit sich
selbst und ihrem belasteten Gewissen gelangt endlich in Momenten ru-
higen Urteilens zu einer Einsicht. Das "Liebesungeschick", das "Lie-
besversagen" sind nicht wegzutäuschen. Doch können sich die fiktiv
beschreibenden Sätze bewusst um ein selbstaufgeklärtes Verständnis
der "Wichtigkeit des Witwenstandes der Mutter"bemühen. Die Tochter
erkennt, dass die unspektakulären Verhaltensweisen der Witwe keiner
überlegenen Nicht-Anpassung entspringen. Sie wurden von der Mutter
vielmehr als Routine des Lebens beherrscht. Erst die neue Situation
des Witwenstandes und das ihn begleitende Alleinsein stellt auch der
Mutter die Aufgabe, "ein grosses Leerebewusstsein" zu meistern, und
das Leben ohne Rollenspiele fortzusetzen.

Gerhard Zwerenz' ERBARMEN MIT DEN MÄNNERN thematisiert als
Roman vom Aschermittwochsfest die Lebensstationen einer Sina Jonas. Als weibliche Heldin in einer rollenspielenden Männerwelt entzog
sie sich schon als Kind den Normen des Familien-und Gesellschafts-
lebens. Sich ihren Sinnen anvertrauend, begegnet sie den sieben welt-
lichen Todsünden. In Umkehrung des Schicksals des biblischen Pro-
pheten Jonas hat Sina letztlich Erbarmen mit allen sich in Fischbäu-
chen und Müttern verkriechenden Jonassen "und nimmt sie in sich auf!
Von Kindheit an inzestiös in ihren Papa verliebt, umhüllt Sina den
zwergenhaft geschrumpften mütterlich. Mit dem "Alten inside" krault
sie drei Tage und Nächte rheinaufwärts. In der Höhe von Bonn ans Ufer
geschleudert, warnt Papa Jonas getreu der biblischen Botschaft die
Stadt schreiend vor der Vernichtung. Das jedoch trägt ihm von einem
Rheinangler nur den Kommentar "Scheisstudent" ein. Sinas schöne
"Abenteuer des Gefühls"lassen sie die Häute des Familienlebens ablegen. Sie tritt in die Märchenwelt der Erwachsenen, in den fernsehpro-
grammbestimmten Flugpendelverkehr zwischen München und Köln ein.
Dabei bleiben Vater, Mama, Brüder, Schwestern, Lehrer, Pfarrer und
ein Professor der Psychologie als Personen im "Figurenspiel"zurück.
In der Welt der von Männern geschaffenen Eigentumsverhältnisse lassen sich die Frauen unter dem Verhältnis "Herr und Sklavin" in Dienst
nehmen. Sina hingegen täuscht Respektbezeugungen nur vor, um sich
lächelnd der Männer zu erbarmen. "Denn jede Frau ist auch die Mutter
aller Männer". Sich der ersten Person Einzahl bedienend, berichtet Sina ihre Geschichte. Die Anlässe'für dies und das und diesen und jenen"!
für das erste Bluten, das erste Schüttelrütteln, für die fress-und lust-
orgiastische Zungen-Nymphonie mit dem Psychologieprofessor, für die
Ohren-Nymphonie mit dem Familienromane schreiben wollenden Sohn
eines schimpfenden Bonner Regierungssprechers, für die Nymphonie
der Haut liegen in dem Bedürfnis "unsagbare Dinge zu sagen, die man
selber nicht wusste". In der prosaischen"Zusammenschau unzusammen-
gehöriger Dinge", einer "coincidentia oppositorum"durch einen erklä -
renden Er-Erzähler wird von Sinas Familienbanden erzählt, von dem
Mama verhassten Hannes Atebay, von der den Gymnasiasten Martin
romantisierenden Schwester Hilla, vom selbstmörderisch trinkenden
Bruder Paul, von dessen Ehefrau, Massage-und Liebeskünstlerin Mar-
ga, vom alternden, unter seiner Frau leidenden krebskranken Papa,
"zum Teil war das echt, zum Teil gespielt"(92). Dieser Erzählprozess
dient Sina zur Befreiung von der Familie und zum Ausreissen nach
München. Nach der unblutigen literarischen Verabschiedung "nahe ste-
hender Menschen"findet Sina im Unterschied zur frauenerobernden
Modefotografin Cara Mach Männer "weniger erbärmlich und mehr er-
barmungswürdig". Selbst als dem verstorbenen Papa die Mittäterschaft
an der Erschlagung eines Häftlings im Kriegsgefangenenlager nachge-
sagt wird, erscheint der Vater Sina als "ein guter Mensch". Welche
Richtung das Leben auch nimmt, ob Mama den geschäftlichen Erfolg
des Bruders Herbert betreibt und Hilla an zahlungskräftige Männer

verkuppelt oder Sina schlägt, "das hat sich so eingespielt". Alle Fort-
bewegung erscheint Sina als Drehen im Kreise, ob auf gemeinsamen
Vagabundierreisen mit dem Vater, ob bei Autostops oder dem elter-
lich organisierten Kreisverkehr des Abfahrens und wieder Aufschüt-
tens von Sägemehlbergen. "Später merkst Du, was auf der einen Seite verschwindet, schieben sie auf der anderen Seite als neue Welt wieder an dir vorbei... Kulissen, Theaterdonner, Regie"(139). Die Nymphonie der Bewegung, "die Verwandlung, die Art der Verwandlung", wie sie
Herbert als Kunstsammler"immerfort bewegte", braucht das Erbarmen
der Frau mit dem Mann. So hat Ehefrau Carola die Aufgabe, für die
ständige "Umkehrung normaler Verhältnisse"in Form von täglich lan-
cierten Pressenotizen über Herbert zu sorgen. Angesichts der Tatsache, dass Herbert auf manche "Weise Theater spielte"(157) und eine Gegenrevolution durch einen Anführer, "der diese Rolle nicht nur
spielen dürfe"(158), nicht in Sicht ist, bleibt Carola die Erkenntnis der
Unmöglichkeit einer Wiedergeburt. Auch Sinas Bedürfnis, das Leben
durch Reisen kennenzulernen, findet weder an der Seite von Caballero
Schwarzkopf und in der Rolle einer südamerikanischen Senora Blond-
haar noch als experimentelle Lebensgefährtin des Delphin Pitt Erfüllung. Die Angst, in Umkehrung des Jonas-Mythos, "einen Fisch in meinen Bauch" zu bekommen, bringt Sina zurück in den natürlich widerna-
türlichen Bewegungskreislauf "nach Abendland, Rheinland, Isarland,
Föhnland". Eingestreute Fabeln und Geschichten als Anlässe für "Ent-
deckungsfahrten" sind am schmerzlichsten zu erzählen, wenn Maskeraden aufhören müssen. Gemäss den Spielregeln von Herberts Karne-
valsparty am Aschermittwoch gibt es demnach nur eines zu tun:"Ihr
müsst eure natürlichste Rolle spielen, euch selbst, auch wenn es scheinen mag, dies ist die unnatürlichste, schwierigste und undankbarste
Rolle"(171). Den Gästen sind diese Regeln bekannt. Dennoch bleiben die
versammelten Maskenfiguren in ihrem künstlerischen Bemühen, "die
am schwersten zu spielende Rolle, sich selbst darzustellen und nichts
sonst, sich selbst zu spielen"(171), hinter der Maskerade der gesell -
schaftlichen Realität zurück. "Die Kunst holte die Wirklichkeit bei wei-
tem nicht ein". Nierenkranker Herbert, selbst "Meister der Anpassung",
erklärt Sina die Masken seiner erfolgreichen Generation und "ihren
speziellen Tick". Octavian Müllers Leistung ist das "Spielerische, das
seinem Leben anhaftet". Brebbe, Empfangschef im Hotel und die "Höflichkeit in Person" vertauscht seinen Wortschatz zugunsten vernehm-
licher Ausrufe von "Scheisse". Namhafte Politiker vermitteln den Eindruck von"Karneval en nature". Der Präsident ist "jung als Mensch".
Flaschenhals hingegen, Deutschlands grösstes Layoutgenie umgeben
von Puppen"ist nur was er ist: kreativ". Tilly, grosse Sängerin und
"Schnulzenboje" findet ihr eigentliches Leben "zwischen Bühne und
Bett". Der Mann der Gebärmama Krause entdeckt sich als geschäfts-
tüchtiger Künstler. Regisseur Stork, der Filmmensch, der Sportwagen-
fahrer, der Sensible, der Schläger, der grosse Liebhaber überschreitet
Grenzen zwischen Filmkunst und Wirklichkeit. Der dicke berühmte So-

ziprofessor "spielt die Rolle des ehrlichen, aufrechten Sozialisten"
(193). Schauspieler Sanktanus, der "sich für die Rolle des Lustmörders
auf der Bühne nicht eignet"(196), wird von Sina vergeblich zu einer
lustmörderischen Aktion animiert. Er entdeckt sich jedoch als Mörder
Puppes, als entlassener Zuchthäusler und vom Holzwurm angefresse-
ner'Schauspieler vom Scheitel bis zu den Hoden". Der festliche Versuch, die "jahresüblichen Karnevalsmasken, Idiotenlarven, Faschings-
pappnasen"herunterzureissen, scheitert. Die nur den "sinnlich konkre-
ten Erfahrungsausschnitt" spielenden und streitenden Literaten beschäftigen sich am Ende weder mit Wirklichkeit noch sozialen Vor -
gängen. Sie "wenden sich wieder ihren ureigensten Sprachproblemen
zu". Von den wachsamen Glasaugen der von Stork versteckten Kame-
ras aufgenommen, machte die Verfilmung des letzten Festes aus allen
Gästen unwillentliche Hauptdarsteller und Zeugen davon, "wohin wir
gekommen sind, auch wir die ehemaligen Oppositionellen". Der vorausgesetzte Unterschied zwischen echten und angenommenen Masken ist
nicht festzustellen. Selbst die mannhaft offenen Worte des Soziprofes-
sors mit der Clownsmaske entsprechen keiner Wirklichkeit. "Wir engagierten einen Doppelgänger. Der Maskenbildner tat das übrige. So
entstand ein berühmter Mann, der dem berühmten Mann aufs Haar
gleicht ohne genau der gleiche zu sein". Original und Double erscheinen austauschbar. Die Gesichter der Karnevalsmasken sind "wieder
Masken und Larven". Der Aschermittwoch kann abgeschafft werden.
"Von jetzt an wird das ganze Jahr über Karneval sein". Die Geschichte der Sina Jonas und ihrer vielen eingestreuten Fabeln kann nur Anlass sein, "von dem grossen Bündel Ichs", über die es keine real ver-
bürgte Verfügung gibt, dem eigenen Selbst durch Fiktion Entdeckungs-
fahrten zu bieten. So kostet Sina die Welt mit allen sieben Sinnlichkei-
ten aus, das Rollenspiel des Lebens und des Sterbens weiblich in sich
aufnehmend.

Abraham Mauerstamm, genannt Abbi, Sohn eines in "der Technik der
Flucht"geübten Juden, virtuoser Hausaufkäufer und Immobilien-Löwe
findet sich in Gerhard Zwerenz' DIE ERDE IST UNBEWOHNBAR WIE
DER MOND ungewollt in Kämpfe politischer und persönlicher Rollenspiele einbezogen. Der bei Kriegsende aus Israel zurückgekehrte, nirgendwo dazugehörige, überall verhöhnte Jude hatte nach Zwischenspie-
len auf einem Autofriedhof ein Immobiliengeschäft zur Beseitigung des
Wohnraummangels gestartet. Am Ende gerät jedoch auch der alle Menschen zu seinen Zwecken benutzende Abbi in die Fänge des von ihm
den Deutschen gegenüber ausgebeuteten Judentums. Der europäische
Arm der Haganah reiht Abbis dubiosen Geschäftsbetrieb zwangsweise
in eine Kette legaler, politisch finanzieller Transaktionen ein. Abbi
wird zum Strohmann einer in der Bundesrepublik diskret investieren-
den ausländischen Macht und zum Mittelsmann des israelischen Ge-
heimdienstes umfunktioniert. "Sein Leben lang hatte er schmarotzt.
Erst an der Mutter, dann an Israel, hernach an der Stadt Frankfurt".
Nie jedoch wollte er sich in einer Situation sehen, wo er sich andern
gegenüber schuldig fühlen musste oder gering geschätzt werden konnte.
Er wurde schon von Gefühlen des Ekels und der Selbstfeindschaft ge-
quält. Sie hatten den an seiner nationalen Identität leidenden Abraham
bei allen geschäftlichen Operationen die Rolle der Grossbauhyäne und
des überlegenen, Geld machenden Rache-Engels spielen lassen. Stets
als seriöser finanzkräftiger Bauherr auftretend, hatte sich Abbi jedoch
eines Mitarbeiterstabes fragwürdiger Figuren bedient. Diese waren in
Frankfurts Bahnhofsviertel und den A-und B-Ebenen der untergeschos-
sigen Innenstadt in dunkle Machenschaften verwickelt. Unter der Regie
eines Gnoms arbeitete eine kampfkräftige Stammtruppe von Obdachlo-
sen, Gammlern, Rockern, Terroristen als Abbis Informationszuträger.
Ausserdem mussten sie als Häuser-Kolonne die ausgekundschafteten
Mietshäuser zugunsten eines für Abbi vorteilhaften Verkaufsabschlus-
ses zuschanden wohnen. Während Abbi so auf Kosten anderer seinen
Reibach machte, geriet er zusehends in nutzlose Ablenkungen und Beziehungen. Neue Beobachtungen über deutsche Individualität und Intellektuelle veränderten allmählich seine festgefügten Vorstellungen. Sie
höhlten sein geschäftsorientiertes Selbstbewusstsein aus, verunsicher-
ten Abbi im Umgang mit Menschen. Früher waren ihm keine Bedenken
gekommen, dass er auch privat "nie richtig zugehörig gewesen" war.
Es hatte ihn nicht gestört, "dass er mit Vorliebe an Frauen schmarotzt,
bei denen die Gefahr, dass sie ihn ganz nehmen würden oder er sie
ganz nehmen müsste, nicht bestand". Abbis Rolle des unbeteiligten Herren seiner Entschlüsse setzt ihn jedoch erotischen wie geschäftlichen
Experimenten aus. Die von Abbi als Möbelstücke behandelten Sekretä-
rinnen unterwerfen den sich nie eine Blösse geben wollenden Abbi un-
geahnten Aktualisierungen erotisch-traumatischer Existenzängste.
Dass der Häuserstürmungen organisierende, Schlägertrupps bezahlen-
de Abbi "den starken Mann nur spiele"(83), wird von dem mit Abrahams Familie, insbesondere Schwester Trini befassten Gnom als er-

stem durchschaut. Auch entdecken häufige Besuche des grossen Bau-
meisters in der Unterwelt der B-Ebene, verkleidet als Gammler, das
Schuldbewusstsein eines aus dem Nichts emporgestiegenen, Sicherheit
vortäuschenden Einsamen. Sich seiner Lage Rechenschaft gebend, will
Abraham, "sich seiner Angst künftig ungescheut bedienen, wohin es ihn
auch treiben mochte". Demonstrieren ihm doch Beispiele der Literatur,
dass die Frage nach dem Leben, "die Frage nach der Überwindung der
Angst" darstellt, aus welchen frühkindlichen Erlebnissen diese auch
immer entstanden ist. "Die künstlerische Produktion ist eine Figuration der Angst... untersucht werden soll der Kosmos der Angst, ob es
in ihm nicht Hoffnung gebe". Dabei offenbar die Erkundung des Lebens,
dass ein "zwanghafte(r) Seelenzustand" manche Mitmenschen plagt.
Prügelnd misshandelt der von Ängsten getriebene Flugkapitän seine
Tochter Thissala, "indem er sich als der harte Bursche aufführte, der
er im tiefsten Inneren nicht war, den er aber um so verzweifelter spielte"(lo4). Als Thissala dann den Vater durch Elektroschock in der Ba-
dewanne tötet und die Mutter in die gut versorgte Witwenposition über-
wechselt, "wurde offenbar, dass Renka ein Doppelleben geführt hatte,
ihr wirkliches Leben und ihr geträumtes oder gewünschtes"(llo). Auch
erfährt Abraham, dass sich bewunderte Intellektuelle und Schriftsteller wie Pantara "zu den Affen der Gesellschaft machen lassen"(256),
indem dieser Ehefrau Helene das Schmerzenstheater einer ausserehe-
lichen Leidenschaft vorträgt. "Haben die mir eine Liebe vorgespielt"
(193). Nicht weniger illusionär benehmen sich der anarchistische Lin-
kenanwalt Joachim Schwelk und seine von ihm geschiedene, im Untergrund agierende Frau Marthe. Dann "spielten sie den ganzen Tag in
der Wohnung Mann und Frau auf bürgerlich"(138). Im Unterschied zu
diesen Verhaltensweisen behauptet Abbi, "vom Theater nicht mehr er-
griffen zu werden", gehe es ihm doch "mehr um die Wirklichkeit und
weniger um Spiel und Schein"(186). Gleichwohl muss er einsehen, dass
die von ihm als Frl. Mieze benannte Geliebte und Sekretärin, Anne
Braunsiepe, sich erotisch durchaus nicht von ihm gefesselt fühlt. "Sie
habe ihm zu Gefallen etwas vorgespielt, sagte sie"(121). Der in seiner
Überlegenheitsrolle verletzte Abbi fühlt sich insbesondere beleidigt,
"weil er auf ein Theaterspiel so lange hereingefallen war und eine Illusion für die Wirklichkeit genommen hatte"(121). Ohne es zu wissen,
war er von Anne und Thissala arrangiert worden. Thissala, genannt
Frl. Schwarzkopf, "wurde Abrahams zweite Sekretärin und Geliebte,
welche Rolle sie mit täuschender Echtheit spielte"(111). Verstört über
die Selbstverständlichkeit der täuschenden Verhaltensweisen der Frau-
en, sagt sich Abraham, "die moderne Gesellschaft bringe eine Veränderung des Rollenverhaltens von Mann und Frau hervor, die Rollen würden vertauscht, abgeschwächt, verschwänden, Anne gefalle sich ihrer-
seits besonders in der Rollenvertauschung"(12o). Es stellt sich jedoch
heraus, dass das Bewusstsein beim "Rollenwechseln" genauso "Gefühlen, Vorlieben und auch Zwängen folgte"(12o). In der Folge muss Abbi
sich gestehen, dass zwischen ihm und Annes Mann ein Rollentausch

stattfand"(126). Wo sich Menschen in einer Zwangssituation befinden, entsteht am ehesten der Eindruck einer "komischen Rolle"(161). Je mehr Abraham in andere Klassen eindringt, Neuland entdeckt, umso mehr findet er sich erotisch manipuliert, wird getäuscht, hereingelegt und verunsichert. Selbst Abbis Manie, seinen Büro-Geliebten Spitznamen zuzulegen, die Hausfrau Britta als Generalin zu betiteln, zeigt eine Abhängigkeit von Rollenspielen. "Er schlug sich auf die Brust und lachte unsicher, welchen geheimen Zwängen unterlag er sonst noch?" (173). Als Abrahams Erkenntnis mitmenschlichen und persönlichen Spielens und Gespieltwerdens dann auch durch die Entwicklung seiner Geschäfte bestätigt wird, die Zeiten individuelle Verhaltensweisen des Rollenspielens einholen, schwindet die Hoffnung auf eine Überwindung der Angst und ihrer Versagensformen. Zur Selbstbefreiung bleibt Abraham nur noch die bekennende Tat der 'Schuldverstrickung". Zum Schutz 'gegen die grassierenden Krankheiten der Zeit" und vertauschter neuer Rollenidentität beseitigt er den letzten Zeugen seiner inneren und ausseren Unaufgeklärtheit durch einen "bewussten, gewollten, kalt geplanten Mord".

Nachwort

Fiktion und Aufklärung

Im Zusammenhang einer vom Autor geschaffenen Fiktion und der Aufklärung ihres Gebrauches beanspruchen die skizzierten, ausgewählten
Werke das Interesse des Lesers. So wie sie auf ein wissenschaftlich
argumentierendes, Sekundärliteratur verarbeitendes Darstellungsver-
fahren verzichteten, suchten sie stattdessen, Werkstrukturen hervorzu-
heben. Indem sie sich den vielfältig erscheinenden und doch bei einer
Reihe unabhängiger Autoren verwandten Gesellschafts-und Innenwelterfahrungen zuwandten, betrachteten sie ästhetische Perspektiven aus
methodologisch literaturdidaktisch als auch sozialpsychologisch übergreifenden Zusammenhängen. Steht doch der Gebrauch der vom Autor
vermittelten Fiktion im Verhältnis zu Inhalt und Form ihrer beim Leser oder beim Autor selbst verfolgten Aufklärung. Es galt daher, für
den nicht allein selbstbezogen Interpretierenden, dem Mitleser nicht
fertige Argumentationsanalysen zum Verbrauch vorzusetzen.
Die Skizzen bieten an, in beliebiger Reihenfolge, einzeln oder zusam-
menhängend gelesen werden zu können. Sie möchten den Mitleser zur
weiteren Erkenntnisarbeit anregen. Sodann wollen sie ihren didakti-
schen Anspruch von den dargestellten Texten und deren hermeneu -
tisch begriffenen Strukturelementen her als relevant erscheinen lassen. Dazu gehört ein vorausgesetzter, in der Textdarstellung ange -
wandter, jedoch nicht argumentationslogisch vorgestellter Erkenntnis-
zusammenhang. Er kann an dieser Stelle im Nachwort als eine Möglichkeit unter anderen, von Mitlesern zu gewinnenden und von den Skizzen bewusst offen gelassenen Perspektiven mitgeteilt werden. Wie die
Texte und die ihnen jeweilig als Aufschlüsselung ihrer implizit verfolgten Strukturelemente beigegebenen 'Indikationen' zeigen, trägt das Er-
zählverhältnis dargestellten Rolle-spielen und Rollenzwänge zur Wirksamkeit der Struktur von Fiktion und Aufklärung bei.

Der Raum innermenschlichen Erlebens in der vorhergehend skizzierten
und ausgewählten Literatur lässt sich nicht wie die Aura des Romans
im 19. Jahrhundert noch als "Reinheit der bürgerlichen Kunst" kennzeichnen. Selbst die gegenwärtig vorherrschende Neue Innerlichkeit
kann nicht als "selbständige Gegenerfahrung"[4] auftreten. Seit der apo-
logetischen Verfestigung der inneren Emigration zur bürgerlichen Li-
teraturtradition befindet sich die ästhetische Subjektivität immer von
neuem in widersprüchlichen Auseinandersetzungen mit sozialen Wirklichkeiten, die die kühnsten Phantasien der Literaturproduzenten aus
ihrem Zusammenhang werfen. Schriftsteller, Nicht-Helden und die Literatur leiden an ihrem Selbstbewusstsein. Die traditionelle Innenwelt
des Menschen vermochte genausowenig wie die sogenannte Bewälti -
gungsliteratur [5] zum dokumentierenden Aufbau einer informativen,
klassenentgrenzten Perspektive, geschweige denn zu einer Gesell -
schaftsveränderung beizutragen.

Auch am Ende der Nachkriegsliteratur, nach dem Ableben der politische Literaturtrennung praktizierenden Gruppe 47, nach dem Wirken gesellschaftsaffirmativer Schriftstellerverbände, nach kapitalistisch ideologischem Literaturbetrieb und sozialliterarischen Werkgruppen ist das Subjekt der vergangenen Gegenwart noch immer dazu verurteilt, sich schmerzhaft zu erleben, sich zu entlarven und zu suchen. Entfremdungserfahrungen, menschliche Neurosen und Selbstzweifel lassen das Subjekt Welt und Natur in vereinzeltem Selbstverständnis, in sozialen Abhängigkeitszwängen, in verhaltensreaktiven Rolle-spielen oder aus ästhetischer Utopie begreifen. Die "neueren Romane und Bühnenstücke", so zürnte Staiger einmal,"wimmeln von Psychopathen, von gemeingefährlichen Existenzen, von Scheusslichkeiten grossen Stils und ausgeklügelten Perfidien"[6]. Und auch Adorno registrierte "die Zustände an dem Rand des Wahnsinns" und "manische Obsessionen"[7].

Derartige, schnell zum Literaturklischee erhobenen Feststellungen, die nicht zuletzt im Schlagwort vom Neubeginn einer Nachkriegsliteratur und im bürgerlichen Literaturrealismus entstanden, suchte man durch eine Ästhetik des Defektes und Schmerzes systemimmanent zu rationalisieren. Im Drama sah man das "Aufbrechen einer fiktiv geschlossenen spiegelbildlichen Schein- und Illusionswelt"[8]. Und in der Epik bemerkte man, dass der Erzähler durch Schocks "dem Leser die kontemplative Geborgenheit vorm Gelesenen"[9] zerschlägt. Trotz inzwischen vollzogener Reprivatisierung der Literatur, trotz der literaturtheoretischen Wiedereinsetzung und Absicherung der Phantasie, Sensibilität und eines 'Lustprinzips'[10]Widerstand leistender[11] poetischer Erfahrung und ästhetischer Utopie gibt die Literatur kein heiles, unzerissenes Ich zu erkennen.

Die fiktionale Darstellung erfahrener psychisch sozialpolitischer Zwänge, geistiger und physischer Blindheit und reaktiv personaler Verhaltensabweichungen hat seit Beginn der siebziger Jahre nichts an ihren ernüchternden Wirkungsabsichten eingebüsst. Selbst die Behauptung eines aus der Wiederholung privatisierter [12]Leseerfahrungen resultierenden Geschäftes mit literarischen Klischees und ästhetischen Versatzstücken kann die individuell behauptete Notlage des Subjektes in der Literatur auch heute nicht in Abrede stellen. Ihre literarischen Ausdrucksformen fordern und forderten, ungeachtet politischer, sozialer oder idealistischer Wirkungslosigkeit die Leserrezeption einer Struktur von Fiktion und Aufklärung[13].

Solche Absichten beträfen sowohl menschlich innere und äussere Erfahrungszustände und Verhaltensweisen als auch die Art und Weise ihrer ästhetischen Darstellung. Die zu erwartende literarisch kritische Behandlung sozialer Integrationsvorstellungen, der Leitbilder von Humanität, individueller Bildung, Moralität und des Spektrums zivilisato-

rischer und psychischer Ordnungssysteme wurde zeitweise als literarisch unangemessen erachtet. Man glaubte, eine "Entartung jenes Wil-
lens zur Gemeinschaft"[14] zu erkennen. Die fiktionale Darstellung entfremdeter Gesellschafts-und Selbsterfahrung gehört jedoch von jeher
zur "Biologie des Lebens"[15]. Die literarischen Gattungstraditionen legen davon Zeugnis ab. Sie reflektieren ästhetisch idealisch die jeweils
historisch erreichte Position und den Widerstand im Kreislauf der Auseinandersetzung zwischen menschlichem Ich-Verständnis und darauf
einwirkender normierenden Aussenwelt. So erhielten sozial erwartete
Veränderungen etablierter Ordnungssysteme seit der Antike im Theaterspiel einen ästhetisch individuell sinnfälligen Ausdruck. Die aus -
wählende Erweiterung überlieferter Spielmittel zu multipersonalen
Rollen verlieh der Bewusstseinsambivalenz von ästhetischer Fiktion
und Gesellschaftsdarstellung eine aufklärende Funktion. Dramatische
Strukturen gelangten daher zuerst zur Unterscheidung zwischen subjektiv vorgestellten Verhaltensweisen und dem Bewusstsein inkongru-
enter Gesellschaftsnormen wie Herrschaftsverhältnisse, Religionsbin-
dungen, Standes-Berufs-Familien-und Lebensumstände. Gespielte Rollen und vorgeführte Rollenzwänge begründeten in der Gattungsentwick-
lung des Dramas Strukturelemente der Reflektion psychischer und sozialer Erfahrungszustände und Verhaltensweisen des Menschen.

Das Wissen um diese historisch vielfältige und doch struktural identi-
fizierbare Verhältnis von Fiktion und Aufklärung kann das Verständnis moderner Literaturperspektiven vor möglichen einseitig ideologischen Verfestigungen bewahren. Und nicht zuletzt gewinnen sozialwissenschaftliche Determinismen und sozialpsychologische Ideenbeschrei-
bungen zum Stichwort Rolle als menschliche Verhaltensweise eine
sprachliche Konkretisierung in ästhetisch anthropologischen Metaphern.
Rollenbegriffe, die bisher vorwiegend als Ideen der empirischen Sozial-
analyse Brauchbarkeit und Realität gewannen, besitzen als Strukturelemente dichterischer Fiktion einen historischen Eigenwert sprachlich
ausgedrückten und reflektierten Verhaltens. Nicht die wissenschaftlich
theoretisch bezeichneten, sondern die ästhetisch gespielten, und als individuell erfahren vermittelten Rollen klären begriffliche Verhaltens-
modelle über ihre fehlende Absolutheit auf und umgekehrt, welche Ana-
logiebezüge der zweite Teil dieses Nachwortes behandelt.

Schon seit Aristophanes' Zeiten hatte die nur scheinbar zweckfreie und
auf Harmonie von Lebensrollen beruhende "Spielkomödie"[16] der ästhetischen Vermischung von Sein und Schein eine sozialkritische Verhal-
tensreflektion entwickelt. Sie erwies sich als Ansatz satirischer Verbindung von "subjektiver Autorenintention und allgemeiner Gattungsinten-
tion"[17]. Die komische Austauschbarkeit der Charaktereigenschaften
der Figuren, das Überspielen der Mythenstoffe und Handlungselemente
beförderte deutlich ein "Spielprinzip des Illusions-und Fiktionsbru -

ches" [18]. Seine Darstellungsformen zielten auf die Überwindung der
Verfallserscheinungen attischer Demokratie und Gesellschaft ab. Als
frühes Zeugnis eines aus der Antike überlieferten lateinischen, anti-
höfisch kritischen Schauspielerbewusstseins erscheint im 12. Jahrhundert in England der 'Policraticus sive de nugis curialum'des Jo-
hannes von Salisbury, der sich gegen das Spiel eines dem Menschen
fremden Rollendaseins ausspricht. "Die gesellschaftliche Rolle, in die
die Menschen je nach Amt und Kleidung schlüpfen, ist für ihn nur die
Maske einer erborgten Person, nicht identisch mit ihrem eigenen, wahren Wesen, das unter der Erscheinung verborgen bleibt" [19]. Die seit Ende des 16. Jahrhunderts erscheinenden Druckfolgen Salisburys und die
einsetzende Shakespeare-Rezeption beförderten auch in Deutschland
eine kulturgeschichtlich und sozialkritisch theatralische und vor allem
philosophische Emanzipierung menschlicher Erfahrungskräfte. Diese
unterschieden auch in der fiktiven Nachahmung allgemeiner Natur -
wahrheiten und gegenüber im Barock spielend ausgeübten Sozial-und
Lebensrollen zwischen einem unveräusserlichem Ich-und dazugefügten
Rollenbewusstsein.

Über die Jahrhunderte führte dieser Prozess in der Literaturgeschich-
te letztlich zur Aufgabe des, wie Adorno feststellte, naiven Täuschungs-
geschäftes der Realitätsproduktion. Einen die Dramengattung ästhetisch
vermischenden Ausdruck fanden derartige Vorstellungen schon im
Schauspiel des Sturm und Drang. Bei Lenz, Klinger und Leisewitz sind
Formen eines episch plädierenden, kommentierenden und damit ein
Rollen-und Ichbewusstsein enthüllenden Spiels im Spiel und Theater auf
dem Theater vielfach anzutreffen. Die Bewusstseinsaufklärung des Ich
gegenüber der bis zum 18. Jahrhundert metaphysisch, gesellschaftlich
ästhetisch vorausgesetzten und vorgegebenen Einheit von Wesen und
Erscheinung erreichte ihren dramatischen Höhepunkt im modernen Komödienspiel "deutlich satirischer Prägung" [20]. Man denke an die Werke
Schnitzlers, Wedekinds, Sternheims, Strindbergs, Brechts und Frischs,
in denen man mit Volker Klotz Beispielen eines offenen, stilvermisch-
ten, ja episch lyrischen Dramas begegnet.

In dem Masse, wie das gesellschaftlich Allgemeine und die ästhetische
Gattungseinsträngigkeit an geschichtlich notwendiger Darstellungsüber-
einstimmung verloren, gab der sprachlich satirische, komische Ausdruck einer vielfältigen Innen-und Aussenweltbetrachtung Raum. Er löste das immanentistische Prinzip der Einheit im Mannigfaltigen auch
für die Darstellung der Personen ab. Die Perfektion in der desillusionierenden "Dialektik mit Personen" [21] war dem Schüler Wedekinds,
Dürrenmatt, vorbehalten. Seine Komödien demonstrieren, dass der Widerspruch zwischen zu erkennen gegebenen Sozialzwängen und ge -
spielten Rollen nicht in einer individuell künstlichen oder ästhetisch
geschaffenen Illusionswelt zu harmonisieren ist. Die tragikomische Situation des menschlichen Leidens der 'Physiker' liegt im Widerspiel

persönlicher Verhaltensweisen und öffentlicher Rollenstruktur. Das
sprachlich vorgestellte, komisch wirkende Bühnenspiel von Rollen
verdeutlicht somit ein leidendes Erkennen und Behandeln der gesellschaftlichen Verflochtenheit des Subjektes.

Diese aufklärende Funktion des Spielens von Rollen war jedoch kei -
neswegs auf eine Theorie von der Komödie und deren gattungsvermi-
schenden Stilformen beschränkt. Die im Bühnenspiel sichtbar wer -
dende Unmöglichkeit, auf längere Zeit fiktionalen Schein glaubwürdig
als verwandeltes Sein zu dokumentieren [22], beförderte eine Darstel-
lungsform, die ihre ästhetische Maske beim Wechsel von Personenrollen nicht unbeabsichtigt fallen lassen musste. Mit dem Verfall der
französischen Amadis-Tradition durch das Auftreten der Figuren des
Aussenseiters und Narren in der deutschsprachigen Schriftprosa am
Ende des 16. Jahrhunderts fand das dell'arte komödienspielende,
plautinisch-shakespearisch entwickelte Rollenbewusstsein auch einen
Zugang zur Heldendarstellung in der Epik. Dieses unterschied sich
von einem, das soziale Fatum repräsentierenden barocken Person -
Begriff [23]. "Der Mensch muss ein Gesicht haben - und trüge er es
als eine Maske -, um sich abzuheben vom 'Man' und in der Gesell -
schaft ein Jemand, eine 'Person' zu sein" [24]. Statt einer derartigen
auf griechisch-lateinischen Maskenspielen begründeten Personver -
fremdung   bildete sich seit den zeitpolitisch kritischen Arbeiten
Huttens, Brants, Murners, Fischarts, Rollenhagens und seit dem aus
Spanien nach Deutschland übernommenen Picarischen Roman im 17.
Jahrhundert schrittweise ein satirisch desillusionierendes Rollenbewusstsein der Handlungsträger heraus. Im Gegensatz dazu traten noch
des Jesuiten Baltasar Gracians sogenannter 'Fürstenspiegel', 164o,
und die barocken Staatsromane seiner Schüler von Zesen, 1645, und
von Lohenstein, 1689-90, für heroisch normierte Sozialtypen ein. Der
Prozess der fiktionalen Aufklärung teleologischer Gebundenheit äusser-
te sich in einer den Verlauf von Zeit nutzenden Beschreibung sozialer
Narrheiten und Narren. So entwickelte sich zunächst die epische Veränderung der Heldendarstellung als Reaktion auf ein Welttheater, dem von
Calderon und Lope de Vega über die Epoche der Aufklärung und Romantik bis hin zum jungen Hofmannsthal historisch vielfältige soziale Erwartungen zugrundelagen. Insgesamt aber erfuhr der epische Held dabei eine Verinnerung, die eine zunehmend kritisch perspektivische Wahrnehmung der Rollensozialisierung durch Aussenwelten vermittelt. In
der Mitte des 18. Jahrhunderts gelangte der Roman unter Gattungshilfe
des Shakespeare-Dramas zur poetologisch gestützten Psychologi -
sierung der seit dem griechischen Epos durch Rollennormen bestimmten Erfahrungs- und Handlungsweisen des Ich. Die innerweltliche
Durchbrechung systembezogen, kausalnotwendig dargestellter Wirk -
lichkeitstotalität führte den Helden erstmalig zu einer bewussten Re-

flektierung seiner spielenden Rollenbeteiligung. Diese stellte nicht
erst eine Erfindung des 19. Jahrhunderts und Nietzsches dar. Vielmehr
heisst es schon im 'Werther': "Ich stehe wie vor einem Raritätenkasten
...und frage mich oft, ob es nicht optischer Betrug ist, ich spiele mit,
vielmehr ich werde gespielt wie eine Marionette und fasse manchmal
meinen Nachbarn an der hölzernen Hand und schaudere zurück" [25]. Die
Erkenntnis des Spielens und Gespieltwerdens, die eine Reaktion der
Gefühlswelt auf die illusionistisch verfälschend erscheinende Wirkung
von Rollenzwängen darstellt, überstieg jedoch selten das Stadium einer Gesellschaftsbestätigung ex negativo. Die Gestalt des 'Anton Rei-
ser', nicht von ungefähr neben 'Wilhelm Meister' ein Bezugspunkt Peter Handkes, vermag ihre gesellschaftliche Existenz nicht aufzuklären.
Als Rolle ist sie das Objekt erzählerischer Seelen-und Erfahrungs-
forschung. Sie dient als ästhetisches Mittel, um die vorgegebene Zwanghaftigkeit von Schicksal und Sozialstufen zu enthüllen, ohne jedoch eine Verwandlung des Rollenbewusstseins des Helden herbeizuführen.
Ein derart didaktischer Charakter fiktiver Darstellung benötigt jedoch in verstärktem Masse ein Experimentieren mit Wirklichkeitser-
fahrung. Die Unvollkommenheit und Wirkungsbeschränktheit des nur
beschreibenden Ausdrucks bedingte neben der Heldenrolle vielfältige
dichterische Erzählrollen. Der Weg von der sozial normierten Nach-
ahmungs-zur psychologischen Wirkungsästhetik war damit nicht nur
für die Handlungsträger sondern auch für die Position des vormals
auktorial Dichtenden beschritten. Die im englischen bürgerlichen Roman, bei Sterne, Fielding, Richardson anzutreffenden fingierten Er -
zähler, die eingeschobenen Digressionen, Zitierungen, Leseranreden,
chorisches Kommentieren emanzipierten die Epik von Zwängen in -
haltlicher und ästhetischer Rollenidentifikation zwischen Held und Erzähler.

Der Versuch des Romans des 18. und 19. Jahrhunderts, Weltperspek-
tiven sowohl aus der Erzählerrolle als auch der Ich-Erfahrung des
Handelnden neu zu gestalten, trug nach der vollzogenen Verinnerung
der Heldenrollen zur erzählerischen Verdrängung eines realen Bildes
der Aussenwelt bei. In dem dialektischen Spiel von Ich und Welt, in
dem "der Doppelprozess paradoxerweise durch eine immer gesteigerte Objektivation von Welt ...am Ende zu einer immer weiteren Sub-
jektivation von Welt" [26] führt, war damit das andere Extrem der erzählerischen Idealisierung normierender Gesellschaft erreicht worden.
Entsprechend bewegte sich die dem 'Romanhaften' abgewandte hohe
Epik im 19. Jahrhundert in einer Welt spätbürgerlicher Bildungsuto-
pie. Statt Aufklärung entwickelte diese eigene normative Erzählrollen
der Synthetisierung politisch geistig und sozial nicht harmonisierba-
rer Verhältnisse. Die psychologische Verinnerung des Helden in der
Epik hatte somit als rollenspielende und rollenaufklärende Evolution
der Ich-Erkenntnis der Handlungsträger ihre ursprünglich sozialkri-

tische Funktion verloren. Die Fehldisposition erzählerischer Rollenspiele zu ästhetisch sozial einseitigen Rollenhaltungen wurde dann
durch das politische Versagen des die Autorüberlegenheit stützenden
Bürgertums unterstrichen. So konnte auch der klassenspezifischen Son-
derstellung des Bildungsromans und dessen subjektivem Innenraum im
19. Jahrhundert nicht die " Widerlegung durch die objektive raum-zeit-
liche Ordnung"[27]erspart bleiben. Die bewusst distanzierende Aufklä -
rung ästhetischer und sozial utopischer Zwänge blieb jedoch dem 2o.
Jahrhundert vorbehalten. Die 'Spielbegabung' des den vielfältigen Rollentausch übenden 'Felix Krull' wird nur noch von der den bekennen-
den Erzähler spielenden Autorhaltung übertroffen. Thomas Mann beherrscht alle Varianten der aufklärenden Vertauschbarkeit von Erzäh-
lerrollen und Heldenrollen. Wenn am Ende das anmutige Doppelleben
von Felix nicht scheitert, entdeckt sich der ambivalente Charakter des
fiktiven Rollenspiels. Im Leserverständnis erweist sich der scheinbare Sieg einer Sozialutopie als Produkt eines die Widersprüche des
Lebens und sich selbst parodierenden, spielenden Erzählerbewusst -
seins. Anstelle der Bevorzugung einer Rolle, eines Personenbegriffs,
einer Wirklichkeitsvorstellung ist es jetzt das fiktive Spiel von Rollen
selbst, das zur Diskussion gestellt wird.

Der hierdurch erreichte Gewinn an Bewusstsein liess sich jedoch unter den politisch geistigen Rollenzwängen eines totalitären Dritten
Reiches, besonders für die im Lande gebliebenen Schriftsteller nicht
mehr zu einer "aneignenden ästhetischen Verwandlung der Umwelt"[28]
nutzbar machen. Auf die nach dem Kriege, 1949 schon "historische Definition"[29]des 'Kahlschlags' der nicht entstandenen neuen oder unab -
hängigen Literatur folgte die gesellschaftliche Betrachtung menschlichen Fehlverhaltens. Sie gelangte literarisch in den fünfziger Jahren
in der Schilderung des Kriegsgeschehens als politisch engagierte Widerlegung des kompromittierten subjektiven Innenraums zur Wirkung.
Der "Manifest-Charakter der Literatur dieser Zeit"[30]kennzeichnet
gleichzeitig ein Missverhältnis "des deutschen Staates zu seinen
Schriftstellern"[31]. Es folgte in den sechziger Jahren eine formale
Perspektivenvielfalt durch Sprachaktualisierung und das experimen-
tell Dokumentarische der Dramatiker. Auch die Prosa wechselte von
der Fixiertheit auf die neuen materiellen Aussenwelten über auf die
Untersuchung der in Vergangenheit und Gegenwart veränderlichen
Formen sprachlicher Erkenntnisbildung. Das dichterische Bewusst -
sein und nicht mehr dessen Darstellungsgegenstände fanden sich auf
die Anklagebank versetzt. Die sechziger Jahre holten das "Theorie-
defizit"[32]seit Kriegsende nach. Schriftsteller wurden durch die sich
seit 1964 entwickelnde Konfrontation der Frankfurter Schule mit der
Neuen Linken nicht nur ästhetisch ritueller oder politischer Verdrängungen beschuldigt. Enzensberger bezweifelte 1968 im 'Kursbuch'
schlechthin, dass der Literatur noch eine "wesentliche gesellschaftli-

che Funktion " [33] zugesprochen werden könne. Eine solchermassen
totgesagte, als vermarktet betrachtete, von Walter Boehlich ein Auto-
dafé bereitete bürgerliche Literatur konnte sich auf die Dauer nicht
mit Protesthaltungen und revolutionärer Agitation gegen Methoden
und Handlungen einer Beschreibungsliteratur beschäftigen. "Es wird
Rollenprosa vorgetragen" [34] Man gibt sich nicht mehr mit der Destruk-
tion einer strukturalen Heldenrolle zufrieden. Die erzählerisch ideologische Funktionalisierung einer ewig zur Harmonie strebenden
Wirklichkeitsdarstellung, die den Menschen handeln lässt "wie ein 'Au-
tomat'in einer'zwanghaft gespielten Rolle'" [35] musste endgültig aufgelöst werden. Dementsprechend fiel der Literatur zu Beginn der siebziger Jahre die Aufgabe zu, dass neben der gesellschaftlichen "Staats-
verdrossenheit" [36] und der persönlichen Betroffenheit der Wirklich-
keitswahrnehmungen"das Gedankenspiel den Erkundungsbereich des
Intellekts"[37] übernimmt. Das liesse sich bei Arno Schmidt feststellen
und auch Peter Härtling entwerfe ein Denkspiel. Er "spielt das Spiel
und zeigt es" [38]. Dieses Zeigen unterschiede sich nicht von der epischen Verfremdung des Dramas, wenn nicht auch der auktorial Rollenspielende darin einbezogen wäre, was Reich-Ranicki bei Härtling
als "die Ohnmacht des Erzählers"[39] beklagte. Der bürgerlichen Anpas-
sungsmechanismen ausgesetzte Autor hatte die Helden in Drama und
Epik zu seinen Zwecken benutzt, ohne die damit verbundene Wirklich-
keitsdeutung als fiktiv zu kennzeichnen. Der fällige Abbau einer omni-
potenten Autorposition bedeutete jedoch nicht, dass der Erzähler vom
Standpunkt eines l'art pour l'art oder von einem einseitig sozialen
Engagement auszugehen hatte. Er dokumentierte vielmehr ein Dich-
tungsbewusstsein, das nicht länger bereit war, sich allein auf den
Glaubensvorsatz des Lesers zu stützen. Der ehemals auktoriale Dichter unterliegt in der Prosa der siebziger Jahre einer formal gehalt-
lichen Ambivalenz. Der Ich-oder Er-Erzähler wird sein eigener Rollengegenstand als aufklärender oder mitleidender Spieler scheitern-
der Geistes- und Sozialrollen. "Gantenbein lässt also grüssen" [40] .
Daran liess es, misslauniger Reich-Ranickischer Verrisse zum Trotz
weder der' Kinostil'oder "erzählerische Rollenfunktion" [41] im Grass-
schen 'Örtlich betäubt' fehlen noch der Ausdruck "einer gesellschafts-
orientierten Rollenfunktion des Erzählens, der Fiktion" [42] im 'Tagebuch einer Schnecke'. Auch die von Oskar Matzerath "als Verpuppung
des Autors Grass"[43] übernommene Erzählerrolle gehört zu den bewusst funktional erspielten Beispielen eines aufklärenden, austauschbaren Rollenerzähler-und Erzählerrollenbewusstseins. Im Kreislauf
der literarischen Identitätsauseinandersetzung mit der Welt, der gespielten Synthetisierung oder Auflösung vorgegebener Rollenzwänge
verspricht die Beteiligung des Erzählers an bewusst gespielter Fiktion das Ende des nützlichen Lesertäuschungsgeschäftes, bietet Fiktion und Aufklärung. [44]

Beide Perspektiven finden sich im 'Gantenbein' Max Frischs verfolgt,
der einerseits behauptete :"ich weiss nicht, wozu ich das erzähle" und
doch auch eine Vielfalt von Geschichten und Gestalten inszeniert, von
denen es heisst:"jedes Ich, das sich ausspricht, ist eine Rolle"[45]. Das
aufeinander Beziehen einer bewusst angenommenen Blindenrolle des
sich von Ehefrau Lila betrügen und aushaltenden lassenden Gantenbein
mit dem erzählerischen Kartenmischen fiktiver Geschichten und Ge -
stalten eines eifersüchtigen Ehemanns, Geliebten und ersten Ehemann
Lilas wird durch den Rollenerzähler geleistet. Zur Darstellung ge -
langen, sowohl die sich verkleidende Flucht von Rollenspielern vor sozialen Rollenzwängen als auch die individuelle Selbstbefreiung des Ich-
Erzählers von dem ästhetischen Rollenzwang finaler Realitätsdarstellung. Am Ende scheitert das Erkenntnisspiel des Mannes in der Blindenrolle als 'Gantenbein', alias 'Enderlin', alias 'Svoboda'. Auch die
fiktive Geschichtenabfolge des Ich-Erzählers schafft keine neue Rea-
litätsgrundlage. Doch sind für den Leser die Identitätsauseinander -
setzungen mit der Welt und das Versagen der erzählten Figuren, "alles
ist wie nicht geschehen"[46], durch subjektive Fiktionen des Erzählers
literarisch offengelegt, ohne "ins Metaphysische auszuweichen"[47]. Das
Bekenntnis des Erzählers:"Ich probiere Geschichten an wie Kleider "
dokumentiert Betroffenheit und Überlegenheit zugleich. Somit ist dieser " wohl nicht so blind, wie er tut. Sonst könnte er die Blindheit nicht
so virtuos spielen"[48].

Auch Jürgen Beckers spielerischer Umgang mit einem literarischen
Darstellungsmaterialismus führt von dessen Positiv-oder Negativ -
zeichnung weg und löst die ihm zugrundeliegenden finalen Zeit-und
Raumzwänge auf. Das geschieht durchaus nicht ausserhalb jeglicher
erzählerischer Struktur. Der Anspruch des Bewusstmachens individueller und allgemeiner Zustände, so in 'Bilder', 'Ränder' und in 'Felder', verlangt den Einbezug des Schreibproduzenten. Der aufklärende
Erzähler erleidet die vermittelten Schreibzustände, erreicht ein Le-
serinteresse als sein eigener Rollengegenstand. "Wir erfahren an unserem Mann, den wir durchaus nicht ausgedacht und also abgerichtet
haben, nicht mehr als wir selbst wissen. Wir lenken ihn nicht "[49].
Verwickelt in die zeitlichen Bewegungsabläufe, ausgestattet mit einem
Stimmen auffangenden und vermischenden Radiokopf ist die schrittweise Erfahrung der Route auswechselbar wie die Personen und Vorgänge. "Vorne ist vor drei Jahren hinten ist jetzt; Felder"[50]. Der re-
gistrierende Radiokopf der Er-Figur kann sich selbst in der Stimmen-
mehrzahl vernehmen. Er kann sein Ich durch eine Vielzahl von Stimmen als Figuren verselbständigen, die er alle "vorgespielt findet"[51].
Das Rollenspiel des Mannes, des Ich, des Schreibenden, "gelegentlich
wählt das Ich des Schreibenden die Rolle des Chronisten, des Journalisten"[52], erreicht jedoch keine fotografische Überwindung der Subjekt-
Objektspaltung. Es legt keine Wirklichkeit frei und vermag das Leben

im Wechsel der Zeiten und Orte nicht begrifflich zu fassen. Es gibt
kein "in Sicheres fliehen" [53]. Die Auflösung der Person in das "nicht
sicher sein" [54], entspricht dem Leben in der Zeit als eine Erfahrung
der Gleichzeitigkeit von subjektiven Rollenspielen. "Die ungestörte
Vervielfältigung der Person geschieht ausser Kontrolle, so dass am
Ende der Eine den Anderen nicht mehr kennt" [55]. Die Phänomene der
Aussenwelt und der Innenwelt erscheinen für die Wahrnehmungsfähig-
keiten des Einzelnen als austauschbar und entziehen sich der normativen Festlegung.

In Peter Handkes 'Hornissen' löst das Aussetzen der erzählten Erinnerung das Rollenspiel des Ich-Erzählers mit einem Nicht-Ich und einem
Er auf. Der Abbruch der Geschichte, der der fiktiven Selbsttäuschung
ein Ende setzt, wird von der Rahmenerzählung, die nie einen Anspruch
erhebt, kommentiert. Ein sich an ein Buch erinnernder Blinder erin -
nert sich an keine Befreiung seines literarischen Ebenbildes von dessen zwangvollen Leiden. Die Trennung und Verdoppelung der erzählenden und erzählten Personen erlauben keinen logischen Erzählzusam -
menhang, der finale Beweiskraft beanspruchen könnte. Rollenspiele und
Schleichwege werden desillusioniert, um dem Leser die Dialektik des
Leidens literarisch entliterarisiert mitzuteilen. "Dieser Vorgang erschien mir wie die Kreisbewegung über das Bewusstwerden zurück
zum Ausgangspunkt in Kleists Aufsatz über das Marionettentheater"
[56]. Der frühe Handke war als rollenspielender Autor nicht daran interessiert, politisch ideologische Aufklärung anzubieten oder "bürgerliche Geheimsprachenpoesie" [57]und intellektuell gefärbte Wirklich -
keitsrezepte zu verschreiben. Hans unterstreicht in den 'Unvernünftigen' das Groteske aller Weltveränderungsansprüche, indem er erklärt
"Hiermit gebe ich die Änderung der Welt bekannt" [58]. Nicht der Zwang
der Dinge allein produziert eine totale Welt, in der die Menschen nur
noch Typen darstellen. Die Menschen leisten gegen die Verfestigung
ihrer Lebensbedingungen wenig Widerstand. Durch das Erproben täuschenden Rollenverhaltens, durch "ein blosses Gedankenspiel" [59]tra-
gen sie noch dazu bei. Eine vom Menschen sprachlich illusionierte Innenwelt schliesst diesen hermetisch ein. Sie umgibt die Aussenwelt
als Innenwelt einer nicht akzeptierten Aussenwelt und produziert so
ein sozial ästhetisch vorverständigtes Bewusstsein. Aus der Bereit-
schaft des Einzelnen zu einem Rollenspiel, das durch Quitt in den 'Unvernünftigen' oder Hans in den 'Hornissen' "bürgerlich vorbildhaft das
Leben erleidet" [60], entwickelt sich eine Gleichschaltung des Bewusstseins. Die "tägliche Rolle" [61], in der Quitt tief drinsteckt, wird zum un-
terschiedslosen Ersatzritual von erlebter Wirklichkeit. Selbst das aus
der Rolle fallen des Herrn Quitt, "das war auch nur ein Spiel" [62]. Es
kann vom am Rollenspiel beteiligten Autor nur über die Auflösung
ästhetisch sozialer Finalisierungen aufgeklärt werden.

Rolle - spielen und Rollenzwänge

Bevor der Autor-Erzähler seine verfolgten Erzählabsichten aufklärt, leisten die Erzählelemente den inhaltlich formalen Textaufbau. Auf welche Weise und wozu diesem als Rolle-spielen und Rollenzwänge skizzierten Metaphern eine derartige strukturale Bedeutung zukommt, soll im folgenden verdeutlicht werden.
Als äusserlich augenfälliger Metaphernhinweis war in 41 Werken verschiedener Autoren der wiederkehrende Gebrauch des Wortes 'Rolle' festzustellen. Der Eigenwert dieses Wortes[63]liegt nicht allein in seiner ästhetisch strukturalen Aufklärungsmöglichkeit. Er dokumentiert auch im sprachlich formalen Gebrauch ein sozialwissenschaftliche Vorstellungen entgrenzendes, psychisches Sozialbewusstsein in dichterischer Fiktion. Dieser anscheinend so unstatthafte Vergleich literarischer und wissenschaftlicher Begriffe und ihrer inhaltlichen, formalen und strukturalen Sachverhalte erscheint jedoch deshalb methodologisch theoretisch möglich, weil auch die Soziologie "zur Beschreibung der sozialen Wirklichkeit fiktive Mittel"[64]gebraucht. Wie in der Literatur erfährt der Rollenbegriff der Wissenschaft in praktischer Anwendung verschiedenartigste Ausprägungen und funktionale Interpretationen. Im Unterschied zu den abstrahierenden wissenschaftlichen Begriffen bleibt in der literarischen Darstellung bei gleicher Problematik der Wirklichkeitsrelevanz, Sachverhaltbeschreibung und Erkenntnisreflektion von Inhalts-und Formhypothesen die "Komplexität" der Rollen-Phänomene erhalten. "Sie sind daher lebensunmittelbarer, wenn auch weniger deutlich"[65]. Von diesen analogen und unterschiedlichen Voraussetzungen her gesehen, sollen nicht nur die Bedeutung kontextlich vielfältiger fiktiver Strukturelemente theoretisch aufgeklärt werden, sondern umgekehrt auch deren sozialwissenschaftlich psychologische Problembezüge analoge Sozialbegriffe sprachlich subjektiv erweitern

Als Substantiv bezeichnet das Wort und nicht der Begriff 'Rolle' in den Werkskizzen einen geistig-seelisch Ich-identifizierenden Bewusstseinszustand und Status gesellschaftlichen Andersseins. Der Ausdruck erscheint mit vielfältigen, erklärenden Genetivappositionen und in Substantivzusammensetzungen mit vor-oder nachgestellt beschreibenden Adjektiven. Die Bewusstseinszuständlichkeit der Rolle als andere Ich-Existenz wird unterstrichen durch Verbindungen mit intransitiven Verben wie 'sitzen, passen, sein'. Sie unterscheidet sich damit vom sozialwissenschaftlichen Verständnis eines Positions-oder Situationsausdrucks[66]von gesellschaftlichen Pflichten und Rechten.
Gleichwohl besitzt die fiktional differenzierte Zustandsform der Rolle eine Bewegungsmöglichkeit[67], kann sich verändern oder kann verändert werden. Dieser Umstand findet sich sozialwissenschaftlich im Begriff eines Rollenverhaltens festgehalten. Dessen Bewegung kann Fremd-

und Eigenrollen[68], Sozial-und Individualitätsrollen voneinander trennen und kennzeichnet die Aussen-und Innenbeziehung von situationsbe-
zogenen Verhaltensweisen[69]. Wenn Rollenzustände einen Vorgang sich
verändernder menschlich gesellschaftlicher Werte, Haltungen oder Ide-
ale entwickeln sollen[70], erscheint das Substantiv in vielfältigen Verb-
verbindungen. Der Rolle findet sich dabei am häufigsten das Verb'spielen' zugeordnet, gefolgt von dessen Vorsilben 'vor-über-durch-nach-
ab-aus-be-auf' und den jeweils entsprechenden Partizipialformen. Diese gebräuchlichste Form der Rolle-Verbverbindungen bringt in sozialwissenschaftlicher Analogie die Ausübung gesellschaftlicher Rechte
und Pflichten zum Ausdruck[71]. Als fiktionale Metapher zeigt sie jedoch
abweichend eine geistig, seelisch, körperlich täuschende Zustandsver-
änderung gesellschaftlich menschlichen Verhaltens. Der dazu nötige
Prozess der Spiel-Bewegung wird durch Substantiv-Verbverbindungen
wie eine Rolle 'übernehmen, annehmen, einstudieren, lernen, beherrschen, schlüpfen' erweitert. Eine zwangsweise Form der Zustands-Ver-
änderung[72] wird durch Verbindungen wie eine Rolle 'aufnötigen, ver-
pflichten, verfallen, manipulieren, festhalten' gekennzeichnet. Der Übergang von einer Rolle in eine andere kommt zum Ausdruck in Verbver-
bindungen wie eine Rolle 'vertauschen, tauschen, wechseln'. Das Ende
eines Rollenzustandes oder -bewegung findet sich durch Verbverbin-
dungen hervorgehoben wie 'herausfallen, hinschmeissen, wegnehmen,
aufkündigen'.
Welche der aufgeführten Verhaltensvarianten oder welch weitere Kombinationen im Text auch auftreten, sie beziehen sich allesamt auf geistig seelisch täuschende Zustandsveränderungen menschlicher Personen, Figuren und Körper innerhalb eines gegebenen Gesellschaftsrah-
mens. Sie bewegen sich dabei jedoch ausserhalb der durch Pflichten
und Rechte synthetisierten sozialen Erwartungsforderungen[73] gegenüber Spielern, d.h. Inhabern von Rollen[74].

Aus der fiktionalen Umgehung von kooperierenden Rollenpositionen
und Rollenverhalten ist auch die Fülle der vorzufindenden Rollenmeta-
phern zu verstehen. Begriffskomposita ersetzen, erweitern oder um-
schreiben die Metapher des Rolle-spielen. Hierhin gehören im Umkreis
der Verben 'spielen, inszenieren' alle Substantivverbindungen, die dem
Kunst-Theater-Künstlerbereich entnommen sind. Es kommen vor:'The-
ater-Studien-Kunstspiele, Bühne, Schauspiel, Schaustück, Tragödie, Komödie, Laienspiel, Existenzspiel, Affentheater, Programm, Szene, Schauspieler, Schauspielerin'. Sie unterscheiden sich von einem consensus-
bezogenen Rolle-spielen, indem sie sozial integrierende Verhaltensweisen auf eine künstlerisch ästhetische Bewegungsform umorientie-
ren[75]. Gleichwohl bleibt dieser desintegrierende Metapherngebrauch
sowohl in seiner illusionistisch abweichenden Verhaltensweise als auch
in seinem menschlich gesellschaftlichen Situationsbezug schon durch
Wiederholungszwänge[76] sprachlichen Ausdrucks an die Vorstellung in-
kompatibler Rollen gebunden[77].

Die damit hervortretende ästhetisch künstlerische und sozial menschliche Bewusstseinsambivalenz des Rolle-spielen wird durch weitere
Metapherngruppen ergänzt. Zu ihnen gehören alle Substantiv-Verbverbindungen des Spielens mit 'Spielart, Spielerei, Spielform, Spielregel,
Spielfigur, Spiele' oder des Spielens mit 'Sandkastenspiel, Tennisspiel,
Schachspiel, Kartenspiel, Mensch-ärgere-dich-nicht-Spiel, Karteikartenspiel, Schneckenspiel, Planspiel, Streichhölzerspiel, Brettspiel, Figurenspiel, Puppenspiel, Indianerspiel, Federballspiel, Glücksspiel, Pa-
tiencenspiel, Bierdeckelspiel, Schulespiel'.
Geradezu unerschöpflich erscheint der Vorrat des Spielens von Personen, personalisierten Eigenschaften und Handlungsweisen vom 'Kind
spielen' über den 'Munteren spielen' bis zum 'Zauberer spielen'. Der
so weit vorgeführte Metapherngebrauch von zuständlich bewegungs -
mässig differenzierten Ausdrücken summiert ein sozial und ästhe -
tisch täuschendes Rolle-spielen. Die darin enthaltene Verweigerung
einseitiger Rollenerfüllung[78], die auf eine alternative Sozial-und Selbsterfahrung hinweist[79], wird durch eine neue Metapherngruppe erweitert, vervielfältigt und verselbständigt.

Diese Gruppe besteht aus Substantiven oder Verben, deren geistig emotionale Haltung täuschende Verhaltensweisen zu erkennen gibt, ohne
sich ausschliesslich der Wortverbindungen oder Wortkomposita von
'Rolle' oder 'spielen' zu bedienen. Auf der Seite der Substantiva wiederholen sich: 'Maskeraden, Träume, Dressuren, Schaustellerei, Theatralik, Gefühlsheuchelei, Kontrastverhalten, Bewusstseinsentleerung,
Dauertäuschung, Verstellung, Imitationen, Verkörperlichung, Visionsproduktion, Enthäutung, Mimikry, Auftritte, Schauverhalten, Selbsttäuschung, Schwindel, Einbildungen, Selbstbelügen, Lügengeschichten, Täuschungsmanöver, Aufspielerei, Denkspiele, Schlaf-und Essensbesessen-
heit' und andere. Diese gewiss vielfältigen Substantiva bezeichnen Zu-
standsformen täuschender Veränderung, die Rollen implizieren, ohne
dem naheliegenden Ausdrucks-Spiel sozialer Rollenkonflikte zu verfallen.

Nicht weniger umfangreich stellt sich die Sammlung verhaltensbe -
stimmter, Rollen ausübender, jedoch nicht sprachlich wiederholender
Verben dar. Es sind aufzuzählen: 'Sich verstecken, verbergen, sich wegdenken, wegspiegeln, wegtäuschen, täuschen, heucheln, vorgeben, vorspielen, meditieren, zerstreuen, verheimlichen, vorschützen, hintergehen,
ummünzen, ablenken, mogeln, lügen, etwas vormachen, so tun als, erfinden, verschweigen, durchspielen, verstellen, verfälschen, tarnen, verkleiden, spiegeln, verwandeln, schminken, maskieren, chiffrieren, einhüllen, imitieren, probieren, übertreiben, vorführen, sich darstellen,
sich aufspielen, sich aufführen, posieren, nachspielen, überspielen, verdecken, phantasieren, schauspielern, schwindeln, einüben, auftreten,
outrieren, verleugnen, sich produzieren, verinnerlichen, flüchten' und
andere.

Das Besondere dieser in den Werken anzutreffenden Verben liegt
nur in ihrer sprachlich Rollenausdrücke vermeidenden Vielfalt als Sy-
nonyma täuschender Verhaltensweisen. Sie stellen auch den Versuch
dar, dem als Ambivalenz behaupteten und ästhetisch differenzierten
Vorgang eines Rolle-spielen durch handelnd erscheinende Verhaltensweisen Glaubwürdigkeit zu verleihen. Nach dem im Text erzählten 'Was'
des Rolle-spielen bedarf das 'Wie' der vielfältigen Rollenkomposita
einer aktualisierten Ausführung, einer Verkörperung. Selbst die gesellschaftlich institutionalisierten und sozialwissenschaftlich abstrakt begriffenen Rollen brauchen zu ihrer Wirksamkeit nicht anders als die
dichterische Fiktion eine Handlungs- und Personenbezogenheit[80].

Entsprechend wird das fiktional und sprachlich differenzierte Rolle-
spielen[81] von gesellschaftlich ästhetisch täuschend handelnden Perso-
nenverhaltensweisen getragen. Die Fülle der hierzu vorzufindenden,
nicht sozialwissenschaftlich in Fremd-und Eigenrollen geschiedenen
Bezugsmöglichkeiten lässt sich folgendermassen aufzählen. Es handeln
'Gesellschaftsrollen, Berufsrollen, Figuren-Typen-Profi-Aussenseiter-
rollen, Helden, Künstler, Schauspieler, Haupt-und Nebenrollen, Clowns-
rollen, Führer-und Militärrollen, Charakter-und Doppelgängerrollen'.
Sie setzen ohne weitere Erörterung ihrer sozialen Bedeutung und Rol-
lenberechtigung in Verbindung mit den verschiedenen Ich-und Er-Er-
zählerrollen, Autor-Schriftsteller-Beobachter-und Hauptrollen die Ab-
sicht und Form des Rolle-spielens fiktional in Szene.

Die Mitteilung des 'Was, Wie und Wer' des Rolle-spielen bewegt sich
in der vorgeführten sprachlichen Breiten-und Tiefenstaffelung von der
Betrachtung der Zuständlichkeit einer gesellschaftlichen Rollenexi-
stenz und ihres gewünschten Andersseins zu deren täuschender, verändernder Vergegenwärtigung. Die Schwerpunktverlagerung von der
Gegebenheit eines sozialen Rollendaseins auf darauf reagierende,
gleichwohl emotional geistig abweichende Verhaltensweisen entspricht
sozialwissenschaftlich durchaus noch den Wirkungsmöglichkeiten des
Individualbewusstseins[82].

In der dichterischen Fiktion wird die Einflussrolle des Bewusstseins
nicht zuletzt durch künstlerische Aktionsbereiche unterstrichen. Es
finden sich Tätigkeiten des 'Malens, Zeichnens, Geigenspiels' neben
dem theatralischen 'Spiel, Schauspielerei, Theater-Komödien-Opern-
spiel, Choreographie, Filmerei, Kunststücke, Dressuren, Rituale, artistische Tricks'. Eine ausgebreitete Parallelebene literarisch bewusst
täuschender Verhaltensweisen findet sich umrissen durch 'Geschicht-
ten: schreiben, erzählen, erfinden, retuschieren, okkulieren, korrigieren,
drainieren, kanalisieren, zerstreuen, vertreiben, regeln, schneiden, raf-
fen, analysieren, durchspielen' und durch 'Beobachtungskunst, Gedankenkino, Lektüre'.
Diese Betonung des bewussten Abweichens von gesellschaftlichem Rol-

len-Übereinkommen durch Metaphern künstlerischer, ästhetischer und literarischer Akteure, Aktionsbereiche und Verhaltensweisen schiene mithin das skizzierte Erzählelement des täuschenden, verweigernden Rolle-spielen vorwiegend auf eine alternativ sprachlich individuelle, geistig-seelisch-körperliche Verhaltensdifferenzierung zu beziehen.

Demgegenüber gibt die Fiktionsstruktur des Erzählten jedoch zu erkennen, dass die Mehrzahl des scheinbar autonomen Rollenabweichens als durch Rollen-Zwänge[83] veranlasst verstanden wird. Diese vielfältig dargestellten Gesellschaftserwartungen und -zuweisungen[84] gelangen als Sozialisierungsumstände zur Wirkung. Ihr empirisches Entstehen wird vom Autor nicht sozialwissenschaftlich legitimiert. Gleichwohl lassen sich die doch sozialpsychologische Beziehungen herstellenden Rollen-Zwänge in Kategorien gruppieren. Sozialwissenschaftlich entsprechen diese, wenn nicht tatsächlichen Normen, so doch einem Normbewusstsein von Inhabern normativer Situationen[85].
Zu einer als grundlegend verstandenen Katgorie wären 1.)Metaphern öffentlich gesellschaftlicher Rollenzwänge zu rechnen. Hier sind zu nennen:'Natur-Welt-Wirklichkeits-Gesellschafts-Staatszerfall, Kleinbürgerlichkeit, Lebenstheater, Kunst-Lügen-Betrugsgesellschaft, Umwelt, Milieu, Alltag, Länder Städte, Orte, Berufe, Gruppen, Verwaltung, Behörden, Ämter, Positionen, Karrieren'. Diese tatsächlich normierten oder als normierend erwarteten Lebenszustände werden vom Einzelnen als sich wiederholende und konstant zwanghaft wirkende Rolle[86]erlebt und registriert.

In weiterer Parallele von sozialpsychologischen zu sozialwissenschaftlichen Normvorstellungen erscheinen 2.)die Metaphern allgemeiner Zwänge geschichtlich zeitlicher, staatlich politischer, wirtschaftlich kultureller Ordnungsmächte und Ideologien. Sie wirken alle als institutionalisierte Zwänge[87] und werden allein negativ erlebt als 'Verhältnisse, Situationen, Zustände, Handlungen, Theorien, Systeme, Modelle, Mechanismen, Rituale, Forderungen, Anpassungen, Konventionen, Ansprüche, Druck, Ausbeutung, Identifikationen'[88].

In Zusammenhang mit derartigen sozialwissenschaftlich grundlegend und allgemein[89]bestehenden, jedoch fiktional sozialpsychologisch wirkend verstandenen Rollenzwängen findet sich 3.)ein Erwartungsbewusstsein individuell sozialer Zwänge[90]ausgedrückt. In der Mischung empirischer und fiktionaler Normen treten hervor:'Lebensformen, Rituale, Gewohnheiten, Herkunft, Armut, Familienstand, Eltern, Kindheit, Jugend, Generation, Angehörige, Geschwister, Gruppe, Ehe, Beruf, Erfolg, Aussehen, Affären, Verantwortungs-und Pflichtbewusstsein, Umgangsformen, Umgebung, Orte, Zeitabschnitte, Zeichenwelt, Kommunikationsbeschränktheit'.

Entsprechend dieser Mischung von Metaphern normativ legitimer Ver-

haltensverpflichtungen und fiktionaler Erwartungsrezeption fehlen 4.)
bei den Rollenzwängen nicht die künstlerisch ästhetischen Elemente[91].
Statt jedoch wie beim Rolle-spielen der Aktualisierung der fiktiven
Verhaltensabweichung zu dienen, erscheinen sie jetzt umgekehrt als
zwanghafte Attribute sprachlich kommunikativen Selbstausdrucks oder
"als Apposition zu Todeskrankheiten"[92]. Autoren, Schriftsteller, Er-
zählpersonen und Figuren zeigen sich betroffen von 'Wirklichkeitsde-
formation, Literaturkonsensus -Herrschaft-Zwang, Beschäftigungs -
zwang, Kunst des Erzählens, Beschreibens, Beobachtens, Schilderns,
Notierens, Redens'. Des weiteren fühlen sich die künstlerische Medien
benutzenden Personen beeinflusst von einem 'Erfindungs-Sprach-Wör-
ter-Stil-Definitions-Formulierungs-Nachahmungs-Wiederholungs-Deu-
tungs-Rückblicks-Notwendigkeits-Kausalitäts-und Verwertungszwang'.
Auch gelangen dabei Zwänge der 'Erinnerung, theatralischen Illusion,
Allwissenheit, Distanz, Autobiographie und des Bildes' zur Wirkung.

Die Vollständigkeit und geringen individuell sprachlichen Variations-
abweichungen der im Text als ästhetisch künstlerische Rollenzwänge
verstandenen Metaphern entdeckt 5.)die literarische, theatralisch-il-
lusionistische Fiktion als dominierendes Medium einer sozialpsychologisch verstandenen und sprachlich ausgedrückten individuellen Be-
wusstseinsinstabilität[93]. Dementsprechend zeigt sich das fiktionale Ich
als Erkenntnisrezipient von Rollenzwängen, deren fiktive Kategorien
es nicht kontrolliert und differenziert, sondern erleidet[94].

Dieser Konflikt[95] zwischen Annahme und individueller Differenzierung
von zugewiesenen Rollennormen äussert sich 6.)verhaltensmässig in
Identitätszweifeln, in Selbstentfremdung und Selbstverleugnung[96]. Äussere Verunsicherungen des Rollenverhaltens werden zudem verstärkt
durch innere sozialwissenschaftlich nicht legitimiert erscheinende
Zwänge wie 'Todesangst-krankheit-gedanken, Ängste, Schuldgefühle,
Verzweiflung, Einsamkeit und Isoliertheit'[97]. Ob die soziale Realität
das innere Leiden rechtfertigt, das fiktionale Ich interpretiert Sozial-
erfahrungen[98] als zwanghafte 'Empfindungsgestörtheit, Gemütsverfinsterung, Melancholie, Hysterie, Schock, Gefühlverdrängung, Triebstörungen, Aggressionslust, Beziehungs-und Orientierungslosigkeit'. So
spekulativ im einzelnen diese als belastend interpretierten inneren
und äusseren Rollenzwänge erscheinen mögen, wiederholen sich doch
trotz vorgeführter sprachlicher Komplexität die impliziten sozialpsychologischen Problembezüge bei verschiedensten Autoren und in verschiedensten Werken. Es ist dieser Wiederholungsfaktor innerhalb von
Sprachbedeutungen, der die vorgenommene Kategorisierung, d.h. be -
griffliche Reduktion dargestellter Rollenzwänge erlaubt. Diese weisen
in der Wiederholung jedoch ebenso über unterschiedliche, explizite
oder weniger explizite Erzählmotivierungen von sozial täuschend ver-
änderndem Rolle-spielen hinaus.
Die sprachlich mitgeteilten Rollenzwänge wollen sich nicht als sozial-

wissenschaftliche Kategorien festlegen, begrenzen. Vielmehr verdeutlicht die einseitig erzählerische Behauptung von Rollenzwängen und
das Fehlen ihrer kausalbegründeten Entwicklung eine sozialpsychologisch verstandene Krise des Ich-und Weltverhältnisses [99]. Erst auf der
Grundlage allgemein menschlich sozialer und doch spezifisch individuell und literarisch fiktiver Bewusstseinserwartung erhält ein daraus
resultierendes Rolle-spielen seine typologischen Funktionen[100] eingeräumt.

Die in der Fiktion als Zwänge erscheinenden sozialwissenschaftlich
durchaus legitimen Rollennormen werden für die Gespaltenheit von
Lebenswirklichkeiten und Icherfahrung verantwortlich gemacht. Die
einmal einen Konsensus behauptenden Rollenpflichten und-rechte produzieren nun beim fiktionalen Individuum täuschende Verhaltensweisen[101]. Diese reagieren auf den durch literarische Schreibvorgänge sowie durch Sozialzuweisungen behaupteterweise erlittenen Verlust individueller Wirklichkeits-Personen-und Rollenerwartungen. Die auf einem freiheitlichen, Gratifikation suchenden Rollenkonsensus basieren-
de Identität der Innen-und Aussenwelterfahrung des Ich wird in der
technologischen Gesellschaft als verlorengegangen vorgestellt. Die
dann erfolgende, aus sozialwissenschaftlicher Sicht unsoziale und un-
kooperative Rollenabweichung des fiktionalen Ichbewusstseins wird in
der Fiktion jedoch nur als individuelle Interaktion sozialer und ästhetischer Zustandsveränderungen erprobt[102].

Sie behauptet 1.) alternative Absichten individuell aktualisieren zu können und verlorene Synthesen im Archetypus des Geistes und Körpers
neu zu gewinnen. Dazu erstrebt sie 2.) die Überwindung von normativen
Situationen, der Trennung des Menschen von der Geschichte, der Natur
von der Kunst, des Poetischen vom Politischen, des glücklichen vom
denkenden Menschen. 3.) Eine Befreiung und Ablenkung von den als negativ begriffenen, in sozialwissenschaftlicher Sicht durch Strafe und Belohnung organisierten Rollenzwängen, Manipulierungen und Ängsten.
Als sozialpsychologische Interaktion in einer institutionalisierten Mas-
sengesellschaft wird 4.) die Flucht des Ich, die Suche nach Selbstverwirklichung, nach dem Erleben des Guten, Wahren, Schönen und echter
Gefühle, Trost und Mitleid erprobt. Sie verfolgt eine Distanzierung von
den kontrollierenden Depressionen, Todesängsten, Enttäuschungen, Alleinsein, falscher Innigkeit, von verlorener, stillstehender oder fortschreitender Zeit und Konsensusannahme[103]. Gegenüber diesen alterna-
tiven Absichten eines zuständlich täuschenden Rolle-spielen ist 5.) die
biographische Veränderung, Verwandlung, Entäusserung des Ich in einen neuen Menschen[104] das höchstmögliche Ziel. Es löst jedoch noch
nicht die realen Anforderungen und möglichen Sanktionen der als Zwänge betrachteten gesellschaftlichen Rollen-Identitätsintegration oder das
Problem des neu erreichten Gesellschaftsbezuges[105].
In dem Masse, wie eine Beurteilung der beschriebenen Absichten des

fiktional durch Rollenzwänge verursachten Rolle-spielen durch die
verschiedenen Ich-und Er-Erzähler, Autor-und Personenrollen innerhalb der Fiktion ausgedrückt wird, stösst die Verwirklichung synthetisierenden oder verwandelnden Rolle-spielen nicht nur auf allgemein
systembedingte, sondern auch seine ästhetisch immanenten Grenzen.

So gehört es zur relativ freien Möglichkeitsstruktur des Erzählens,
dass dem Leser Erzählhaltungen des Perspektivenaustausches, der
-vermischung und -unterscheidung bewusst gemacht werden. Es lassen sich erlebende, erinnernde, erfahrende, betroffene, berichtende,
subjektiv reflektierende Ich-Erzähler abheben von beschreibenden, analysierenden, prüfenden, distanzierenden, ordnenden, überblickenden, dokumentierenden Er-Erzählern, Autoren und Rollenträgern. Die Art und
Weise ihres Bezuges zueinander und der ihnen jeweils im Erzählvorgang eingeräumten Perspektiven bestimmt die der Fiktion des Rolle-
spielen zugesprochene Wirksamkeit. Dabei zeigt sich in nahezu allen
skizzierten Texten, dass die Aktualisierung des Rolle-spielen als Reaktion auf die eine Ich-Weltkrise scheinbar verursachenden Rollenzwänge nicht zu deren Überwindung oder Harmonisierung führt[106].

Die Perspektivvermischungen und -unterscheidungen der Erzählhaltungen bringen ein Scheitern der Absichten des Rolle-spielen zur Aufklärung. Über die erreichte Entlarvung der als Entindividualisierung
ausgegebenen Rollenzwänge hinaus bleibt die täuschende Zustandsver-
änderung innerhalb einer handelnden, personenbezogenen Fiktion wirkungslos. Der fiktionalen Verwirklichung von individuell spielender,
geistig seelischer Rollenveränderung des Ich-Bewusstseins fehlt der
sozialwissenschaftliche Mechanismus von Verhaltensbelohnung und
Sanktionen, wodurch umgekehrt für eine interaktionistische Rollentheo-
rie gerade Selbsterfahrung möglich wird[107]. Es fehlt die Darstellung
der Folgewirkungen und Ersatzstrukturen der Rollenabweichung und
deren gesellschaftliche Annahme[108]. Damit wird der Vorgang des Rolle-
spielen selbst als Aktualisierung von spielenden, künstlerisch literarisch täuschenden Wortmetaphern desillusioniert. Der täuschenden Fiktivität des in Szene setzens von abweichenden Verhaltensweisen wird
von den ideologischen, Wahrheit behaupteten Erzählperspektiven her
keine die Erzählabsichten tragende soziale Handlungs-und Wirklich-
keitsglaubwürdigkeit verliehen[109]. Die Rollenpersonen, die unanalytisch
ihre Unabhängigkeit gegenüber den Normationskontrollen errichten
wollen, gelangen nicht über Wortproklamierungen des sich Aufspielens,
Posierens, Verstellens hinaus. Sie erreichen keine mitmenschliche Auseinandersetzung. Sie bleiben als Rollenfiguren austauschbar[110], erfahren weder Belohnung noch Sanktionen.

Die Kombinationen der perspektivierenden Erzählhaltungen stellen in
jedem Falle sicher, dass die Fiktion und die objektive Betrachtung der
jeweiligen Situation von einander zu unterscheiden sind, so wie die So-

zialwissenschaft zwischen erwarteten und beobachteten Rollen unterscheidet[111]. Auch von den Realzwängen her wird die Verhaltensillusion
desillusioniert. Sie schlägt in dokumentierte Realität um, wird als literarischer Erzählzwang erkannt, erscheint als Innen-oder Aussenwelt
vertauschbar, bewegt sich zwischen Utopie und Melancholie, theatralischen Kunststücken und Todeskrankheiten oder existiert nur als Nebeneinander von Wahrheit und Lüge. Nur in wenigen Augenblicken glücklicher Lebensanteilnahme gewährt die Erzählhaltung hoffnungsvolle Aus-
blicke. Die moderne Gesellschaftserwartung, über die verlorene, als po-
sitiv verstandene Identität[112] mit Rollennormen hinwegzusehen, besitzt
im Jung'schen Verständnis ein rettendes Ich, eine Eigentlichkeit der
Ich-Substanz hinter einem individuell differenzierenden Rolle-spielen.
Der psychoanalytisch begreifbare, positive Anspruch[113] auf entlastende
Synthetisierung entfremdeter Welterfahrung, auf existentiellen Schutz
und die Selbstbefreiung des Ich imKonflikt der Erwartungen und Forderungen wird aber literarisch nicht erfüllt[114]. Auch psychoanalytisch
käme der sozialpsychologisch drohende Wiederholungszwang keiner Erkenntnis, sondern einer Verdrängung nahe[115]. Damit verfügt das täuschende Rolle-spielen in den skizzierten Werken über keine Möglichkeiten,
eine unabhängige, mit sich selbst identische Ich-Verwirklichung ausserhalb vorgegebener Rollenzwänge durchzusetzen.

Dieses Ergebnis scheint aufs schönste durch Behauptungen einer sozialwissenschaftlichen Schule erhärtbar, derzufolge es keine rollenfreie,
den Zwängen belohnter Anpassung und bestrafter Abweichung entkom-
mende menschliche Existenz gibt[116] oder zu geben braucht[117]. Gegenüber
derartiger wissenschaftlicher und literarischer, negativer oder positi-
ver Determiniertheit des Rolle-spielen findet sich die in eine Konsen-
susrolle gedrängt sehende Leserrezeption[118] auch ohne psychoanalytische
Hilfestellung oder Rolle-und Identitätsdialektik[119] auf eine die Struktur-
elemente tragende Darstellungsambivalenz von Aufklärung und Fiktion
hingewiesen[120]. Diese äussert sich in der implizit demonstrierten Vermischung und Unterscheidung erzählerischer und personal als Figur
handelnder Rollen und Rollenspiele[121]. Seit der bewussten Vermittlung
imitierend illusionierender, sprachlicher Perspektivenvielfalt der fiktionalen Realitätsdarstellung des 18. Jahrhunderts war die ehemals
auktoriale Position des Erzählers an der Handlung als Held leidend beteiligt. Der perspektivische Einbezug des fiktional Schreibenden in den
fiktiven Erzählvorgang unterstreicht dabei sowohl das Verdecken der
Identität durch fiktive Rollen als[122] auch eine distanzierende, mit sich
identische Fiktionsüberlegenheit des literarisch nicht reproduzieren-
den[123], sondern gespielten und bewusst spielenden Individuums. Gegenüber dem dargestellten Scheitern des funktional synthetisierenden Rolle-spielen erscheint die sozial ästhetische Ambivalenz dichterischer
Fiktion als Aufklärung und Selbstreflektion[124] menschlicher Freiheit[125].
Sie gibt zu erkennen, dass der dem Rolle-spielen strukturell erscheinende, und scheinbar die Literatur bestimmende Indentitätskonflikt und

darauf folgende Syntheseanspruch nicht allein durch reale Strukturelemente sozialer, psychischer und ästhetischer Rollenzwänge hervorge-
rufen wird. Sie stellen ebenso eine Frage und ein Produkt einer erfindenden, spielenden Erzählhaltung und literarischen Utopie dar[126], die
wissenschaftliche Sozialbegriffe sprachlich historisch und individuell
real erweitert. Solange mit den fiktional sprachlich vorgestellten Rollenzwängen und auf sich selbst bezogenen sprachlichen Rollenspielen
Konfliktharmonisierungen und negative Determinierungen abgelehnt
werden, zeigt sich eine fiktive und aufklärende Darstellungsambivalenz
um die auch sozialpsychologisch eingeräumte Möglichkeit eines freiheitlichen, in Widersprüchen lebenden Menschen[127] bemüht.

Eine derart zutagetretende ambivalente "Verdoppelung"[128] der Ich-und
Er-Erzählhaltungen verdeutlicht im Unterschied zu final kausalpsycho-
logisch strukturierten Literaturtraditionen Veränderungen des Gesell-
schaftsbewusstseins. Sie gibt dabei die der Gesellschaft und dem Individuum drohende Gefahr des Verlustes oder der Ideologisierung ihrer
moralisch geistigen Freiheit zu erkennen[129], wodurch die Literatur auch
ohne gesellschaftsverändernde Wirkungen Wirklichkeiten durchdringt.
Dass eine kognitiv wirkende, Bewusstsein beanspruchende Literatur
auch bei vorherrschenden Innenweltbetrachtungen die Spannung[130] und
Dialektik von Imagination und Wirklichkeit, Schrecken und Glückser-
fahrung, Identifikation und Distanz zum Ausdruck bringen muss, wird
von wenigen geleugnet[131]. Die ab Mitte der siebziger Jahre unter politischen Vorzeichen begriffene 'Tendenzwende' in der Literatur[132], "das
neue Konzept von einer Literatur, die unbefangen private und öffentliche Angelegenheiten zu Wort bringt"[133], die neue Innerlichkeit wird immer menschlich psychischen Konflikten verpflichtet bleiben[134]. Wenn daher die neue Innerlichkeit wieder einmal die Rettung des Subjektes von
allumfassender politisch sozialer Rollendeterminiertheit wünscht, repräsentieren die Distanzierung von Realisten, Formalisten oder selbst
Propagandisten und die "Zurückverwandlung der Literatur in einzelgän-
gerische Monologe"[135] keine Alternative zu einer behaupteten "Rolle des
Schriftstellers"[136]. Seit den Tagen von Enzensbergers metaphorischer
Erklärung der 'Harmlosigkeit' der doch bürgerlich intakten Nicht-Lite-
ratur oder Walsers klassisch gewordener Klage über die angepassten
elitären "Freizeitgestalter in spätkapitalistischen Gesellschaften"[137]
hat eine aufklärende Funktion der Literatur im Wechsel ideologischer
Trends nicht an Berechtigung verloren.
Als eine Phase in dieser Entwicklung scheint der verbreitete literarische Gebrauch von Strukturelementen wie Rolle-spielen und Rollen -
zwänge bis zur Mitte der siebziger Jahre darzulegen, dass gesellschaftliche und individuelle Bewusstseinsdifferenzierungen nie zu einem wi -
derspruchsfreien Rollenabschluss kommen[138]. Die Freiheit des Subjektes aber kann in der ästhetisch ambivalenten Vermittlung[139] von Fiktion
und Aufklärung dargestellt werden. Der Kunst diese Freiheit als gesellschaftlich wirkungslos vorzuhalten, setzt die in der Utopie oder im Rea-

lismus enthaltenen Wirkungsmöglichkeiten mit Forderungen ideologischer Finalitäten gleich. Demgegenüber sind nach dem Verebben der jüngsten gesellschaftlich engagierten Literatur[140]Rollenzwänge und das Rolle-spielen nicht wie Versatzstücke aus dem subjektiv sublimierteren Erzählprozess verschwunden.

In Walsers 1978 erschienenem 'Ein fliehendes Pferd' flieht Helmut wiederholt vor typisierenden, unterwerfenden Dressuren seiner lust-steigernden Mitmenschen, bemüht, das Ich zu verheimlichen. "Inkognito war seine Lieblingsvorstellung"[141] und "im Urlaub probierte er Gesichter und Benehmensweisen aus, die ihm geeignet zu sein schienen, seine wirkliche Person in Sicherheit zu bringen vor den Augen der Welt"[142]. Die scheinbar allersubjektivsten Empfindungen und menschlichen Situationen bleiben nicht unbetroffen von gesellschaftlichen Zwängen schwindelnder, scheinproduzierender, täuschender Verhaltensweisen und erzählerisch distanzierender Fiktionalitätsregie. -
Auch Peter Härtlings 1978 veröffentlichter Roman 'Hubert oder die Rückkehr nach Casablanca' zeigt den Helden, Hubert Windisch, auf der Flucht vor väterlichen Erziehungszwängen und politisch geschichtlichen Ideologien. Nach desillusionierenden Erfahrungen des Gespieltwerdens als Nicht-Held der Anpassung in Kriegs-und Nachkriegszeit sucht er beständig den Zwängen der Existenz Widerstand zu leisten. Er erzählt seine Vergangenheit in Geschichten neu, stellt erfindend, wie im Kino, das gestörte Ich wieder her, imitiert im Leben Bogies Rolle, spielt den Helden und Filmeinzelgänger von Casablanca. "Du spielst dir dauernd etwas vor"[143], bemerkt die den Ehemann durchschauende Dorothee. Alleingelassen, ist es dann dem ewig Übertreibenden selbst gegenüber Fremden nicht mehr möglich, von dem Jungen zu erzählen, "dem alle Spiele verdorben wurden"[144].

Derartige Rollenzwänge und das Rolle-spielen verlieren jedoch als Erzählmotive in der neuen Innerlichkeit in dem Masse an struktureller Funktion als der ästhetische Prozess der Erkenntnisvermittlung wiederum verwandelte Ausdrucksweisen von Gesellschafts-und Icherfahrung reflektiert. Nicht von ungefähr notiert Handke im Oktober 1976 im 'Gewicht der Welt':"Seit einem Jahr:'Ich brauche keine Rolle mehr zu spielen'"[145]. Die Freiheit des entfremdeten Subjekts ist mithin nicht allein eine Frage literarischer Bewusstseinsveränderung oder Täu - schung der Gesellschaft, sondern ebenso einer aufgeklärten, das Über- spielen verfremdenden Selbstdarstellung[146]. Deren eigentliches, nicht vorschnelles Spiel bedarf keines zwanghaften Rollenbewusstseins oder täuschender Verhaltensweisen. Die Struktur von Fiktion und Aufklärung sieht sich in der neuen oder mythischen Innerlichkeit auf das sprachlich und spielend verbundene Darstellungserlebnis des Ich verwiesen. Nicht ohne Neid erkennt der ichbezogene Erzähler, dass grosse'Schauspieler heutzutage, in ihrer intensiven Selbstlosigkeit für andere die eigentlichen Schriftsteller seien: ihre Schrift ist selbstverständlich"[147].

Anmerkungen

1. Max Frisch, Tagebuch 1946-49, München, Zürich, Droemer-Knaur, 1965, tb. 100, S. 92

2. Manfred Durzak, Der deutsche Roman der Gegenwart, Stuttgart, Berlin, Kohlhammer, 1973², S. 18

3. Vgl. Tildy Hanhart, Max Frisch:Zufall, Rolle und literarische Form, Kronberg/Ts., Scriptor, 1976, S. 18

4. in:Renate Matthaei, Grenzverschiebungen, Berlin, Kiepenheuer und Witsch, 197o, S. 18

5. vgl. Reinhard Baumgart, Sechs Thesen über Literatur und Politik, in: Tintenfisch 3, Berlin, Wagenbach, 1971, S. 30

6. Emil Staiger, in:Max Frisch, Tagebuch 1966-71, Frankfurt/Main, Suhrkamp, 1972, S. 62f.

7. Theodor W. Adorno, Noten zur LiteraturI, Frankfurt/Main, Bibliothek Suhrkamp47, 1968, S. 56;vgl. R. Baumgart, a.a.O., S. 35, 38

8. Bernhard Rang, in:Otto Mann, Das deutsche Drama des 20. Jahrhunderts. Strukturen und Gestalten, München, Nymphenburger Vlg., 1967, S. 98

9. Theodor W. Adorno, a.a.O., S. 69

10. vgl. Dieter Wellershoff, Literatur und Lustprinzip. Essays, München Dtv, 1975

11. vgl. T. Hanhart, a.a.O., S. 9

12. vgl. R. Baumgart, a.a.O., S. 32

13. vgl. ebd., S. 38

14. Emil Staiger, in:Max Frisch, a.a.O., S. 63

15. in:R. Matthaei, a.a.O., S. 41;vgl. Gisela Ullrich, Identität und Rolle : Probleme des Erzählens bei Johnson, Walser, Frisch und Fichte, Stuttgart, Klett, 1977, S. 99, 113

16. Jürgen Hein, Spiel und Satire in der Komödie Johann Nestroys, Bad Homburg, Berlin, Zürich, Gehlen, 1970, S. 148f.

17. Helmut Arntzen, Literatur im Zeitalter der Information. Aufsätze,

Essays, Glossen, Frankfurt/Main, Athenäum, 1971, S. 20

18. J. Hein, a. a. O. , S. 17

19. Hinrich Seeba, Kritik des ästhetischen Menschen. Hermeneutik und
    Moral in Hofmannsthals 'Der Tor und der Tod', Bad Homburg, Ber-
    lin, Zürich, Gehlen, 1970, S. 139f.

20. H. Arntzen, a. a. O. , S. 156

21. Elisabeth Brock-Sulzer, Hrsgb. , Friedrich Dürrenmatt, Theater-
    Schriften und Reden, Zürich, Arche, 1966, S. 244f.

22. Vgl. T. Hanhart, a. a. O. S. 4o

23. Heinz Otto Burger, Dasein heisst Rolle spielen. Studien zur deut-
    schen Literaturgeschichte, München, Hanser, 1963, vgl. S. 88

24. Ebd. , S. 89

25. Johann Wolfgang v. Goethe, Die Leiden des jungen Werthers, Werke,
    Hamburger Ausgabe, Hrsgb. Erich Trunz, Bd. 6, München, Beck, 1963,
    S. 65

26. Erich v. Kahler, Untergang und Übergang. Essays, München, DTV,
    638, 197o, S. 55

27. Theodor W. Adorno, a. a. O. , S. 67

28. Erich v. Kahler, a. a. O. , S. 54

29. Fritz J. Raddatz, Wir werden weiterdichten, wenn alles in Scherben
    fällt. Der Beginn der deutschen Nachkriegsliteratur, in:Die Zeit, Nr.
    42, 19. 1o. 1979, S. 9-12;S. 11

3o. Fritz J. Raddatz, a. a. O. , S. 12

31. Ebd.

32. Ebd. ;vgl. Thomas Beckermann, in:Doitsu Bungaku, 1976, H. 57, S. 93ff.

33. Hans Magnus Enzensberger, Kursbuch 15, Frankfurt/Main, Suhrkamp,
    1968, S. 195 ;

34. Hans Mayer, in:Heinz Ludwig Arnold, Brauchen wir noch die Litera-
    tur. Zur literarischen Situation in der Bundesrepublik. Düsseldorf,
    Bertelsmann, 1972, S. 13o f.

35. Walter Seifert, in:Manfred Durzak, Die deutsche Literatur der Gegenwart, Stuttgart, Reclam, 1971, S. 2o2

36. Fritz J. Raddatz, a. a. O. , S. 12

37. Heinrich Vormweg, Die Wörter und die Welt. Über neue Literatur, Berlin-Neuwied, Luchterhand, 1968, S. 36

38. Ebd. , S. 37

39. Marcel Reich-Ranicki, Lauter Verrisse, Frankfurt-Wien, Ullstein, 1973, S. loo

4o. Ebd. , S. 96

41. Manfred Jürgensen, Über Günter Grass, Untersuchungen zur sprachbildlichen Rollenfunktion, Bern-München, Francke, 1974, S. 177

42. Ebd. , S. 180

43. Ebd. , S. 122

44. Vgl. Max Frisch, Ausgewählte Prosa, Frankfurt/Main, Suhrkamp, 1965, S. lo

45. Max Frisch, Mein Name sei Gantenbein, Frankfurt/Main, Fischer, 1964, S. 72

46. Ebd. , S. 496

47. Wolf R. Marchand, Max Frisch'Mein Name sei Gantenbein', in: Th. Beckermann, Hrsgb. , Über Max Frisch, Frankfurt/Main, Edition Suhrkamp 4o4, 1976, S. 234

48. Hermann Köhler, Max Frischs Gantenbein Roman, in: Th. Beckermann, Über Max Frisch, a. a. O. , S. 2o4

49. Jürgen Becker, Felder, Frankfurt/Main, Suhrkamp, 1967, S.

5o. Ebd. , S. 146

51. Ebd. , S. 131

52. Ebd. , S. 199

53. Ebd. , S. 137

54. Ebd., S. 118

55. Ebd., S. 146

56. Peter Handke, Die Literatur ist romantisch, in:Prosa, Gedichte, Theaterstücke, Hörspiele, Aufsätze, Frankfurt/Main, Suhrkamp, 1969, S. 272

57. Peter Handke, Die Unvernünftigen sterben aus, Frankfurt/Main, Suhrkamp, 1973, S. 4o

58. Ebd., S. 92

59. Ebd., S. 9o

6o. Ebd., S. 37

61. Ebd., S. 8

62. Ebd., S. 8

63. Vgl. Heinrich Popitz, Der Begriff der sozialen Rolle als Element der soziologischen Theorie, in: Recht und Staat in Geschichte und Gegenwart, Tübingen, Mohr, 1968[2], S. 39, 3, 26;vgl. Michael Banton, Roles. An Introduction to the Study of Social Relations, London, Tavistock, 1965, S. 3

64. Gisela Ullrich, a.a.O., S. 1o5

65. Ebd.

66. Vgl. H. Popitz, a.a.O., S. 11; vgl. S. N. Eisenstadt, D. Weintraub, N. Toren, Analysis of Processes of Role Change, Jerusalem, Israel University Press, 1967, S. 1

67. Vgl. M. Banton, a.a.O., S. 25

68. Vgl. H. Popitz, a.a.O., S. 16, 22, 4o

69. Vgl. S. N. Eisenstadt et al., a.a.O., S. 1;vgl. M. Banton, a.a.O., S. 21

7o. Vgl. S. N. Eisenstadt et al., a.a.O., S. 31

71. Vgl. H. Popitz, a.a.O., S. 11;vgl. M. Banton, a.a.O., S. 2

72. Vgl. H. Popitz, a.a.O., S. 8

73. Vgl. S. N. Eisenstadt et al., a.a.O., S. 31

74. Vgl. H. Popitz, a. a. O. , S. 31

75. Vgl. M. Banton, a. a. O. , S. 138, 21

76. Vgl. Herbert Gamper, Einerseits Wissenschaft, Kunststücke anderer seits, in: Text und Kritik, H. 43, München, 1974, S. 1of.

77. Vgl. Gisela Ullrich, a. a. O. , S. 98 f.

78. Vgl. ebd.

79. Vgl. M. Banton, a. a. O. , S. 3o, 66

8o. Vgl. S. N. Eisenstadt et al., a. a. O. , S. 35;vgl. M. Banton, a. a. O. , S. 25 f. ;vgl. H. Popitz, a. a. O. , S. 23

81. Vgl. M. Banton, a. a. O. , S. 3o

82. Vgl. H. Popitz, a. a. O. , S. 35

83. Vgl. Gisela Ullrich, a. a. O. , S. 1o7 f.

84. Vgl. S. N. Eisenstadt et al. , a. a. O. , S. 31;vgl. H. Popitz, a. a. O. , S. 17, 21, 4o

85. Vgl. H. Popitz, a. a. O. , S. 3o

86. Vgl. Gisela Ullrich, a. a. O. , S. 1o6;vgl. H. Popitz, a. a. O. , S. 27

87. Vgl. S. N. Eisenstadt et al., a. a. O. , S. 35

88. Vgl. H. Popitz, a. a. O. , S. 36, 28

89. Vgl. M. Banton, a. a. O. , S. 39

9o. Vgl. S. N. Eisenstadt et al. , a. a. O. , S. 2

91. Vgl. H. Gamper, a. a. O. , S. 16

92. Ebd. , S. 12

93. Vgl. Ebd. , S. 1o, 12

94. Vgl. H. Popitz, a. a. O. , S. 17

95. Vgl. S. N. Eisenstadt et al. , a. a. O. , S. 4

96. Vgl. Gisela Ullrich, a. a. O. , S. 1o6

97. Vgl. H. Gamper, a. a. O. , S. 16

98. Vgl. M. Banton, a. a. O. , S. 135

99. Vgl. Gisela Ullrich, a. a. O. , S. lo6. 3. ;vgl. S. N. Eisenstadt et al. ,
a. a. O. , S. 31

loo. Vgl. H. Popitz, a. a. O. , S. 39

lol . Vgl. ebd. , S. 4o;vgl. S. N. Eisenstadt et al. , a. a. O. , S. 5

lo2. Vgl. Gisela Ullrich, a. a. O. , S. lo9

lo3. Vgl. S. N. Eisenstadt et al. , a. a. O. , S. 31

lo4. Vgl. H. Popitz, a. a. O. , S. 38

lo5. Vgl. H. Gamper, a. a. O. , S. 12

lo6. Vgl. Gisela Ullrich, a. a. O. , S. lol

lo7. Vgl. Ebd. , S. loo

lo8. Vgl. M. Banton, a. a. O. , S. 93

lo9. Vgl. H. Gamper, a. a. O. , S. 12

llo . Vgl. ebd. , S. lo

111 . Vgl. S. N. Eisenstadt et al. , a. a. O. , S. 2

112 . Vgl. Jürgen H. Petersen, Max Frisch, Stuttgart, Metzler , 1978,
S. lo5; vgl. Gunda Lusser-Mertelsmann, Max Frisch. Die Identi-
tätsproblematik in seinem Werk aus psychoanalytischer Sicht,
Stuttgart, Akademischer Vlg. , 1976, S. 8o

113. Vgl. G. Lusser-Mertelsmann, a. a. O. , S. 81

114. Vgl. J. H. Petersen, a. a. O. , S. 148

115. Vgl. G. Lusser-Mertelsmann, a. a. O. , S. 2o3, 27o

116. Vgl. T. Hanhart, a. a. O. , S. 8 f. ;vgl. H. Popitz, S. 41;vgl. Ralf Dah-
rendorf, Essays in the Theory of Society, London, 1968, S. 90

117. Vgl. G. Ullrich, a. a. O. , S. 97

118. Vgl. Uwe Schweikert, Im Grunde ist alles, was gesagt wird, zitiert,

in: Text und Kritik, Heft 43, München, 1974, S. 1, 6

119. Vgl. G. Lusser-Mertelsmann, a. a. O. , S. 8o

12o. Vgl. G. Ullrich, a. a. O. , S. 117

121. Vgl. U. Schweikert, a. a. O. , S. 2 f.

122. Vgl. G. Ullrich, a. a. O. , S. 83 f.

123. Vgl. T. Hanhart, a. a. O. , S. 11

124. Vgl. T. Hanhart, a. a. O. , S. 1o

125. Vgl. H. Popitz, a. a. O. , S. 21

126. Vgl. J. H. Petersen, a. a. O. , S. 1o7; vgl. G. Ullrich, a. a. O. , S. 85

127. Vgl. T. Hanhart, a. a. O. , S. 17

128. G. Ullrich, a. a. O. , S. 85

129. Vgl. G. Ullrich, a. a. O. , S. 9o; vgl. T. Hanhart, a. a. O. , S. 9

13o. Vgl. U. Schweikert, a. a. O. , S. 4

131. Vgl. G. Ullrich, a. a. O. , S. 12o

132. Vgl. Gerhard Zwerenz, Der moderne Roman und die Industriege-
sellschaft, in: Tintenfisch 7, Jahrbuch für Literatur, Berlin, Wagenbach, 1974, S. 55 ; vgl. Th. Beckermann, in: Doitsu Bungaku, H. 57,
1976, S. 1o1, 1o3

133. Eberhard Lämmert, in: Die Zeit, 2. 9. 1976 , 'Die Erde hat sie wieder

134. Vgl. Th. Beckermann, in: Doitsu Bungaku, a. a. O. , S. 1o7

135. I. H. Meyer, in: Kulturbrief, Inter Nationes, 1975, D, S . 4-5, 'Nun dich-
ten sie wieder'

136. Ebd.

137. Martin Walser, Wie und wovon handelt Literatur, Aufsätze und Reden, Frankfurt/Main, Suhrkamp, 1973, S. 34, 31

138. Vgl. U. Schweikert, a. a. O. , S. 3

139. Vgl. U. Schweikert, a. a. O. , S. 8

14o. Vgl. Wolfgang Hildesheimer, The End of Fiction. Eine Rede,
in: Merkur, Heft 1, 3o. Jg. , Januar 1976, S. 62, 64

141. Martin Walser, Ein fliehendes Pferd. Novelle, Frankfurt/Main,
Suhrkamp, 1978, S. 12

142. Ebd. , S. 13

143. Peter Härtling, Hubert oder Die Rückkehr nach Casablanca,
Roman, Darmstadt-Neuwied, Luchterhand, 1978, S. 329

144. Ebd. , S. 387

115. Peter Handke, Das Gewicht der Welt. Ein Journal, Salzburg,
Residenz, 1977, S. 279

146. Ebd. , S. 136

147. Ebd. , S. 325

Indikationen

Alfred Andersch: Winterspelt

Metaphern allgemeiner und zuständlicher Verhaltensnormen -

ÖFFENTLICH GESELLSCHAFTLICH:Bürgerliches Gesellschaftsspiel,Gesellschaftsmodell, Wirklichkeitszerfall

GESCHICHTLICH ZEITLICH : Rituale,geschichtlich militärische Lage

STAATLICH POLITISCH :Politische Ideologien

WIRTSCHAFTLICH KULTURELL : Geologisch ökonomische
Ideologien

PSYCHISCH GEISTIG : Held gebrechlich,neurotisch,
nicht handelnd,deformation professionelle

INDIVIDUELL SOZIAL : Sozialanpassung,Selbstent-
fremdung

ÄSTHETISCH KÜNSTLERISCH : Sandkastenspiele der Erzählung,intellektueller Literaturkonsum

Metaphern täuschender und reaktiver Verhaltensabweichungen

GESELLSCHAFTLICH HANDELNDE: Kriegerische Führerrollen,
Berufsrollen

PERSÖNLICH HANDELNDE : Konspiratives Handeln

GEISTIG EMOTIONALE : Verräterisches Denkspiel,
sich verstecken,verbergen,wegspielen,tarnen,täuschen,Träume,
Dressur

WISSENSCHAFTLICHE :

KÜNSTLERISCHE : Theatralische Spiele

LITERARISCHE : Retuschieren,Möglichkeiten
spielen,Vorgänge einspielen

FIGÜRLICH SPRACHLICHE : Rolle spielen,Part-Rollen-
Übernahme,Durchspielen,Trick-Künstler,im Spiel sein,mitspielen,
ins Spiel bringen

UNTERHALTSAM SPIELENDE : Indianerspielerei,Sandkasten-
spiele,Puppenspiele

SUCHEN, GEWINNEN :   :

ÜBERWINDEN, VERDECKEN : Retuschieren abgelaufener Geschichte

BEFREIEN   :   :

FLIEHEN, ABLENKEN   : Unverbindlich-verbindliche Bewusst-
seinsfreiheit, Denkmöglichkeiten

VERÄNDERN, VERWANDELN:

Erzähler, Autor, Hauptrolle: Verhaltensunterscheidungen
VERMISCHEN   ·   : Einspielen von Fussnoten, Dokumen-
ten, Berichtetem als Fiktion, erzählerisches Möglichkeitsspiel
SYNCHRONISIEREN   :

AUSTAUSCHEN   : Von Er-und Wir-Berichterstatter
und Ich-Erzählung und überlegener Verfasser

UNTERSCHEIDEN   :

FIKTION UND AUFKLÄRUNG: Wirkung der Struktur-Elemente
Scheitern der Funktion von fiktiven Rollen-und Gedankenspielen. Umschlagen von Geschichte in erzählerisch fiktionale Rollenspiele und
dokumentierende Spieler. Diese sind Gespielte, unterliegen zufälligen,
vielfältigen Zwängen, die Erzählpositionen und Lösungen austauschbar werden lassen.

Metaphern allgemeiner und zuständlicher Verhaltensnormen -

ÖFFENTLICH GESELLSCHAFTLICH: Staatsanarchie, Präsidenten-
amt, Lebenstheater, Fassadenwelt

GESCHICHTLICH ZEITLICH : Geschichtliche Unordnungen,
kranker Weltzustand

STAATLICH POLITISCH : Politische Unordnung, Mas-
senwahnsinn, politische Kunst

WIRTSCHAFTLICH KULTURELL : Philosophische-wirtschaft-
liche Unordnung

PSYCHISCH GEISTIG : Todesangst, Identitätszwei-
fel, Schuldgefühl, Einsamkeit

INDIVIDUELL SOZIAL : Vernichtungswille, zwischenmenschliche Eiseskälte

ÄSTHETISCH KÜNSTLERISCH : Kopfdisziplin, weltverändern-
de Schauspielkunst, Dichtung, Politik

Metaphern täuschender und reaktiver Verhaltensabweichungen

GESELLSCHAFTLICH HANDELNDE: Gesellschaftsrollen, Spielverderber des Lebens

PERSÖNLICH HANDELNDE : Künstlerisches und politisches
Talent

GEISTIG EMOTIONALE : Repräsentieren, etwas vorgeben, spielen, Rollenpsychologie, geistige Lustspiele

WISSENSCHAFTLICHE : Wissenschaftlerrollen

KÜNSTLERISCHE : Schauspielerei, Haupt-und
Nebenrollen von Künstlern

LITERARISCHE : Vereinigung von Theorie und
Praxis und Widersprüchen

FIGÜRLICH SPRACHLICHE : Hauptrolle spielen, Rolle lernen, Rolle aufsagen, Theaterstück spielen

UNTERHALTSAM SPIELENDE : Körpertheater, Unterhaltungs-
spiele, Schachspiele, Glücksspiele, Vergnügungstheater, Opernbesuche
Masseurstunden

<u>Funktionen der Metaphern von Verhaltensnormwandel</u>
<u>SUCHEN, GEWINNEN :</u>   : Von Ordnung der Gegensätze des
Geistes und Körpers

<u>ÜBERWINDEN, VERDECKEN</u> : Von Schuldgefühlen, Widersprüchen,
<u>von Theorie und Praxis, Kunst und Politik, Leben und Geist</u>

<u>BEFREIEN   :   :</u>

<u>FLIEHEN, ABLENKEN   :</u> Vom Sterben, von Ängsten, von der
<u>Geschichte</u>

<u>VERÄNDERN, VERWANDELN:</u>

<u>Erzähler, Autor, Hauptrolle: Verhaltensunterscheidungen</u>
<u>VERMISCHEN   :</u> Von unwichtigen Hauptrollen und
<u>falsch besetzten Nebenrollen, von Diktatoren und Autodidakten</u>
<u>SYNCHRONISIEREN   :</u>

<u>AUSTAUSCHEN   :</u>

<u>UNTERSCHEIDEN   :</u> Des Gegensatzes von Bewusstheit
<u>und Unbewusstheit</u>

<u>FIKTION UND AUFKLÄRUNG: Wirkung der Struktur-Elemente</u>
Scheitern der Funktion von fiktiven Rollenspielen. Tod der Rollenspieler ist unaufhaltsamer Ausdruck sich verändernder, abschrecken-
der Spielkonstellationen im natürlichen Zerstörungsprozess. Die
Selbstverwirklichung des reinen Bewusstseins von Theorie und Praxis, der Einheit des Widerspruchs von Geist und Körper, Kunst und
Politik wird als vergeblich aufgeklärt.

Metaphern allgemeiner und zuständlicher Verhaltensnormen

ÖFFENTLICH GESELLSCHAFTLICH:Kleinbürgerlichkeit,Salzburg, Kriegsgeschehen, Kirche, Umwelt, Todesgesellschaft, Lügengesellsch.

GESCHICHTLICH ZEITLICH :Verfälschte Natur-und Menschheitsgeschichte, Geschichtsunrat, Menschenschändung

STAATLICH POLITISCH : Erziehungsheim, Politik , Zwangsaufenthalte, Züchtigungsrituale

WIRTSCHAFTLICH KULTURELL : Geschäftemachen, Architektur, Religion

PSYCHISCH GEISTIG : Selbstverständnisverlust, verletztes Gleichgewicht, Innenweltzwang, Schuldgefühl, Angst, Todeskrankheit, Voralpenklima

INDIVIDUELL SOZIAL : Zerfallsfaszination, Identitätskrise, Erziehungsunterordnung, Ehezwang, grosselterlicher Beobachtungszwang, Fürsorgerollen

ÄSTHETISCH KÜNSTLERISCH : Öffentliche, unbestechliche Lebensbeschreibung, Künste, Lern-und Studienzeit, Natur

Metaphern täuschender und reaktiver Verhaltensabweichungen

GESELLSCHAFTLICH HANDELNDE: Vorsatz Montaigne'scher prüfender Selbstbeschreibung, Bestandsaufnahme

PERSÖNLICH HANDELNDE :

GEISTIG EMOTIONALE : Wegtäuschen, zur Schau stellen, verstecken, etwas vormachen, phantasieren, Selbstmord-Denken, zerstreuen, meditieren

WISSENSCHAFTLICHE : Französisch-Englisch-Stunden

KÜNSTLERISCHE :Malen, zeichnen,Geige spielen, Musikübungen, Klarinettenunterricht

LITERARISCHE :Beobachtungskunst und der notierende, sich erklärende Narr

FIGÜRLICH SPRACHLICHE :

UNTERHALTSAM SPIELENDE :

<u>**Funktionen der Metaphern von Verhaltensnormwandel**</u>
<u>**SUCHEN, GEWINNEN :**</u>   : Abstand von Kindheitserfahrungen

<u>**ÜBERWINDEN, VERDECKEN** : Inneren Zustands, verlorener Natur,</u>
menschlicher Zerstörung und Ängste

<u>**BEFREIEN**   :</u>   : Durch äussere Verhaltensweisen

<u>**FLIEHEN, ABLENKEN**   :</u> Von Unglück, Geisteshaltungen, Er-
ziehungs-und Vernichtungskunst

<u>**VERÄNDERN, VERWANDELN:**</u>

<u>Erzähler, Autor, Hauptrolle: Verhaltensunterscheidungen</u>
<u>**VERMISCHEN**   :</u> Von Gegenwärtigem und Vergange-
nem Ich-Person und Erzähler
<u>**SYNCHRONISIEREN**   :</u>

<u>**AUSTAUSCHEN**</u>   :Von Rollenerfahrungen des Ich-Wir-
und Er-Erzählers

<u>**UNTERSCHEIDEN**</u>   : Von Empfinden und Denken

<u>**FIKTION UND AUFKLÄRUNG**: Wirkung der Struktur-Elemente</u>
Scheitern der Funktion von fiktiven Rollenspielen. Die furchtbaren
Erfahrungen sind untrennbar die gleichen, damals und heute, Die Verhaltensnormen sind nicht bewusst als gedachte Vergangenheit distan-
zierbar. Diese ursächliche Asymmetrie des Gleichen, was nicht gleich
sein soll, mündet in die Aufklärung einer zeitentsprechenden Todeskrankheit

Thomas Bernhard: Die Jagdgesellschaft

Metaphern allgemeiner und zuständlicher Verhaltensnormen
ÖFFENTLICH GESELLSCHAFTLICH: Gesellschaftszerfall, zwei
Welten, Umwelt, Störungen von aussen
GESCHICHTLICH ZEITLICH : Unsinnige Geschichte, Stalin -
grad
STAATLICH POLITISCH : Machtzerfall-Zwang, Forde-
rungen gemeiner Menschen
WIRTSCHAFTLICH KULTURELL : Vermögenszerfall

PSYCHISCH GEISTIG : Todesangst, Todeskrankheiten, Verfinsterung, Bewusstlosigkeit, Schuldgefühle, Angst

INDIVIDUELL SOZIAL : Erwartungen, Ursachen, Fragen Existenzalptraum

ÄSTHETISCH KÜNSTLERISCH : Allgemeine Schreibkunst, Beschreibungszwang, Beobachtungszwang, dramatischer Zwang, Komö
dien schreiben, Theaterkopf, Schauspielerei

Metaphern täuschender und reaktiver Verhaltensabweichungen
GESELLSCHAFTLICH HANDELNDE: Schriftstellerrolle, Kommenta-
tor, General-Hauptrolle
PERSÖNLICH HANDELNDE : Arbeit, Beschäftigungen, Rol-
lenkostüm
GEISTIG EMOTIONALE : Täuschender Verstandesgebrauch, etwas vormachen, wegwischen, vergessen, nur so tun, verheimlichen, verschweigen, philosophieren

WISSENSCHAFTLICHE : Naturwissenschaftliche Studien

KÜNSTLERISCHE : Theaterspiel, Komödienspiel,
theatralische Vorgänge, Weihnachtsspiel
LITERARISCHE : Geschichten erzählen, staats-
politische Lektüre, notieren und veröffentlichen von Absterbensmög-
lichkeiten
FIGÜRLICH SPRACHLICHE : Rolle einstudieren, Spiel spielen, Rolle spielen, auf der Bühne agieren, Theater als hohe Kunst

UNTERHALTSAM SPIELENDE : Jagd, Kartenspiel, existentiel-
ler Unterhaltungsmechanismus

153

SUCHEN, GEWINNEN :   :

ÜBERWINDEN, VERDECKEN : Von Zeit, Todeskrankheit

BEFREIEN   :   :

FLIEHEN, ABLENKEN   : Von Todeskrankheit, von endlicher
Existenz, von Herkunft, Ursprung, Abstammung

VERÄNDERN, VERWANDELN: Des Wirklichkeitsbewusstseins, des
Geisteszustands

 Erzähler, Autor, Hauptrolle: Verhaltensunterscheidungen
VERMISCHEN   :

SYNCHRONISIEREN   : Scheinbar bewusst überlegene Schriftstellerrolle, Realität distanzierend, beobachtend, nicht teilnehmend

AUSTAUSCHEN   :

UNTERSCHEIDEN   : Scheinbar auf Schreibanschauung re-
duzierte, unbewusst ablenkende, kranke, verletzte, aber realitätsnahe
General-Hauptrolle.

FIKTION UND AUFKLÄRUNG: Wirkung der Struktur-Elemente
Scheitern der Funktion von illusionistischen, literarisch-geistig-kör-
perlichen Rollenspielen. Der Tod verhindert Rollenspiele und die
überlegene oder ablenkende Realitätsdistanzierung. Zur natürlichen
Aufklärung gelangt die unausweichliche und zugleich literarisch exi-
stentiell körperliche Rollenbeteiligung des Todes durch den Selbstmord
des Generals und das Sterben des Waldes.

Thomas Bernhard: Die Macht der Gewohnheit

Metaphern allgemeiner und zuständlicher Verhaltensnormen -
ÖFFENTLICH GESELLSCHAFTLICH:Schreckensherrschaft des Lebens, Umstände, Zustände, gemeinschaftlicher Wahnsinn
GESCHICHTLICH ZEITLICH : Das Willkürliche, das Zufällige als Weltorgan, das Allgesetz
STAATLICH POLITISCH :

WIRTSCHAFTLICH KULTURELL :

PSYCHISCH GEISTIG : Dummheit, Angst, menschliche Vertierung, Organismus-Fingerschwäche, Krankheit, Wahnsinn, Gewohnheit

INDIVIDUELL SOZIAL : Todesfälle, Körper-und Kopfkontrolle, Disziplin, Kindheit

ÄSTHETISCH KÜNSTLERISCH : Komödie, Kunsterpressung, Kakophonie, abgehackte Sprache, klassische Musik, partielle Harmonien, Wechselwirkung der Künste, Spielzwang

Metaphern täuschender und reaktiver Verhaltensabweichungen
GESELLSCHAFTLICH HANDELNDE: Kunstzertrümmerer, Artisten, Künstlerrollen
PERSÖNLICH HANDELNDE : Kontrastive Verhaltensweisen

GEISTIG EMOTIONALE :Verletzungen vorschützen, experimentieren, hintergehen, sabotieren, vormachen, gegen etwas jonglieren, weggehen, aufziehen, erschleichen, taschenspielen

WISSENSCHAFTLICHE :

KÜNSTLERISCHE :

LITERARISCHE :

FIGÜRLICH SPRACHLICHE :Etwas wird gespielt, in der Rolle, jemand spielt, spielen müssen, Perfektion

UNTERHALTSAM SPIELENDE : Späsße machen

Funktionen der Metaphern von Verhaltensnormwandel

SUCHEN, GEWINNEN :   : Der Einheit, Gestimmtheit, Perfektion,
gegensätzlicher Künstler-und Rollenverhalten, zu Ende bringen von
Vorstellungen

ÜBERWINDEN, VERDECKEN : Todesangst, Krankheiten, Unglücksfällen, Schmerzen, Störungen, verlorener Konzentration

BEFREIEN   :   :

FLIEHEN, ABLENKEN   :

VERÄNDERN, VERWANDELN: Des Ich, täglich ein Anderer sein, andere Kunst, andere Artisten

Erzähler, Autor, Hauptrolle: Verhaltensunterscheidungen
VERMISCHEN   :

SYNCHRONISIEREN   : Scheinbar überlegene, geistig zwingen-
de Rollenspiele und zerstörende Reaktion von Gewohnheiten als täuschende Rollenspiele
AUSTAUSCHEN   :

UNTERSCHEIDEN   : Von gelebten und gewünschten Verhaltensweisen

FIKTION UND AUFKLÄRUNG: Wirkung der Struktur-Elemente
Scheitern der Funktionen von Rollenspielen. Macht artistischer Gewohnheit und menschliche Krankheiten produzieren Anti-Rollenver-
halten. Diese heben zwanghaft rollenspielende Harmonisierungen von
Widersprüchen wechselwirkender Vorstellungen und Verhaltensweisen auf.

Tomas Bernhard: Korrektur

Metaphern allgemeiner und zuständlicher Verhaltensnormen ‗
ÖFFENTLICH GESELLSCHAFTLICH: Kleinbürgerlichkeit, Umwelt
Heimatorte, Aussenwelt, fürchterliche Natur
GESCHICHTLICH ZEITLICH   :Begriffs-undTatsachenumkeh-
rung
STAATLICH POLITISCH   :Chaotische Staatszustände,
Volk, Absterbensprozess, Machenschaften, Heuchelei
WIRTSCHAFTLICH KULTURELL   :Gewohnheitsmechanismus

PSYCHISCH GEISTIG   :Studierursachen unterworfen,
Ursachenforschung, Höchstkonzentration, Gemütsverfinsterung, Gei-
steszwangslage, Rollenverhaltensmechanismus, Wechselbeziehungen
tödlicher Körper-und Geisteskrankheiten, Ängste

INDIVIDUELL SOZIAL   : Höllersche Dachkammer,
Gedankengefängnis, elterliche Unterdrückung, Kindheitskerker, Er-
ziehungsmechanismus, Schulweg-Lebensweg-Leidensweg
ÄSTHETISCH KÜNSTLERISCH   : Denkmechanismus, Kegelbau-
Schwesterliebe, präzise Beschreibungskunst, folgerichtige Denkweise,
zwanghafte Existenzauslieferung an das Denken, Erinnerungskrankheit

Metaphern täuschender und reaktiver Verhaltensabweichungen
GESELLSCHAFTLICH HANDELNDE:

PERSÖNLICH HANDELNDE   : Weggehen, hineinstürzen in
Arbeit, fliehen, verlassen, sich absetzen
GEISTIG EMOTIONALE   : Gefühlsheuchelei, Verständnis-
heuchelei, Geschlechtsheuchelei, Ohnmachtsanfälle, Existenzverfäl-
schung als schreiben, denken, tun, täuschen, ablenken von Selbstmord

WISSENSCHAFTLICHE   : Beobachtungswissenschaft,
Übungen, Baukunst, naturwissenschaftlich, politisch, künstl. Aufklärung
KÜNSTLERISCHE   :Dargestellte Gleichzeitigkeits-
kunst, politische Kunst, Musik, Theater-Opernbesuche
LITERARISCHE   :Unausgesetztes Korrigieren,
Rechtfertigen, Lektüre-Heuchelei
FIGÜRLICH SPRACHLICHE   :Bühnenauftritte, betrügerische
Rolle spielen, Schauspiel aufführen, Hauptrolle spielen

UNTERHALTSAM SPIELENDE   :

Funktionen der Metaphern von Verhaltensnormwandel

SUCHEN, GEWINNEN :   : Des Ganzen aus Fragmenten von Schriften, der Gleichzeitigkeit des innerlich-äusserlich Entgegengesetzten, der Ordnung und Unordnung

ÜBERWINDEN, VERDECKEN :

BEFREIEN   :   : Der Person von Herkunft, von Verrucktwerden, von Geisteskrankheit

FLIEHEN, ABLENKEN   : Von Zwängen, von Altensam, von Todeskrankheit, von Ängsten, von abtötenden Kegelbauideen

VERÄNDERN, VERWANDELN: Selbstverwirklichung der Welt, der Idee, der Zeit, des Übergangs in andere Natur als ein Anderer

Erzähler, Autor, Hauptrolle: Verhaltensunterscheidungen

VERMISCHEN   :Von sichtendem und ordnend beschreibenden Ich-Erzähler, Ich-Held und Er-Autor und Roithammer-Hauptrolle

SYNCHRONISIEREN   : Aufgehen im inneren Denken, im Tod zu erkennen und Umkehrung aller Beziehungen in Gegensatzbewegungen

AUSTAUSCHEN   :

UNTERSCHEIDEN   : Erlebter und berichteter Verhaltensweisen, dreier Fassungen und Umwerfen allen Denkens

FIKTION UND AUFKLÄRUNG: Wirkung der Struktur-Elemente

Scheitern der Funktion von Rollenspielen. Potenzierte Korrektur des Verkennens des existentiellen Andersseins. Erkennen der Wechselbeziehung von Körper-und Geisteskrankheiten, des Entgegengesetzten ¡ des Geschriebenen. Aufklären des Ausserordentlichen der vernichtenden Wirkung des Kegels auf die Schwester. Akzeptieren der abschliessenden, isolierenden Natur des Todes im Selbstmord

158

Metaphern allgemeiner und zuständlicher Verhaltensnormen

ÖFFENTLICH GESELLSCHAFTLICH: Kleinbürgerliche Welt, unruhige Umwelt, Gefangnis, Ort

GESCHICHTLICH ZEITLICH :

STAATLICH POLITISCH :

WIRTSCHAFTLICH KULTURELL :

PSYCHISCH GEISTIG : Einsamkeit, Entindividualisierung, Bewegungsautomatik, Schambildung, Furcht, Umwandlung des Gehirngefüges

INDIVIDUELL SOZIAL : Unrecht des Aussenverhaltens, verfügte Existenz, Verhaltensmassregeln, Finsternis, Ehefrau

ÄSTHETISCH KÜNSTLERISCH : Filmgeschichte, Bildtexte, Landschaftsbilder, bedeutungsgleiche Wörter, automatisches Sprechen

Metaphern täuschender und reaktiver Verhaltensabweichungen

GESELLSCHAFTLICH HANDELNDE :

PERSÖNLICH HANDELNDE :

GEISTIG EMOTIONALE : Gedanken erfinden, sich selbst sehen, Imaginationen, rechnen mit Gedanken, versenken in Selbstbeobachtung, träumen, Introspektion der Gleichzeitigkeit

WISSENSCHAFTLICHE :

KÜNSTLERISCHE :

LITERARISCHE : Geschichten schreiben

FIGÜRLICH SPRACHLICHE :

UNTERHALTSAM SPIELENDE : Schach spielen

Funktionen der Metaphern von Verhaltensnormwandel

SUCHEN, GEWINNEN : : Ausfüllen von Raum und Zeit, äusserer und innerer Rollenidentität einer gereinigten Welt, Umdrehung einer Weltachse

ÜBERWINDEN, VERDECKEN :

BEFREIEN : : Der Person aus beengten Umständen

FLIEHEN, ABLENKEN : Vor Ausgesetztsein, Existenzlosigkeit, Verlassenheit

VERÄNDERN, VERWANDELN: In eine Existenz der Freiheit

Erzähler, Autor, Hauptrolle: Verhaltensunterscheidungen

VERMISCHEN : Von überlegenem, unbetroffenen Er-Erzähler, textkommentierendem Schauspieler, Kamerarolle, Perspektivenwahl, Personenüberblendungen, innerer und äusserer Bewegungsführung

SYNCHRONISIEREN : Von Schauspieler-Kommentator und Kamerabild durch Er-Erzähler als Aussen-und Innenidentität

AUSTAUSCHEN :

UNTERSCHEIDEN : Von erzählter Innenwelt-Identität und sichtbarer Aussenweltvertauschung

FIKTION UND AUFKLÄRUNG: Wirkung der Struktur-Elemente
Scheitern der Funktion von fiktiven Rollenspielen. Verhaltensidentität durch Vertauschen der Innenwelt mit der Aussenwelt wird als täu - schender Scheinzustand aufgeklärt und entexistenzialisiert

160

Metaphern allgemeiner und zuständlicher Verhaltensnormen -

ÖFFENTLICH GESELLSCHAFTLICH: Rollenvorbilder, Kunstgesell-
schaft

GESCHICHTLICH ZEITLICH : Undisziplin, Unwetter

STAATLICH POLITISCH : Schauhandlungen des Staates,
Schauspiel des Volkes

WIRTSCHAFTLICH KULTURELL : Gesellschaftsausbeutung -er-
pressung, Kapitalspekulation, Vermögensverlust, Fleischwolf d.Opern-
häuser, Fliessbandsingen
PSYCHISCH GEISTIG : Geistes-Körper-Todeskrank-
heiten, Schuldgefühl, Unglücksnaturen, Ich-Verletztheit

INDIVIDUELL SOZIAL : Talente, Bühnenrollen, Karrieren, Künstlerehe

ÄSTHETISCH KÜNSTLERISCH : Berühmtheit, Ausserordentlichkeit, Genie, Perfektion, Mittelmässigkeit, Unbildung, Theater, Musik,
Literatur, Verkrüppelungsfaszination, Zahlenkompositionskunst

Metaphern täuschender und reaktiver Verhaltensabweichungen

GESELLSCHAFTLICH HANDELNDE: Gesellschaftsrollen, Ortswech-
sel, Vorbilder als Puppe, Gemälde, Tierkopf
PERSÖNLICH HANDELNDE : Kontrastverhalten, Konflikt mit
Kunst

GEISTIG EMOTIONALE : Verschweigen, sich betrinken,
nicht zugeben, verheimlichen, regenerieren, zaubern, meditieren-durch-
dringen, versaufen

WISSENSCHAFTLICHE : Charkterforschung, Tierge-
schöpf-Menschenforscher

KÜNSTLERISCHE : Leben in Einbildung, Musik,
Theater, Tonkünstler, Maskenspiele, Puppenspiele, Star-Künstlerrollen
Schauspiele
LITERARISCHE :

FIGÜRLICH SPRACHLICHE : Schauspieler werden, spielen
lassen, bespielen, spielen, abgespielt, grammatisch komponiert

UNTERHALTSAM SPIELENDE : Puppenspiele

Funktionen der Metaphern von Verhaltensnormwandel
SUCHEN, GEWINNEN :   : Charakteridentität, Kunst-Natur, natürlicher Künstler

ÜBERWINDEN, VERDECKEN :

BEFREIEN   :   : Von Rollenvorbildern, Talenten, Ge-
gensatzen
FLIEHEN, ABLENKEN   :

VERÄNDERN, VERWANDELN:

Erzähler, Autor, Hauptrolle: Verhaltensunterscheidungen
VERMISCHEN   : Von kombinatorisch spielenden Erzäh-
ler-und Hauptrollen, Leben in der Einbildung, Personenrealität, Kunst
SYNCHRONISIEREN   :

AUSTAUSCHEN   : Von Verleger, Zaungastposition und
intellektuell nicht erfassbarer Dichtung und Schöpfungsspezialisten

UNTERSCHEIDEN   : Von zitierter, kombinatorischer Kunst
und Menschenseele, Durchdringen des Schauspiels

FIKTION UND AUFKLÄRUNG: Wirkung der Struktur-Elemente
Scheitern der Funktion von fiktiven Rollenspielen. Zufällige kombina-
torische Analyse der Kunst, der Natur und Musik, ist nicht zu durchdringen. Personen-und Rollenidentität ist nur als grotesk reduziertes,
verfremdendes Spiel im Spiel ertragbar und erlebbar.

Thomas Bernhard: Der Keller

Metaphern allgemeiner und zuständlicher Verhaltensnormen

ÖFFENTLICH GESELLSCHAFTLICH: Verheerende Gesellschaftsapparate, Kleinburgerwelt, Geschmacks-Betrugsgesellschaft, Salzburger Vorstadt, Alltag, Umwelt

GESCHICHTLICH ZEITLICH : Nachkriegswelt, Schreckenszeit, Scherzhauserfeldsiedlung

STAATLICH POLITISCH : Schulenmechanismus, politische Zwänge

WIRTSCHAFTLICH KULTURELL : Lehrzeit, Unterrichtszwänge

PSYCHISCH GEISTIG : Persönlichkeitsmisere, Selbstmorddenken, Melancholie, Todesangst, Isolation, Distanzschulung, Alleinseinszwang

INDIVIDUELL SOZIAL : Bewegung zwischen Gegensätzen, Erzieher, Verwandte, Zwang des Zuhause, der Wochenende, des Kellers

ÄSTHETISCH KÜNSTLERISCH : Schreibzwang-notwendigkeit, Schriftstellerei des Grossvaters, Erinnerungsmechanismus, künstlerische Form

Metaphern täuschender und reaktiver Verhaltensabweichungen

GESELLSCHAFTLICH HANDELNDE: Kunstmensch, Lehrrolle, Lebensmittelhandler-Seelen-und Nervenarzt

PERSÖNLICH HANDELNDE : Kaufmannslehre, entgegengesetzte Richtung

GEISTIG EMOTIONALE : Theatralisches Spiel, verstellen, Phantasie, Träume, Kunststücke, Einbildungskraft, Wunschbilder, Verfälschung, Lügen, Abstützen, Kombinationsgabe

WISSENSCHAFTLICHE :

KÜNSTLERISCHE : Schauspielerei, Gegenspiele, Gesangsausbildung, musikalische Tricks

LITERARISCHE : Schreiben-lügen-verfälschen

FIGÜRLICH SPRACHLICHE : Spielen, ausspielen, gespielte Ecistenz, Rolle übernehmen, zur Schau tragen, auf Theater hereinfallen, Schauspiel spielen, Existenzspiel, als Schauspieler versuchen

UNTERHALTSAM SPIELENDE : Karteikartenspiel

Funktionen der Metaphern von Verhaltensnormwandel
SUCHEN, GEWINNEN : : Von Veränderung, Suchen nach Unbe-
kanntem, nach Gegensatz, nach Existenzaufklärung

ÜBERWINDEN, VERDECKEN : Von Todesangst

BEFREIEN : : Aus Lebenswidersprüchen, Melancho-
lie, tödlichen Gewohnheiten, Absterben, Rettung aus Lebensvermischg.
FLIEHEN, ABLENKEN :

VERÄNDERN, VERWANDELN:

Erzähler, Autor, Hauptrolle: Verhaltensunterscheidungen
VERMISCHEN :

SYNCHRONISIEREN :

AUSTAUSCHEN : Von betroffenem Ich und überlegenem,
allgemeinem Wir und Charakteren

UNTERSCHEIDEN : Von betroffenem, durch Erinnerung
gestörtem Ich und Eingreifen ordnender Aufklärung durch ironische
Betrachtung, Beschreibungschronologie, spielerisches Denken und
Leserirritation

FIKTION UND AUFKLÄRUNG: Wirkung der Struktur-Elemente
Scheitern der Funktion von fiktiven Rollenspielen. Ende von unendlich
fortgesetzten Gegensatzbewegungen von wahrer und gespielter Existenz, Wahrheit und Lüge der Beschreibung, Distanz und realen Men-
schenkontakt, Keller-Lehre und Gesang-Musik-Mathematikausbildung.
Aufklärung der Sinnlosigkeit des Handelns als Krankheit zwischen Leben und Tod, Bewusstlosigkeit und Gleichgültigkeit.

Heinrich Böll: Ansichten eines Clowns

Metaphern allgemeiner und zuständlicher Verhaltensnormen
ÖFFENTLICH GESELLSCHAFTLICH:Gesellschaftsordnungen, Neu-
bu rgerlichkeit, Ordnungsprinzipien
GESCHICHTLICH ZEITLICH   :Nazigefolgschaft, Versöhnungs-
humanität, Wirtschaftswunder-Deutschland, Selbstgerechtigkeit
STAATLICH POLITISCH   :Staat, Kirche

WIRTSCHAFTLICH KULTURELL   : Reichtum, Armut, Geschäftsopportunismus
PSYCHISCH GEISTIG   :Selbstentfremdung, einstudier-
tes Ich, Isoliertheit, verletzte Sensibilität, Einsamkeit, Gefühlskälte,
Kopfschmerzen, Sexualität, Melancholie

INDIVIDUELL SOZIAL   : Familie, unangepasstes Ich,
Moralität, Ehe, Elternhaus

ÄSTHETISCH KÜNSTLERISCH   : Künstler-Theaternebenrollen,
Naturtalent, Notwendigkeit des Clownsspiels

Metaphern täuschender und reaktiver Verhaltensabweichungen
GESELLSCHAFTLICH HANDELNDE: Gesellschaftsrollen, Clowns-
rollen, Karriererollen, professioneller Habitus
PERSÖNLICH HANDELNDE   : Wanderleben

GEISTIG EMOTIONALE   : Bewusstseinsentleerung, perfektionieren, zur Marionette machen, weiss schminken, üben des Di-
stanzierens, trainieren, narkotisierendes Clownsspiel, perfektionieren
zerstören
WISSENSCHAFTLICHE   :

KÜNSTLERISCHE   :Pantomimen, Mimen, Mimik,
Maskenspiel, Imitieren, Nummern, Faxen, leere Augen
LITERARISCHE   :Narren-Clownsrollen

FIGÜRLICH SPRACHLICHE   :Aus der Rolle fallen, überspielen, Spielerei, sich zur Schau stellen, Star-Rolle spielen, Rolle des
Kupplers, des Prälaten, des Wissenschaftlers, des Fernsehstars, Gäste-Rolle

UNTERHALTSAM SPIELENDE   : Schachspielen, Mensch-ärgere-
dich-nicht-Spiel

Funktionen der Metaphern von Verhaltensnormwandel

SUCHEN, GEWINNEN :   : Distanz, Menschen aufmerksam machen

ÜBERWINDEN, VERDECKEN : Von leidendem Ich und Isolierung

BEFREIEN   :   :

FLIEHEN, ABLENKEN   : Von Sozialisierung, Umwelt

VERÄNDERN, VERWANDELN: Von Selbstentfremdung, Narkotikum,
Clownsrollen-Distanzierung

Erzähler, Autor, Hauptrolle: Verhaltensunterscheidungen
VERMISCHEN   :

SYNCHRONISIEREN   :

AUSTAUSCHEN   : Von sich distanzierendem Ich-Erzähler und innere Beteiligung ironisierenden, diskutierenden Er-Erzähler

UNTERSCHEIDEN   :

FIKTION UND AUFKLÄRUNG: Wirkung der Struktur-Elemente
Scheitern der Funktion von fiktiven Rollenspielen. Professionelle,
clownshafte Ich-Gesellschaftsdistanzierung unterliegt tragischer
Unangepasstheit und Vereinsamung. Ich-Beteiligung ermöglicht kein
Herausfallen aus der Clownsrolle

Heinrich Böll: Gruppenbild mit Dame

Metaphern allgemeiner und zuständlicher Verhaltensnormen -
ÖFFENTLICH GESELLSCHAFTLICH:Sozialforderungen

GESCHICHTLICH ZEITLICH :Zweiter Weltkrieg, Geschichts-
anforderungen, Vorkriegs-Kriegs-Nachkriegszeiten
STAATLICH POLITISCH : Politik-Anforderungen

WIRTSCHAFTLICH KULTURELL : Geschäftsanforderungen,
Kriegswirtschaft, Finanzmisere
PSYCHISCH GEISTIG : Sensibilitätsleistung, Einfüh-
lungsfähigkeit, Selbstzerstörung, Ich-Leiden, Verletztsein, Verleum-
dung

INDIVIDUELL SOZIAL : Verweigerte Anpassung, Ruf,
Bildungsweg, die Dame als Spitzname, Witwe, Waisenkind

ÄSTHETISCH KÜNSTLERISCH : Spielen literarischer Mittei-
lung, bürgerlich-literarischer Zufall, Niederschrift simpler Fakten,
Manipulierung von Gemütsschilderung, Problem der Wirklichkeit im
Sozialen

Metaphern täuschender und reaktiver Verhaltensabweichungen
GESELLSCHAFTLICH HANDELNDE:Hochgestellte Persönlichkeiten
Organisator-Koordinator, Stratege, Kriegsheld, Nebenheld
PERSÖNLICH HANDELNDE :Sängerin, Pianistin, Malerin,
Geliebte, Mutter, Chargenrollen, Auskunftspersonen, Zeugen, Helden
GEISTIG EMOTIONALE :Politisch-moralisch-ökonomi-
sche Fehltritte, unrealistische Verhaltensweise, Normalitätsvortäu-
schung, Identifikationszwang, Verfehlungen, Simulant

WISSENSCHAFTLICHE :

KÜNSTLERISCHE : Komische, künstlerische Geschichten ·

LITERARISCHE :Haupthandlungsträger der ersten Abteilung, Boris, Walter Pelzer
FIGÜRLICH SPRACHLICHE :Rolle spielen, Hauptrolle spielen, Spieler sein, untergeordnete Rolle, ins Spiel bringen, Zwischen-
spiel, Spieltrieb huldigen, Proleten spielen, aufs Spiel setzen, geomet-
rische Spielerei, Notizbuchspiel, Phrasenträger-Produzent

UNTERHALTSAM SPIELENDE :

<u>Funktionen der Metaphern von Verhaltensnormwandel</u>
<u>SUCHEN, GEWINNEN :</u>   : Von Bewusstsein, objektiver Wahr -
heitsfindung

<u>ÜBERWINDEN, VERDECKEN :</u>

<u>BEFREIEN   :   :</u>

<u>FLIEHEN, ABLENKEN</u>   : Von gesellschaftlicher Anpassung,
Anteilnahme, Kommentieren

<u>VERÄNDERN, VERWANDELN:</u>

<u>Erzähler, Autor, Hauptrolle: Verhaltensunterscheidungen</u>
<u>VERMISCHEN   :</u>

<u>SYNCHRONISIEREN</u>   :Von objektivierenden und beteiligten
Berichterstatter, Sachinformation, Nachweisen, Mitteilungen, Korrek-
turen vermittelnden Rechercheur und eingreifendem, beteiligten Ver-
<u>AUSTAUSCHEN   :</u>   fasser

<u>UNTERSCHEIDEN</u>   :Beleuchten von Vordergrund und Hin-
tergrund und tragischem Schatten

<u>FIKTION UND AUFKLÄRUNG: Wirkung der Struktur-Elemente</u>
Scheitern der Funktion von fiktiven Rollenspielen. Nicht alles kann
geklärt werden. Fragen bleiben offen. Der eine Rolle des Überlegenen
spielende Rechercheur wird durch Anteilnahme am Personenschick-
sal austauschbar und gespielt.

168

Heinrich Böll: Die verlorene Ehre der Katharina Blum

Metaphern allgemeiner und zuständlicher Verhaltensnormen -
ÖFFENTLICH GESELLSCHAFTLICH: Behördenermittlungen, Staats-
anwaltsposition
GESCHICHTLICH ZEITLICH   : Gewalttaten, Aggressionen, Ruf-
morde
STAATLICH POLITISCH   : Vernehmungen, konservative
Politik, Kommunismus, Nazivergangenheit, Sozialismus, Polithetze
WIRTSCHAFTLICH KULTURELL   : Industrie, Anwalt, Presse, or-
ganisierter Buffetismus, privat-öffentliche Gastlichkeit, liberaler Bon-
vivant
PSYCHISCH GEISTIG   : Emotioneller Zustand, Verbit-
terung, Angst, Intimsphäre, Verletzlichkeit, Sensibilität, Beschämung,
Verstörtheit, Humorlosigkeit

INDIVIDUELL SOZIAL   : Verlorene Ehre, Ruf, Spitzname,
Berufsopfer, Ritualmord, häusliches Milieu, Ehe

ÄSTHETISCH KÜNSTLERISCH   : Literarische Mitteilung, Ordnungsvorgang, Formulierungs-Definitionskontrollierung, Frontpage-
Story, Öffentlichkeitswert

Metaphern täuschender und reaktiver Verhaltensabweichungen
GESELLSCHAFTLICH HANDELNDE: Polizeiverhalten, Gendarmen-
romantik, Karnevalsfunktionäre, Berufsrollen, Berichterstatter
PERSÖNLICH HANDELNDE   : Einheit von Privatleben und
Beruf
GEISTIG EMOTIONALE   : Täuschende Gefühlsrollen, ma-
nipulieren, lügen, verkleiden, tarnen

WISSENSCHAFTLICHE   : Verabredungs-Verschwörungs-
theorie
KÜNSTLERISCHE   : Malerei, Bühnenbild

LITERARISCHE   : Entfiktionalisierung, drainieren,
zitieren, Rückblenden, im Hintergrund bleiben
FIGÜRLICH SPRACHLICHE   : Obskure Rolle, K's Rolle, Rolle
spielen, mögliche Rolle, aufs Spiel setzen, täuschende Person, Rolle-
Rote Trude

UNTERHALTSAM SPIELENDE   :

Funktionen der Metaphern von Verhaltensnormwandel

SUCHEN, GEWINNEN :   : Von Selbstbehauptung, Rollenidentität,
polizeiwissenschaftliche und literarische Wahrheitsdarstellung

ÜBERWINDEN, VERDECKEN :

BEFREIEN   :   :

FLIEHEN, ABLENKEN   : Vor privater und öffentlicher Anteilnahme, vor Manipulierung von Intimsphäre

VERÄNDERN, VERWANDELN:

Erzähler, Autor, Hauptrolle: Verhaltensunterscheidungen
VERMISCHEN   :

SYNCHRONISIEREN   : Von Wir-Man-Er-Erzähler, Recher-
cheur spielt distanzierten, faktisch ordnenden, objektivierenden, drei
Haupt-und Nebenquellen zitierenden, methodisch Überlegenen
AUSTAUSCHEN   : Von Erlebtem und Berichtetem, Ich-
Erzähler, fiktiv fliessender Spannung und Hintergrund erfragenden
Referierendem

UNTERSCHEIDEN   :

FIKTION UND AUFKLÄRUNG: Wirkung der Struktur-Elemente
Scheitern der Funktion von fiktiven Rollenspielen. Synchronisierender
Rechercheur wird durch aufgeklärte Fiktivität der Handlungsdarstel-
lung austauschbar. Statt Integration ergibt sich Konfrontation, Mitleid
und Sympathie. Eingeräumte Fiktivität klärt auf, desillusioniert die
Rollenspiele des Berichterstatters, der Polizeiaufklärung, der mani-
pulierenden Presse und Katharinas Rollenidentität von Beruf und Privatleben

Hubert Fichte: Versuch über die Pubertät

Metaphern allgemeiner und zuständlicher Verhaltensnormen -
ÖFFENTLICH GESELLSCHAFTLICH: Bürgertum ,Milieu,Lügenge-
sellschaft, Stadtlandschaft, rituelle Arbeitsvoraussetzungen
GESCHICHTLICH ZEITLICH : Gegenwelten, Alienation

STAATLICH POLITISCH :

WIRTSCHAFTLICH KULTURELL : Erziehung-Identifiaktion, Ler-
nen-Empfinden, Denken-Handeln
PSYCHISCH GEISTIG : Ich-Verlust, Bild-Ich-Spaltung,
Ich-Vielfalt, Schmerzempfindung, Selbstmordgedanken, Angst, Einsamkeit

INDIVIDUELL SOZIAL : Guckkastenbühne, Ehe, Arbeitsamt, Gleichgeschlechtlichkeit

ÄSTHETISCH KÜNSTLERISCH : Wort-Litanei-Mischung, Roman-
ableitung aus Wirklichkeit, Literarisierungen, Sprachzerschwemmung,
Kunstfigur-Nebenrolle, Schule natürlichen Sprechens, Hörspiel

Metaphern täuschender und reaktiver Verhaltensabweichungen
GESELLSCHAFTLICH HANDELNDE: Jugendliche Helden, Nachwuchs-
kraft, Nachwuchsregisseur, Schauspieler, Schriftsteller, Typen
PERSÖNLICH HANDELNDE : Im Spiel von Figuren eintreten,
eine andere Pubertät
GEISTIG EMOTIONALE : Den Sicheren spielen, Rituale
schaffen, verfälschen, lügen, spiegeln, verwandeln, schminken, ausprobieren, imitieren, wegspielen, chiffrieren, maskieren, täuschen, verstellen, sich einhüllen
WISSENSCHAFTLICHE :

KÜNSTLERISCHE : Schauspielimitation, Rollenri-
ten

LITERARISCHE : Okulieren, verdoppeln, Ich-
Hauptfigur, Ich-Roman, Kunstfiguren
FIGÜRLICH SPRACHLICHE : Haupt-Nebenrolle spielen, pro-
ben, Rollen unter Rollen vorspielen, führende Rolle, Rollen in Aussicht,
Rollen wechseln, Rollen kommen auf einen zu, mit Rollenverpflichtung,
abgespielte Gesichter, Schauspielschüler, Sprach-Maske
UNTERHALTSAM SPIELENDE :

171

SUCHEN, GEWINNEN : : Von Rollenwechsel-verwandlung, von Illusion, von Vorbild literarischer Wahrhaftigkeit, Archetypus, Selbsterfahrung-Bewusstsein, Deckungsgleichheit, blutige Verdoppelung, zweite Haut

ÜBERWINDEN, VERDECKEN : Von Einzelwesen, von gestörtem Weltbild

BEFREIEN : :

FLIEHEN, ABLENKEN : Von gestörter Realität, von Ich-Auslöschung, von bleichem Ich-Bewusstsein

VERÄNDERN, VERWANDELN: Bildlich körperliche Veränderung und Neugestaltung des Ich

Erzähler, Autor, Hauptrolle: Verhaltensunterscheidungen
VERMISCHEN :

SYNCHRONISIEREN : Von Ich-Wir-Erzählerbewusstsein und Figuren-Ich-Bewusstsein

AUSTAUSCHEN :

UNTERSCHEIDEN : Sezieren, zerschneiden, säkularisieren der Erinnerung des körperlich und sinnlich verdoppelten Bewusstseins, der Freiheit, das Diskrepante zu schreiben

FIKTION UND AUFKLÄRUNG: Wirkung der Struktur-Elemente
Scheitern der Funktion von fiktiven Rollenspielen. "Alle meine Rollen gehen schief". Der Umschlag von Imitation in Identifiaktion wird unmöglich. Der Ich-Erzähler wird sein eigener Rollengegenstand. Erweiterung der Innenwelt durch räumlich geistige Distanzierung. Bekenntnis zum Ungekitteten, Hässlichen, Diskrepanten. Die synchronisierten Teile der Ich-Reflektion bestehen nur nebeneinander.

Metaphern allgemeiner und zuständlicher Verhaltensnormen -
ÖFFENTLICH GESELLSCHAFTLICH: Gesellschaftliche Konflikte,
Ortlosigkeit, Montauk, New York
GESCHICHTLICH ZEITLICH : Begrenzte Gegenwart

STAATLICH POLITISCH :

WIRTSCHAFTLICH KULTURELL : Verkaufsreise, öffentliche Erfolge, Namensruhm
PSYCHISCH GEISTIG : Gefühlsstörungen, Entfremdung,
Sexualität, Schuld-Wahnvorstellungen, Todesbewusstsein, masochisti-
sches Leiden, Emotionalität

INDIVIDUELL SOZIAL : Eheunglück, male chauvinism,
Architektenberuf, häusliches Versagen, Leserverantwortung

ÄSTHETISCH KÜNSTLERISCH : Kunstzwang, Imaginationszwang,
Literaturgesprache, authentische Geschichten, Schreiberfahrung, ob-
sessive Wiederholungen, Leben im Zitat, fiktional und gesellschaftliche Privatdarstellung, schriftstellerischer Erfindungszwang

Metaphern täuschender und reaktiver Verhaltensabweichungen
GESELLSCHAFTLICH HANDELNDE: Schriftsteller und Gesellschaft,
Berufsrollen, Jungfrau, Ehefrau
PERSÖNLICH HANDELNDE :

GEISTIG EMOTIONALE : Geschichten probieren, Verkörperlichung, sich verraten, falsch handeln, ich-spielende Körper, verschweigen, belügen, my life as a man, verinnerlichen

WISSENSCHAFTLICHE : Fragebogen

KÜNSTLERISCHE : Zeit-Vor-und Rückblenden,
theatralische Verkorperlichung,
LITERARISCHE : Leben literarisieren, verschweigen, Erfindungs- und Erinnerungszwang
FIGÜRLICH SPRACHLICHE : Rollen spielen, in Rolle verfallen, Makler spielen, Figurenrollen, Körperrollen, spielende Verkörperung, hineinspielen, tun als ob, Theater-Bühnenproben

UNTERHALTSAM SPIELENDE : Schachspieler spielen, Tennis
spielen, Verkehrsampelspiel

Funktionen der Metaphern von Verhaltensnormwandel

SUCHEN, GEWINNEN :   : Nach Gegenwart, nach Wahrheit, Identi-
tat, Selbstaufklärung, schreibender Selbstdistanz, sich verständlich machen, Darstellung des Mannes durch die Frau, Distanzverwirklichung

ÜBERWINDEN, VERDECKEN : Des Verfremdens, des Privaten, der
Empfindlichkeiten, des Fremden

BEFREIEN   :   : Als Aufheben des Augenblicks in der
Literatur, durch Fiktionalisierung und unabhängiges Wahrnehmen und
FLIEHEN, ABLENKEN   :   Denken

VERÄNDERN, VERWANDELN: Als Genuss von Gegenwart und Verkörperlichung des Gefühls des Augenblicks, veränderte Emotionsdarstel-
lung

Erzähler, Autor, Hauptrolle: Verhaltensunterscheidungen
VERMISCHEN   : Von anfälligen, nicht objektiven, nicht
allwissenden, Innenwelten autobiographisch beschreibenden Ich-Wir-
Erzähler und ironisch verfremdenden Er-sie-Erzähler

SYNCHRONISIEREN   : Von Gegenwarts-erlebendem Er-Erzähler und betroffenem, verschweigenden, auslassenden Ich-Erzähler

AUSTAUSCHEN   :

UNTERSCHEIDEN   :

FIKTION UND AUFKLÄRUNG: Wirkung der Struktur-Elemente
Scheitern der Funktion von fiktiven Rollenspielen. Reflektion der In-
nenweltbetrachtung und der, fiktive Rollen spielenden auktorialen Er-
zählerposition vermittelt Aufklärung der literarisch zeitlich-ge-
schichtlichen Ambivalenz anstelle eines Identitätszwangs öffentlicher
und privater Erfahrungen. Trotz Distanzgewinn durch Lynn ist Erfüllung in der Gegenwart nur bei Irren dauerhaft. Gegenwart und Vergangenheit sind betroffen von Todesbewusstsein und Zukunftslosig-
keit

174

Hans J. Fröhlich: Anhand meines Bruders

Metaphern allgemeiner und zuständlicher Verhaltensnormen -

ÖFFENTLICH GESELLSCHAFTLICH:Sozialgruppen-Erwartungen-
Rituale

GESCHICHTLICH ZEITLICH   :Generationskonflikte, Bomben,
Tiefflieger

STAATLICH POLITISCH   :

                        Kaufmannssöhne, Schule, verhin-
WIRTSCHAFTLICH KULTURELL   : derte Geschäftsentwicklung,
Überbrückungszwang von Realität und Wunsch, ökon. u. moral. Verquik-
PSYCHISCH GEISTIG   :   kungen
                            Brüder -Selbstentfremdung, Äl-
ter sabstand, Angst, Träume, Verhaltensdiagnose, innere Wut

INDIVIDUELL SOZIAL   : Vaterkomplexe, Ängste, Geschwister -Familienkonstellationen, Rituale -Theorien, Leistungszwän-
ge
ÄSTHETISCH KÜNSTLERISCH   : Künstlerphantasien, Geschmacks
normen, Wirklichkeitsübereinstimmung, imaginierte Porträts, Personen, Nachbildung, Erinnerungszwang, a priori -Wortsysteme, Maxi-
men, Lebenslauf schreiben, in Schablonen einfügen, kein Charakterbild
Metaphern täuschender und reaktiver Verhaltensabweichungen
GESELLSCHAFTLICH HANDELNDE:

PERSÖNLICH HANDELNDE   :Typen statt Individuen

GEISTIG EMOTIONALE   :Sich behaupten durch Übertreiben, Zukunftsvisionen, Gedanken hinbiegen, sich verstellen wegen Hy-
pochondrie, älterer Bruder spielen, aus der Rolle fallen, Lebensform
übernehmen, Möglichkeiten durchspielen, sinnentäuschendes Erzählen
WISSENSCHAFTLICHE   :

KÜNSTLERISCHE   : Imitierbare Wirklichkeit, geträumter Rollentausch
LITERARISCHE   :Rollen analysieren, bestätigen

FIGÜRLICH SPRACHLICHE   : Bruderrolle, eigene Rolle, Rolle
als Einzelkind, welche Rolle spielen, Frage -und Antwortspiel, Rolle
des jüngeren Bruders, Rolle des Übermannten spielen, Abschiedsszene
hinlegen, Rolle des Revoltierenden, Nebenrolle, an der Rolle arbeiten
UNTERHALTSAM SPIELENDE   :

<u>Funktionen der Metaphern von Verhaltensnormwandel</u>

<u>SUCHEN, GEWINNEN :</u>   : Nach Identität mit nicht Identischem,
nach Selbstgefühl, Verselbständigung, Refklektieren der Position als
Jüngster, Unabhängigkeit

<u>ÜBERWINDEN, VERDECKEN :</u> Von Erlebnissen, Persönlichem, von
Scheu, Privates mitzuteilen

<u>BEFREIEN   :   </u> :

<u>FLIEHEN, ABLENKEN   </u> : Vor Bruder-Ich-Unterscheidung, Ab-
grenzung, vor Übernahme gegebener Lebensformen

<u>VERÄNDERN, VERWANDELN:</u> Zu neuer Existenz, Bewusstseinser-
weiterung

<u>Erzähler, Autor, Hauptrolle: Verhaltensunterscheidungen   </u>
<u>VERMISCHEN   </u>   : Von reflektierendem, betrachtenden,
am Charakterbild des jüngeren Bruders schreibenden älteren Er-Erzähler mit gleichzeitig oder nebenher bemerkendem erfahrenden
jüngeren Ich-Erzähler
<u>SYNCHRONISIEREN   </u>   :

<u>AUSTAUSCHEN   </u> : Von verschiedenen Ich-undEr-Erfah-
rungen und Rollenvorstellungen

<u>UNTERSCHEIDEN   </u> : Von verschiedenen Ansichten über das
Trennende zwischen Ich-undEr-Erzähler. Der Ältere durchschaut das
sachlich, unpersönliche Erfahrungen eliminierende Synthetisieren eines Lebenslaufes durch den jüngeren Bruder.

<u>FIKTION UND AUFKLÄRUNG:</u> Wirkung der Struktur-Elemente
Scheitern der Funktion von konturierten, festlegenden Rollenspielen.
Komplette Austauschbarkeit gegensätzlicher Rollenerfahrungen und
möglicher Geschwisterpositionen klärt Synthetisierungen auf, gibt dem
Leben aber keine andere Richtung. "Spiele ich nur eine Rolle? Spielt
die Rolle mich?"(156) Statt Aufheben aller Polaritäten und Dualismen
in einer möglichen Doppelrolle bleibt die totale Erlebnisunfähigkeit
und psychische Verkrustung gegenüber allen Veränderungen übrig.

Günter Grass: Örtlich betäubt

Metaphern allgemeiner und zuständlicher Verhaltensnormen
ÖFFENTLICH GESELLSCHAFTLICH: Kapitalismus, Kleinbürgertum,
pluralistischer Mechanismus, korruptes System
GESCHICHTLICH ZEITLICH : Humanitas, verjährte Zwangs-
situation, Weltsysteme, revolutionäres Verhalten, Lernvermittlung
STAATLICH POLITISCH : Anarchismus, politisch pädago-
gische Systemanpassung
WIRTSCHAFTLICH KULTURELL : Humanismus, Bildungshunger,
Konsumzwang

PSYCHISCH GEISTIG : Schuldgefühle, Entfremdung,
Weltschmerzen, Triebstörungen, Versager, Zukurzgekommener

INDIVIDUELL SOZIAL : Pädagogisches, berufliches
Versagen, persönliche Niederlagen

ÄSTHETISCH KÜNSTLERISCH : Beschreibungszwang, kausale
Zusammenhänge, Worte, Kästchen, Erinnerungszwang, Kunst-Beschäf-
tigungstherapie, Gleichzeitigkeit von Tätigkeitsvielfalt

Metaphern täuschender und reaktiver Verhaltensabweichungen
GESELLSCHAFTLICH HANDELNDE: Gewaltaktionen, Ordnungsum-
stürze, Helden, Umschüler, Jugendbanden, berufliche Umpolung
PERSÖNLICH HANDELNDE : Protestdemonstration, demon-
strative Aufklärung, ritualisierte Provokation
GEISTIG EMOTIONALE : Fernseh-Sprechblasen, innerer
Dialog, Visionsproduktion, Gedankenspiel, telefonieren, variieren,
erfinden, sich Bilder vorstellen, sich Fiktionen hingeben

WISSENSCHAFTLICHE : Örtliche Betäubung, Kranken-
fürsorge, weltweit pädagogisches System und Überbau
KÜNSTLERISCHE :

LITERARISCHE : Kanalisieren von Erinnerungen,
Reihen von Episoden und Geschichten, Anekdoten erzählen, Stegreifvor-
trage, Doppelporträts der Helden, Happening als Kunstform
FIGÜRLICH SPRACHLICHE : Figurenbilder, Nebenrollen,
mitspielen, spielerisch beleben, Figuren verschieben, mit Worten spielen, Schau abziehen, Mattscheibe beleben, Planspielchen

UNTERHALTSAM SPIELENDE : Sandkastenspiel, Spielregeln,
Gesellschaftsspiel

Funktionen der Metaphern von Verhaltensnormwandel
_____

SUCHEN, GEWINNEN : : Nach Abbau wissenschaftlich gesell-
schaftlicher Unterschiede, nach Abstand, Aufklärungsfeldzug gegen
Gesellschaft, aufklärende Prophylaxe, nach Ausgleich, Anpassung,
Umwertung von Werten, nach richtig zu leben lernen

ÜBERWINDEN, VERDECKEN : Von Vorbildern durch Vorbeugen ersetzen

BEFREIEN : :

FLIEHEN, ABLENKEN : In krause Fiktion, Betäubung, in Tat
und Gespräch

VERÄNDERN, VERWANDELN: Gegenüber Originalvorgängen, Personen, Weltsystemen, von Niederlagen in Siege

Erzähler, Autor, Hauptrolle: Verhaltensunterscheidungen
_____
VERMISCHEN :

SYNCHRONISIEREN :

AUSTAUSCHEN :

UNTERSCHEIDEN : Von innerlich reflektierendem Ich-
Erzähler und überlegenem, aufklärendem, sachlich beobachtendem
Er-Erzähler

FIKTION UND AUFKLÄRUNG: Wirkung der Struktur-Elemente
Scheitern der Funktion von umfunktionierenden Rollenspielen. Erzähl-
immanente Zerstörung der Fiktivität der verfälschenden, distanzierenden Synchronisationsmodelle des Arztes und Lehrers, die sich gegenseitig aufheben. Kein evolutionärer Fortschritt oder Lernprozess-
vermittlung möglich. Aufgeklärt wird aber auch der Kompromiss der
übergreifenden Kunstfiktionalität, die sich als Illusion bestätigt und
dann damit auflöst.

178

Günter Grass: Aus dem Tagebuch einer Schnecke

Metaphern allgemeiner und zuständlicher Verhaltensnormen

ÖFFENTLICH GESELLSCHAFTLICH: Kleinbürgerlichkeit, Öffentlichkeit, Leben

GESCHICHTLICH ZEITLICH : Melancholie, Geschichtslosigkeit
Zeit, Danzig, Kriegsgeschehen, Fortschritt und Stillstand

STAATLICH POLITISCH : Volksgemeinschaft, Ideologien,
Judenverfolgung, Völkermord, Kirche, Systemimmanenz

WIRTSCHAFTLICH KULTURELL : Konsumgesellschaft, Bürokra-
tie, Leistungsgesellschaft, Arbeitswelt, Weltraumregie, Systeme u. Philosophien
PSYCHISCH GEISTIG : Ich-Normierung, Ängste, Schwer-
mut, Spaltung, Schuldgefühl, Angepasstsein, Fremdsein, Verletztsein,
Zerstreutsein, Melancholie, Passionsritual, Krankheit

INDIVIDUELL SOZIAL : Familienzwänge, Kriegsgene-
ration

ÄSTHETISCH KÜNSTLERISCH : Melencolia I, Zeitabläufe, ver-
schobene Phasen, Schreibenschreiben -redenreden, Notizen machen,
Fussnoten, Vortragsniederschrift, Sudelbuch, Zweifelzwang, gegen Zeit
schreiben, zerredete Sprache, Sprechblasen
Metaphern täuschender und reaktiver Verhaltensabweichungen
GESELLSCHAFTLICH HANDELNDE: Nicht-Helden, Schriftsteller,
Zeitzerstreuer, Miefvermesser, Hauptdarsteller der Melancholie
PERSÖNLICH HANDELNDE :

GEISTIG EMOTIONALE : Versatzstücke verschieben, sinnfällig sein, nachzeichnen, zerstreuen, sammeln, spielen, verschweigen,
erfinden, zweifeln, barzeln, enthäuten, lügen, einseitige Utopie

WISSENSCHAFTLICHE :

KÜNSTLERISCHE : Theatralische Spiele, gereim-
tes Spiel, Kellertheater

LITERARISCHE : Geschichten erzählen, Zeit zer-
streuen-stolpern-vertreiben

FIGÜRLICH SPRACHLICHE : Stücke spielen, aus der Rolle
fallen, Part haben, Mutmacherrolle, verschiedene Rollen, figürlich
auftreten, gegen Zeit-Spiel, Schrittmacher spielen, Rollen lernen, Spiel-
plan, so viele Rollen, Konsumentenrolle, Kostümverleih

UNTERHALTSAM SPIELENDE : Erotische, belehrende, unterhal-
tende Spiele mit Schnecken, Streichhölzern, Würfeln, Bierdeckeln,
Planspiel, Sandkastenspiel, Passionsspiel, Veranstaltungsspiel,
Schneckenspiel

<u>Funktionen der Metaphern von Verhaltensnormwandel</u>

<u>SUCHEN, GEWINNEN :</u>   : Nach neuen Menschen, bewusster, wirk-
licher, unfiktiver Existenz, nach der Gleichzeitigkeit von Ereignissen
im Doppelporträt

<u>ÜBERWINDEN, VERDECKEN :</u>

<u>BEFREIEN   :</u>   : Von Sollnormen, Ängsten, von Eindeu-
tigkeit, Personenkult

<u>FLIEHEN, ABLENKEN</u>   : Von Stillstand, Fortschritt

<u>VERÄNDERN, VERWANDELN:</u> Eigenen Bewusstseins

<u>Erzähler, Autor, Hauptrolle: Verhaltensunterscheidungen</u>

<u>VERMISCHEN</u>   : Von abhängig betroffenem Ich-Wir-Er-
zähler und überlegenem, vorwegnehmendem, den Leser anredenden,
distanzierenden, verzögernden, dienenden, fiktionalisierenden Ich-Erzähler

<u>SYNCHRONISIEREN   :</u>

<u>AUSTAUSCHEN   :</u> Von Denken und Spielen mit versam-
meltem Trödel, Versatz von Versatzstücken verschiedener, gegensätzlicher Ich-Naturen der Verweigerung der Utopie des Fortschritts

<u>UNTERSCHEIDEN   :</u>

<u>FIKTION UND AUFKLÄRUNG: Wirkung der Struktur-Elemente</u>
Scheitern der Funktion von extremen, utopischen und melancholischen
Rollenspielen. Figurenfiktivität und Realität demonstrieren die Eindeutigkeit verweigernde Ambivalenz der Rollen-und Zeitgebundenheit,
der Melancholie und Utopie, des Zusammenhangs und Widerspruchs
"im Dienst der Aufklärung"(361). Die als vieldeutig erscheinende Melancholie dient dabei nicht als Symptom der Krankheit, sondern als
Verweigerung und Stillstand im Fortschritt und umgekehrt.

Peter Handke: Wunschloses Unglück

Metaphern allgemeiner und zuständlicher Verhaltensnormen -

ÖFFENTLICH GESELLSCHAFTLICH: Kleinbürgerliche Erlösungssysteme, Lebensschemata, Gesellschaftssysteme

GESCHICHTLICH ZEITLICH : Vor-und Nachkriegsgeschehen, allgemeiner Schreicken, 19. Jahrhundert, Umwelt

STAATLICH POLITISCH : Religionsriten, unpersönliche Politik

WIRTSCHAFTLICH KULTURELL : Sitten, Umweltsrituale, Schulzwang-form

PSYCHISCH GEISTIG : Entmenscht, unglücklich, wunschlos, entpersonlichtes Schicksal, Beziehungslosigkeit, Einsamkeit, Anpassung, Entfremdung, Ängste, Schuldgefühle, Verlassenheit, Verwechselbarkeit

INDIVIDUELL SOZIAL : Lebensumstände, Familie, Lebensformen, Pflichtprinzip, Herkunft, Ehe, Gegenstandsfixiertheit

ÄSTHETISCH KÜNSTLERISCH : Literaturritual, Beschreibungsmaschine, Sacherinnerungen, Sprachlosigkeit, Theaterstück, Abenteuerfilm, Nicht-Mitteilbarkeit, Nacherzählung, Schilderungen, Aufzählungen, Einheit von Fiktion und Tatsachen

Metaphern täuschender und reaktiver Verhaltensabweichungen

GESELLSCHAFTLICH HANDELNDE: Zeichentrickfigur, Gesellschaftsrollen, keine Hauptperson, keine Kunstfigur, quer zur Welt stehen

PERSÖNLICH HANDELNDE : hen

GEISTIG EMOTIONALE : Kopfschmerzen, Masken-Typenverhalten, entrücken, lügen, überspielen, nachspielen, spielen, sich veräussern, sich verlieren, sich entfernen, veräusserlichen, nachahmen, betrügen, sich verstellen

WISSENSCHAFTLICHE :

KÜNSTLERISCHE :

LITERARISCHE : Gedankenspiel, Rollen vertauschen, Doppelgängerleben, Traumidentität, Rolle des Beschriebenen

FIGÜRLICH SPRACHLICHE : Existenzrituale, Kartenspiel, Kinderspiel, Naturschauspiel, Maskerade, Kollegenrollen spielen, spielerisches Annehmen, Spielraum, menschliches Requisit, Hausfrau spielen, Kranke spielen, den Munteren spielen

UNTERHALTSAM SPIELENDE :

Funktionen der Metaphern von Verhaltensnormwandel

SUCHEN, GEWINNEN : : Nach Nicht-Eingeordnetwerden, nach Bewusstsein als Einzelfall, nach Selbstbehauptung als Individuum, als Besonderer

ÜBERWINDEN, VERDECKEN :Von Lebensängsten, Beziehungslosigkeit, Rollendistanz

BEFREIEN : : Von Gefühlsaustauschbarkeit, von Erpressen zu privater Anteilnahme

FLIEHEN, ABLENKEN :

VERÄNDERN, VERWANDELN:

Erzähler, Autor, Hauptrolle: Verhaltensunterscheidungen

VERMISCHEN :

SYNCHRONISIEREN : Von Fiktion und Fakten des Beschreibenden und Beschriebenen durch Distanzierung, Entpersönlichung, Abstrahierung des betroffenen, undistanzierten Ich-Erzählers

AUSTAUSCHEN :

UNTERSCHEIDEN : Von Sprachlosigkeit und Mitteilungsbedürfnis, Übereinstimmungen und Widerspruch, Entsetzen und Erinnerungsseligkeit, Beschreibung inneren, besonderen Lebens und sprachlichen Gebrauchs biographischen Formelvorrats

FIKTION UND AUFKLÄRUNG: Wirkung der Struktur-Elemente
Scheitern der Funktion von distanzierenden, entpersönlichenden Rollenspielen. Erfahrung individuellen Bewusstseins überwindet Synchronisationen. Diese Aufklärung führt die Existenztortur zum bewussten Todesgedanken. Die Erfahrung des horror vacui ist das Ende aller Vorstellung und behauptet den menschlichen Einzelfall in der Einsamkeit.

Metaphern allgemeiner und zuständlicher Verhaltensnormen -
ÖFFENTLICH GESELLSCHAFTLICH: Amerika, Städte, Stationen,
Natur, Lebensordnungen-formen-zeichen
GESCHICHTLICH ZEITLICH : Zeitmaschine, Zivilisation,
Anschauung von Menschen in der Natur, historische Figuren
STAATLICH POLITISCH :

WIRTSCHAFTLICH KULTURELL : Theater, Kunst, Erziehung,
Zeichensysteme, mangelnder Geldsinn
PSYCHISCH GEISTIG :Kein Selbstsinn, Alleinsein,
Todesangst, Gefuhlsverdrangung, Orientierungsverlust, Schrecken,
Schrecken, Panik, Hass

INDIVIDUELL SOZIAL : Gestörter Umweltssinn, Be-
ziehungslosigkeit, ohne Lebensform, Armut, Eherolle-streit, Mittei-
lungsbeschränktheit, Internatssystem
ÄSTHETISCH KÜNSTLERISCH : Erinnerungswiederholungen,
Formulierungszwang, Selbstgespräche, systematisch einordnendes
Erleben, Beschreibungstätigkeit-zerlegen, Verhaltens-Deutungsmuster,
Theaterfigur-Nachstellen von Handlung
Metaphern täuschender und reaktiver Verhaltensabweichungen
GESELLSCHAFTLICH HANDELNDE: Gesellschaftsrollen, Berufsrol-
len, typisieren von Figuren, Doppelgänger
PERSÖNLICH HANDELNDE : Doppelgängergefühl

GEISTIG EMOTIONALE : Sich aufspielen, posieren, darstellen, sich aufführen, vorführen, lügen, phantasieren, hinwegtäuschen,
angeben, täuschend nachahmen, schwindeln, anders benennen, umtaufen
WISSENSCHAFTLICHE : Posen der Entfremdung

KÜNSTLERISCHE :Filmrollen, Schauspielerei,
Pantomime, Hass-Choreographie, Bescherung
LITERARISCHE : Bildungslektüre, tätige Erinne-
rung, Rollenschreiben, Comics
FIGÜRLICH SPRACHLICHE : Rolle spielen,
Zauberer spielen, Spiel, rollenbewusst, Rolle annehmen, mitspielen,

UNTERHALTSAM SPIELENDE : Ursachenspiel, Würfelspiel,
Naturschauspiel, Kartenspiel, Automatenspiel

SUCHEN, GEWINNEN :   : nach Selbsthilfe, nach Erkenntnis, Bewusstsein, Selbstaufklarung, Erlebnisvergleichen, nach Zukunft

ÜBERWINDEN, VERDECKEN : Auferlegter Zwänge, Angstzustände

BEFREIEN   :   : Von Alleinsein, Vereinzelung

FLIEHEN, ABLENKEN   :

VERÄNDERN, VERWANDELN: Der Person, des Bewusstseins und
Sehens von Dingen, Orten, Zeit, Gefühlen

Erzähler, Autor, Hauptrolle: Verhaltensunterscheidungen
VERMISCHEN   : von rollenspielenden, überlegenen, di-
stanzierenden, analysierenden, unbeteiligten, entpersönlichenden Autor-
Ich-Erlebenden und einem Umwelt vorführenden, Lebenslust, Freude
spürenden, Erinnerung nacherlebenden, nachholenden Ich-Erzähler
SYNCHRONISIEREN   :

AUSTAUSCHEN   :

UNTERSCHEIDEN   : Von Ich-und Er-Erleben und -Berich-
ten von Wir und Man, Einzelheiten und allgemeinem

FIKTION UND AUFKLÄRUNG: Wirkung der Struktur-Elemente
Scheitern der Funktion von posierenden, kompensierenden Rollenspielen. Aufhebung der Distanzierung des Ich durch schockartige Teilnahme des Einzelnen am Leben. Erfahren des horror vacui, des Alleinseins, des Auseinandergehens in der Welt durch Mordversuch. Dieser
bedingt Annahme eines beschränkten Selbst-Erlebens, des Vermischens
von Realität und Fiktion, von allgemeinem und besonderen.

Peter Handke: Die Unvernünftigen sterben aus

Metaphern allgemeiner und zuständlicher Verhaltensnormen

ÖFFENTLICH GESELLSCHAFTLICH: Welt-Einsamkeit, bürgerlich
materialistische Sachzwänge
GESCHICHTLICH ZEITLICH : Kapitalistisches Denk-System,
Geschichtsbewusstsein, leblose Natur
STAATLICH POLITISCH : Kapitalistische Unternehmer-
natur-schutz
WIRTSCHAFTLICH KULTURELL : Kapitalistische Arbeitswelt,
Konsumzwang, Kartellisierung, Preiskampf, Wettbewerb, Trennung des
Allgemeinen und Besonderen
PSYCHISCH GEISTIG : Gestörter Wirklichkeitssinn,
Kontaktgestörtheit, Individualitätsverlust, Selbstentfremdung, verding-
lichte Sexualität, Todesschwere, Weltschmerz, Einsamkeit, Gefühls-
nutzlosigkeit, Seelenkrankheit

INDIVIDUELL SOZIAL : Entmenschte Umgangsformen

ÄSTHETISCH KÜNSTLERISCH : Werbesprache, materialistische Poesie, Erinnerungszwang, Umgangsform, Redezwang, poetische
Form als Freiheitszwang, Sprachverlust, Leiden und Sprachlosigkeit,
bürgerliche Geheimsprache

Metaphern täuschender und reaktiver Verhaltensabweichungen

GESELLSCHAFTLICH HANDELNDE: Wirtschaftliche Machtrollen,
Unternehmer, Aktionäre
PERSÖNLICH HANDELNDE : Identifikation von Handlung und
Person, Doppelgänger
GEISTIG EMOTIONALE : Gedankenspiel, spielen, aus der
der Rolle fallen, überschaubar machen, Rolle spielen, Gefühle nach-
vorspielen, persönlich poetisch vortanzen, spielen des Sich-selber-
spielens, verwechselbar sein, proben, ausspielen
WISSENSCHAFTLICHE :

KÜNSTLERISCHE : Schauspieler

LITERARISCHE : Tragödie des Ich als Produk-
tivmittel, Theaterstuck -spiel-identifikation
FIGÜRLICH SPRACHLICHE : Tägliche Rollen spielen, auftreten, böse im Spiel, etwas spielen, nachspielen, demütige Frau spielen,
in der Rolle stecken

UNTERHALTSAM SPIELENDE : Stimmungs-Theater, Manege,
Ritual, Wortspiele

SUCHEN, GEWINNEN : : Nach neuen Möglichkeiten, Tätigkeiten, ungeschminktes Ich-Erleben, Wahrnehmung, Bewusstsein, Weltgefühle des 19. Jahrhunderts

ÜBERWINDEN, VERDECKEN :

BEFREIEN : : Von enger Haut, für sich sein des Ich

FLIEHEN, ABLENKEN :

VERÄNDERN, VERWANDELN: Der Welt, in andere Person, ins allgemeine, etwas anderes machen

Erzähler, Autor, Hauptrolle: Verhaltensunterscheidungen
VERMISCHEN :

SYNCHRONISIEREN :

AUSTAUSCHEN :

UNTERSCHEIDEN : Zwischen widersprüchlichen Rollenverhalten, zwischen Kartellisierung des Für-sich-seins, Sich-selber-spielens und der Individualität verändernden Hauptrolle Quitts und der auswertenden, lernenden Erzähler-Hans-Vergleichsfigur

FIKTION UND AUFKLÄRUNG: Wirkung der Struktur-Elemente
Scheitern des poetisch materialistischen Herausfallens aus der Funktion von Rollenspielen. Widerspruch der geschichtlich quantitativen und poetisch qualitativen Leiden und Sprachlust. Das besondere materialistischer und das allgemeine idealistischer Rollen sind unaufhebbar. Die existentielle Betroffenheit der Person, die Unvorstellbarkeit eines nicht entfremdeten Lebens führt zu einem tödlichen Ende.

Peter Handke: Die Stunde der wahren Empfindung

Metaphern allgemeiner und zuständlicher Verhaltensnormen

ÖFFENTLICH GESELLSCHAFTLICH: Abgerückte Allerwelt, Alltag, Bürgertum, unbeseelte Welt, nichts bezeichnendes

GESCHICHTLICH ZEITLICH : Geschichtsloses Niemandsland, verlorene Vergangenheit, ohne Zukunftsaussicht

STAATLICH POLITISCH : Formulierte Programme, Definition des Einzelnen durch das Allgemeine

WIRTSCHAFTLICH KULTURELL : Arbeitslinien, Terminkalender

PSYCHISCH GEISTIG : Empfindungsgestörtheit, Fremdheit, Lebenslinie abgebrochen, vereinzeltes Ich, Ich-Gefangensein, Seelenschmerz, Angstanfälle, Austauschbarkeit

INDIVIDUELL SOZIAL : Geburtsort, Lebensform, Zeichenzwänge, Ereignislosigkeit, Doppelleben, Dingspaltung

ÄSTHETISCH KÜNSTLERISCH : Unzuständige Poesie, Nachäffungswut, Filmregisseur, Schriftstellernotizen, Deuten in Sätzen, erpressende, künstliche Geheimnisse

Metaphern täuschender und reaktiver Verhaltensabweichungen

GESELLSCHAFTLICH HANDELNDE: Gesellschaftsrollen, Helden des Alltags

PERSÖNLICH HANDELNDE :

GEISTIG EMOTIONALE : Vortäuschen des Gewohnten, sich verstellen, Gedankenspiel, tun als ob, sich betrügen , verschanzen, wegdenken, Möglichkeiten durchspielen, sich verschweigen, tarnen

WISSENSCHAFTLICHE :

KÜNSTLERISCHE : Bühnenspiel, Filmrolle, Schauspiel

LITERARISCHE :

FIGÜRLICH SPRACHLICHE : Aus der Rolle fallen, sich aufspielen, Leben vortäuschen, auf dem Spiel stehen, Versteckspiel, zu Ende spielen, in Rollen nicht weiter wissen, vereinbarte Spiele, im Film auftreten

UNTERHALTSAM SPIELENDE : Kinderspiele, Spielordnung

187

Funktionen der Metaphern von Verhaltensnormwandel

SUCHEN, GEWINNEN :   : Une nouvelle formule, nach Glücksge-
fuhl, System des Weder-noch, des Ich-Du, des Ganzen statt der Teile,
nach Allgemeinzustand, Harmonie, Sicherheit, Zusammenhang

ÜBERWINDEN, VERDECKEN : Von Einzelheit, einzelnem

BEFREIEN   :   : Von distanzloser Ichbezogenheit

FLIEHEN, ABLENKEN   : Von Ängsten, Vereinzelung, keine
Fluchtmöglichkeiten

VERÄNDERN, VERWANDELN: Sich verändern, Traum-Sicherheiten
verlieren, andere Bedeutung, neues, anderes Leben

Erzähler, Autor, Hauptrolle: Verhaltensunterscheidungen
VERMISCHEN   :

SYNCHRONISIEREN   : Eingepaukter Harmonie, Dimension
zurechtrucken

AUSTAUSCHEN   : Von Beschreibendem und Berichtetem

UNTERSCHEIDEN   : Von desillusionierendem, durchschau-
endem, allwissenden Autor-Schriftsteller und Er-Erzähler mit Segel-
fliegerblick und distanzlosem, das Besondere im Allgemeinen suchenden Ich-Erleben

FIKTION UND AUFKLÄRUNG: Wirkung der Struktur-Elemente

Scheitern der Funktion von täuschenden Rollenspielen. Stattdessen erlebte Änderung, Verwandlung von Begriffen und Erscheinungen in für
alle angewandte Ideen durch unnormierte Wunderdinge und schockar-
tiges Erleben von Geheimnissen. Durchdringen, austauschen des Allgemeinen und Besonderen.

Peter Handke: Falsche Bewegung

Metaphern allgemeiner und zuständlicher Verhaltensnormen -

ÖFFENTLICH GESELLSCHAFTLICH: Unpersönliche Welten, Heide,
Marktplatz, Land Schleswig-Holstein, Zugbewegungen

GESCHICHTLICH ZEITLICH :Geschichte von Ideen, Natur,
gereinigte Erinnerung

STAATLICH POLITISCH : Ereignislose Welten des Politischen, Lebenshindernis-fremdheit

WIRTSCHAFTLICH KULTURELL : Kommerzielle Welten, Geschäft
Posten und Statistik, Schilder-Schriftzeichen

PSYCHISCH GEISTIG :Mordlust, Leiden der Erinnerung, photographisch zeichenhaftes Selbsterleben, menschliche Entfremdung, Einsamkeit, Angst, Unbeteiligtsein, Vereinzelung

INDIVIDUELL SOZIAL : Leere des Nicht-Zwangs, Geburtsort, am falschen Orte sein, Umgebung, gewalttätig sein

ÄSTHETISCH KÜNSTLERISCH : Beobachtungszwang, schriftstellerische, nicht zufällige Notwendigkeit, Notizbuch, Schreiberinnerun-
gen, antipolitisches poetisches Weltgefühl, Gegenwarts-und Vergangen-
heitsgleichzeitigkeit, theatralischer Zustand, Roman-Ich-Du. Er-Sie-
Verhältnis

Metaphern täuschender und reaktiver Verhaltensabweichungen

GESELLSCHAFTLICH HANDELNDE: Sänger, Artistin, Schriftsteller,
Tatsachenmenschen

PERSÖNLICH HANDELNDE :

GEISTIG EMOTIONALE : Filmstar, verhalten als ob,
verhalten, Schauspieler seiner selbst, wegschauen, allgemeinverbind-
lich spielen, erinnern spielen, artistische Übungen, proben, aggressi-
ves Verstellen, maschinell spielen, Wesensschau

WISSENSCHAFTLICHE :

KÜNSTLERISCHE : Schauspielerei, gestische
Schaustellung, Zeremoniell, photographieren

LITERARISCHE : Schreibenwollen, Eichendorff-
Flaubert-Lektüre, Theaterstücke

FIGÜRLICH SPRACHLICHE : Spiel, Spiel weitergehen

UNTERHALTSAM SPIELENDE :

<u>Funktionen der Metaphern von Verhaltensnormwandel</u>

<u>SUCHEN, GEWINNEN :</u>   : Nach unverfälschter Natur, nach
Selbsterkenntnis, nach Erlebnisbeteiligung, nach Hoffnung auf Einheit
des Poetischen und Politischen

<u>ÜBERWINDEN, VERDECKEN</u> : Von Angst, Entfremdung, Einsamkeit,
Wahnsinn, Gewalttätigkeit

<u>BEFREIEN   :   :</u>

<u>FLIEHEN, ABLENKEN</u>   : Nach Süden, Soest

<u>VERÄNDERN, VERWANDELN</u>: Sich in jemanden verlieben, sich häu-
ten

Erzähler, Autor, Hauptrolle: Verhaltensunterscheidungen
<u>VERMISCHEN</u>   : Von Traum, Fiktion und Fakten, Wirk-
lichkeit, von distanzloser Natur und verhasster Politik

<u>SYNCHRONISIEREN   :</u>

<u>AUSTAUSCHEN   :</u>

<u>UNTERSCHEIDEN</u>   : Von undistanzierter, unreflektierter
Hauptrolle - Wilhelm - Ich - Schreibtätigkeit und distanzierenden Er - Er -
zähler und Blenden und Aufnahmen wählender Kameraperspektive

<u>FIKTION UND AUFKLÄRUNG: Wirkung der Struktur - Elemente</u>
Scheitern der Funktion von fiktiven Rollenspielen. Erlebnisvereini-
gung des Politischen und Poetischen, des Ich und allgemeinen scheitert am Akzeptieren unmaskierter künstlerischer Einsamkeit und
an fehlender Aufgabe schreibender Erinnerungsselbstverständlich-
keit und -unabhängigkeit.

Peter Handke: Die linkshändige Frau

Metaphern allgemeiner und zuständlicher Verhaltensnormen

ÖFFENTLICH GESELLSCHAFTLICH: Zivilisationseinöde, Alltags-welt

GESCHICHTLICH ZEITLICH : Steckenbleiben in der Zeit, historische Bedingungen für Handlungsweisen

STAATLICH POLITISCH :

WIRTSCHAFTLICH KULTURELL : Bequeme Verhältnisse, Tages-angebote, Supermarkt-Anpassung

PSYCHISCH GEISTIG : In falsche Richtung leben, We-senlosigkeit, Verlassenheit, linksabbiegen, Todes-Alter sangst, Gebor-genheits-Glückskomplexe, ohne Freunde

INDIVIDUELL SOZIAL : Bungalow-Siedlung, Lebens-komfort, Wohneinheit, hergebrachtes Miteinanderleben, Familien-Ehezwänge, Kommunikationsstörung, Zimmer-Zellen, Gruppen

ÄSTHETISCH KÜNSTLERISCH : Romane, Gedichte, Sachlitera-tur, Schriftsteller-Schreiben-Ausrede, Idee, Erleuchtung haben

Metaphern täuschender und reaktiver Verhaltensabweichungen

GESELLSCHAFTLICH HANDELNDE: Gesellschaftsrollen

PERSÖNLICH HANDELNDE : Privatmystikerin

GEISTIG EMOTIONALE : Verschauen, zaubern, meinungs-versichern, passieren, ein bisschen spinnen, sich verstellen, posieren, auf Probe stellen, ertappt fühlen, Gesten machen, auftreten, Aura aus-strahlen

WISSENSCHAFTLICHE :

KÜNSTLERISCHE : Schauspieler

LITERARISCHE : Schreiben

FIGÜRLICH SPRACHLICHE : Mutter und Kind spielen, mit-spielen, sich nie aufs Spiel setzen, Fernsehen nachspielen, Wintermo-de, theatralisch sein, Satz zu Ende spielen, als Gastgeber auftreten, nicht spielen wollen, auf dem Spiele stehen, theatralisches Verhal-ten

UNTERHALTSAM SPIELENDE : Würfelspiel

Funktionen der Metaphern von Verhaltensnormwandel

SUCHEN, GEWINNEN :   :Nach Selbsterkenntnis, autobiographischer Erfahrung, Aufwachen, Entdecken

ÜBERWINDEN, VERDECKEN :

BEFREIEN   :   : Von Daseinsformen, von Familie

FLIEHEN, ABLENKEN   :   Vor Glück, Erfolg mit und unter anderen

VERÄNDERN, VERWANDELN: Ähnlichkeit mit anderen, neues Leben, andere Bücher, Kleider, Möbel

Erzähler, Autor, Hauptrolle: Verhaltensunterscheidungen
VERMISCHEN   :

SYNCHRONISIEREN   :

AUSTAUSCHEN   :

UNTERSCHEIDEN   : Distanzierenden, reflektierenden, beschreibenden Er-Sie-Erzähler und vereinzeltem eingeordnetem, sich selbst nicht erlebenden und reflektierenden Rollen-Ich

FIKTION UND AUFKLÄRUNG: Wirkung der Struktur-Elemente
Scheitern der Funktion entfremdender, täuschender, verbergender Rollenspiele. Aufgabe selbstdistanzierter Ich-Einordnung unter andere. Statt dessen intuitives aufs Spiel setzen des Ich, des Andersseins. Ermöglicht wird Augenblicksbegegnung mit unverstelltem Ich in Selbstgesprächen, aber keine Lebenshoffnung.

Peter Härtling: Eine Frau

Metaphern allgemeiner und zuständlicher Verhaltensnormen
ÖFFENTLICH GESELLSCHAFTLICH: Gesellschaftsriten, Weltunter-
gang, Grossbürgermentalität, Dresden, Prag, Brünn, Stuttgart
GESCHICHTLICH ZEITLICH : Kriegsgeschehen, Bilderbogen,
Chaos, Judenverfolgung, verlorene Zeit, Weltkulisse 1902-22, 22-45, 46-
STAATLICH POLITISCH : Politische Wahnvorstellungen, [70]
Ordnung, nationaler Militarismus
WIRTSCHAFTLICH KULTURELL : Besitz, Vermögen, Konjunktionen

PSYCHISCH GEISTIG : Fremdheitsgefühle, Schockver-
drängung, Ich-Welt, Ängste, Gefangensein, Eingeengtsein, Selbstliebe,
Unangepasstsein

INDIVIDUELL SOZIAL : Marode Formen, Familienge-
schehen, Herkunft, Elternhaus, Kindheit, Affären, Pflichten, Flucht,
Allgemeingeschmack, aushäusiges Leben
ÄSTHETISCH KÜNSTLERISCH : Distanzierende Beschreibung
der Vergangenheit, Erinnerung, Tagebuch, Theater-Opern-Schau-
spielneigung, Pausenbilder, Kunstwerk-figur

Metaphern täuschender und reaktiver Verhaltensabweichungen
GESELLSCHAFTLICH HANDELNDE: Herrenrollen, Hauptrollen,
Künstlerrollen, Militärrollen
PERSÖNLICH HANDELNDE : Schmierenkomödiant, Prole-
ten
GEISTIG EMOTIONALE : Emotionen überspielen, eine
Figur vorspielen, Stil vorführen, heucheln, sich umschminken, sich
verstellen, übertreiben, täuschen, einüben, verspielen, sich aufspie-
len, auftreten, mit Freiheiten spielen, sich in Szene setzen, arrangie-
WISSENSCHAFTLICHE : [ren]

KÜNSTLERISCHE : Hauptrollen spielen, theatra-
lischer Lebensstil-riten, Szenen, Theatralik, Don Giovanni
LITERARISCHE : Märchen erzählen, verlorene
Zeit, charmanter Coseur
FIGÜRLICH SPRACHLICHE : Narrenrolle, Rollen spielen, ein
Spiel können, spielen, Spassmacher, gesellschaftliche Spielregeln, in
Rolle schlüpfen, ein Spieler, Interesse spielen, Allotria, Spielfeld der
Phantasie, den Überraschten spielen
UNTERHALTSAM SPIELENDE : Schmetterling spielen, Fakir
spielen, Gaukler spielen, Luftikus spielen, Grossmaul spielen, Steck-
rübenkunst

Funktionen der Metaphern von Verhaltensnormwandel

SUCHEN, GEWINNEN : : Nach Loslösung des Spiegelbildes als eigentliches Ich-Bild, nach Ich als vermittelndem Gegenüber im Anderen, nach Verwirklichung persönlich gesellschaftlicher Freiheit in der Unfreiheit

ÜBERWINDEN, VERDECKEN :

BEFREIEN : :

FLIEHEN, ABLENKEN : Von verlorener Zeit, im Umgang mit Nächsten

VERÄNDERN, VERWANDELN: Eine andere Person werden, nicht Fremdkörper bleiben, sich ändernde Welt

Erzähler, Autor, Hauptrolle: Verhaltensunterscheidungen

VERMISCHEN : Von mitteilender Erzähler-Zeiten-Personenperspektive und überlegen distanzierten Ich-Er-Rollengesprächen-unterhaltungen und fragmentarisch wörtlich beschreibenden und konjunktivisch indirekt Geschichten erinnernden Er-Sie-Er-

SYNCHRONISIEREN : zähler

AUSTAUSCHEN :

UNTERSCHEIDEN : Zwischen überlegen handelnder, erklärender, entdeckender Erzählerperspektive und verkürzender, unterbrochener persönlich betroffener Ich-Erinnerung und Erinnerung einer Tagebuch-und Briefperspektive

FIKTION UND AUFKLÄRUNG: Wirkung der Struktur-Elemente

Scheitern der Funktion von täuschenden, gesellschaftlichen Rollenspielen. Rollenidentität dreier Spiegelbilder einer von anderen gelebten Person wird durch die Zeit verwandelt. Schneller als Erfahrungen setzt diese Personen frei und verändert sie.

Peter Härtling: Zwettl. Nachprüfung einer Erinnerung

Metaphern allgemeiner und zuständlicher Verhaltensnormen -
ÖFFENTLICH GESELLSCHAFTLICH: Erzwungener Aufenthalt,Zwettl,
Gaststätte,bürgerliches Ehrendenken, Rituale
GESCHICHTLICH ZEITLICH   :Zusammenbrüche, Kriegsende,
Entlassung, Gefangenschaft, Sprachinseln
STAATLICH POLITISCH   : Politische Regimegegner Hit-
lerhass
WIRTSCHAFTLICH KULTURELL   :

PSYCHISCH GEISTIG   : Verzweiflung,Melancholie,Al-
leinsein,Identitatszerfall,Stimmungen, sprachlose Verletzbarkeit,Hy-
pochondrie, unglückliche Natur

INDIVIDUELL SOZIAL   : Unterwegssein, Familien-Mit-
gift, grossmutterliches Ordnen, Welt der Grossen, Vater-Heilige

ÄSTHETISCH KÜNSTLERISCH   : Aufsatz über Zwettl,aus Präsens rausreissen, Bild-Erinnerung, zusammenrufen, zurückrufen,Be-
schreibung der Erinnerung - unwahrscheinlich,traumhaft, geschrie-
ben, ausgedacht, stereotype Szenen

Metaphern täuschender und reaktiver Verhaltensabweichungen
GESELLSCHAFTLICH HANDELNDE: Hanswurst,General im Pur-
purmantel,Pjotr-Sterngucker
PERSÖNLICH HANDELNDE   :Taubstummen spielen

GEISTIG EMOTIONALE   Täuschen, verdecken, vorstellen,
noch verstellen, erfinden,ausdenken, vergessen, leugnen,Phantasie,
Halluzinationen beim schreiben, ersetzen, ausspielen, vorlügen, an-
schleichen.
WISSENSCHAFTLICHE   :

KÜNSTLERISCHE   : Sich in Figuren der Erinnerung
verfangen.
LITERARISCHE   : Umerzählen, in Szene hinein-
schreiben
FIGÜRLICH SPRACHLICHE   :Spiele spielen, Narrheiten spielen, Erwachsenenspiele,Mutterspiele, Soldatenspiele, Kinderspiele,
Spielfläche, alte Weiber, Hauptmann, Soldaten spielen, sich abspie-
len, nicht in Spiele entlassen, Spielarten des Alleinseins, Lintschi-
stirbt-spielen, Interesse vorspielen, ineinandergehende Spiele
UNTERHALTSAM SPIELENDE   : Doktor, Schiff, Taucher, Gärtner, Vater spielen, Typhus spielen, Schlafenden spielen

<u>Funktionen der Metaphern von Verhaltensnormwandel</u>
<u>SUCHEN, GEWINNEN :</u>   : Nach Verbleib des Vaters, der Ich-
Sprache, nach Wirklichkeit blosslegenden Stimmen

<u>ÜBERWINDEN, VERDECKEN</u> : Der Ich-Er-Trennung, Vatergestalt

<u>BEFREIEN   :</u>   :Verderben, zerstören, Welt in Brand
legen
<u>FLIEHEN, ABLENKEN</u>   : Vor Alleinsein, Kränkungen, innere
Pein, um die Erde

<u>VERÄNDERN, VERWANDELN:</u>

<u>Erzähler, Autor, Hauptrolle: Verhaltensunterscheidungen</u>
<u>VERMISCHEN   ˙</u>   :Fiktives Umerzählen von Fakten
und Erinnerungen durch berichtend distanzierenden, korrigierenden, verschiebenden, beglaubigenden, bescheinigenden, mitteilenden
Er-Erzähler und ein die Vergangenheit subjektiv rekonstruierender
<u>SYNCHRONISIEREN   :</u>
                                          Ich-Erzähler

<u>AUSTAUSCHEN   :</u>

<u>UNTERSCHEIDEN   :</u>

<u>FIKTION UND AUFKLÄRUNG: Wirkung der Struktur-Elemente</u>
Scheitern der Funktion von fiktiven Rollenspielen. Fiktivität führt sowohl zu fremder Personen-Identität als auch deren Begrenzung durch
das Vorherwissen persönlich geschichtlichen Beteiligtseins. Ein eigentliches Ich-Bild ist weder in der Vergangenheit noch in der Gegenwart zu finden.

Peter Härtling: Das Familienfest

Metaphern allgemeiner und zuständlicher Verhaltensnormen
ÖFFENTLICH GESELLSCHAFTLICH: Vergangene Wirklichkeit nicht
versicherbar, Konventionen, Wirklichkeitszerfall, Umwelt
GESCHICHTLICH ZEITLICH : Geschichtsverlauf allgemein
nicht existent, Verlassenheit in der Geschichte, Manifestation gegen Zeit
STAATLICH POLITISCH : Exil, politische Umwelt, amt-
liche Welt, politische Intrige, monarchisch republikanische Welt
WIRTSCHAFTLICH KULTURELL :

PSYCHISCH GEISTIG : Geschichtsloses Subjekt, re-
volutionäres Denken, Verzweiflung, Ängste, Heimweh, Exerzitien der
Selbstaufgabe, Ichspaltung, Scham, Menschenfremdheit, gezwungenes
Ich, wunderliche Auftritte

INDIVIDUELL SOZIAL : Jahre mit der Gräfin, Kind-
heitsordnungen, Feindseligkeit, Zucht, Exerzitien, auferlegte Qualen,
verräterrische Eltern, mütterliche Zwänge, Familienfest, Prügel
ÄSTHETISCH KÜNSTLERISCH : Schrift über Wirklichkeitszerfall und Wiedergeburt der Phantasie, falsche Nacherzählungen, Familiengeschichte

Metaphern täuschender und reaktiver Verhaltensabweichungen
GESELLSCHAFTLICH HANDELNDE: Gesellschaftsrollen, Profes-
sor, Lehrer, Aufrührer, Weiberheld, Komödiant
PERSÖNLICH HANDELNDE : Narrekaschper

GEISTIG EMOTIONALE : Selbstverleugnung, Beschöni-
gung, tauschen, betrugende Phantasie, kostümieren, verhüllen, Ge-
schwisterspiele, fiebern, blind spielen, entlarven, auftreten, aus dem
Sinn spielen, sich einpuppen, Wirklichkeitswahn
WISSENSCHAFTLICHE :

KÜNSTLERISCHE : Bühnenspiel, die Szene halten,
Melodram
LITERARISCHE : Anfänge von Geschichten

FIGÜRLICH SPRACHLICHE : Aufs Spiel setzen, mit jemandem spielen, überspielen, sich verspielen, blind spielen, Spielregeln,
Spielformen der Phantasie, spielerisch, Charakterspiel, Maskierung
des Spiels, Bühne im Spiel, Bühne um sich aufbauen, Rolle zuschreiben, Rolle beherrschen, kindischer Part
UNTERHALTSAM SPIELENDE :

Funktionen der Metaphern von Verhaltensnormwandel

SUCHEN, GEWINNEN : : Nach Erkennen, erleben, nach unbe-
streitbarer Wirklichkeit, Destillierung des Geistes, der historischen
Figur aus der Geschichte, beweisbares Nachprüfen unwiederholbarer
Vergangenheit

ÜBERWINDEN, VERDECKEN : Gleichgültigkeit

BEFREIEN : :

FLIEHEN, ABLENKEN :Vor peinigender Zeit, vor gemeinsa-
mem Geschwistergedächtnis

VERÄNDERN, VERWANDELN: Unverändert spielen

Erzähler, Autor, Hauptrolle: Verhaltensunterscheidungen

VERMISCHEN : Von Familienchronik-Varianten berichtendem Autor und aus Erinnerungen lebenden, lehrenden, aus dem
Sinn spielenden, unterlegenen Ich und überlegen ordnenden, nachprüfenden, distanzierenden Er-Wir-Erzähler
SYNCHRONISIEREN :

AUSTAUSCHEN :

UNTERSCHEIDEN : Zwischen Erlebtem und Berichtendem

FIKTION UND AUFKLÄRUNG: Wirkung der Struktur-Elemente

Scheitern der Funktion von fiktiven Rollenspielen. Sie gewinnen keine
Wirklichkeit. Die nicht in übersteigerten Wahrheiten zu synchronisie-
rende Realität ist das Produkt fiktiv höherer Narretei.

198

Uwe Johnson: Jahrestage

Metaphern allgemeiner und zuständlicher Verhaltensnormen -

ÖFFENTLICH GESELLSCHAFTLICH: Wirklichkeitsverlust, Vietnam-
krieg, I. u. II. Weltkriegsgeschehen, gesellschaftlich ideologische Systeme
GESCHICHTLICH ZEITLICH : Verschiedene Wirklichkeiten,
amerikanisch-europäische Umwelten, Jahrestage, Unruhen, Genozid
STAATLICH POLITISCH : Kirchen, Rassen, Klassenzuge-
hörigkeit, Diktatur, Prozesse, Justiz
WIRTSCHAFTLICH KULTURELL : Lebensstandard, New York
Times, Kultur-Sprachzugehörigkeit, Vereine, Entfremdung in N. Y.
PSYCHISCH GEISTIG : Heimweh, Fremdsein, Illusionswelt, verletztes Ich, Ängste, Schuld, Vergessensfurcht, ausgelösch-
te Erfahrungen, menschliche Normstücke

INDIVIDUELL SOZIAL : Bank-Büro-Geldarbeit, Fremdheit, Auswandern, Heimatverlust, Familiengeschichte, Jericho, Papen-
brooks, Cresspahls, Tochter Marie
ÄSTHETISCH KÜNSTLERISCH : Sprachautomatik-zwang, Funk-
tionsmodell des Vergessens, Verständigungsproblem, Zitate, Erinnern,
Sprache erlernen, Wirklichkeitsüberholung, Wortreproduktion, Rea-
litätsfiktivität, zwangsweises Tonband-Geschichtenerzählen

Metaphern täuschender und reaktiver Verhaltensabweichungen
GESELLSCHAFTLICH HANDELNDE: Typen, Heldenrollen, Gesell-
schaftsrollen, New York-Times-Person-Tantenrolle
PERSÖNLICH HANDELNDE :

GEISTIG EMOTIONALE : Sich erinnern, sich vorstellen,
verdecken, verkleiden, verschlüsseln, sich geben, Familienleben spielen, Mimikry, erfinden, täuschen, absichern, sich erinnern, sich einbilden, in Familie machen, so tun als ob, sich aufführen

WISSENSCHAFTLICHE :

KÜNSTLERISCHE :

LITERARISCHE : Anders erzählen, auffüllen, erfinden, erdichten, verdeckende Wiederholung, satzmässiges Gedächt-
nisreihen
FIGÜRLICH SPRACHLICHE : Spiel in Automatenrolle, Rolle
der jungen Dame, Rolle des Beschützers, verteilte Rollen, Laienspiel,
Rolle aufnötigen, persönliche Rolle, Spielstand, spielen, Schabernack
spielen, Schauspiel, theoretisches Spiel, soziale Schaustellerei, Stück
aufführen, offene Bühne, Programm durchspielen, Rollen festhalten
UNTERHALTSAM SPIELENDE :

Funktionen der Metaphern von Verhaltensnormwandel
SUCHEN, GEWINNEN : : Wie es war, gewesen sein könnte, Stimmigkeit, Zusammenhänge, objektivierte Wahrheit, Inhalt für Wirklich-
keitsleere

ÜBERWINDEN, VERDECKEN : Von unglaubwürdiger, distanzloser, perspektivisch einseitiger Erzählsubjektivität

BEFREIEN : : Von biographischer Wirklichkeitswie-
derholung und Erdichtung
FLIEHEN, ABLENKEN : Von verfehlter, nicht voll bewusster
Erinnerung, von sich nicht einlassen mit schmerzbereitender Erinne-
rung, mit verletztem Ich
VERÄNDERN, VERWANDELN:

Erzähler, Autor, Hauptrolle: Verhaltensunterscheidungen
VERMISCHEN : Von international-amerikanischer und
heimatlicher Gegenwart und Vergangenheit, von Dialekten -und Fremd-
spracheneinblendungen, von Nachrichten und Zeitdatierungen, von Zeit-
Freundes-und Stimmengesprächen, von Erinnerung innerhalb der Erin-
SYNCHRONISIEREN : nerung

AUSTAUSCHEN :

UNTERSCHEIDEN : Zwischen erlebter deutscher und amerikanischer Zeit und Wirklichkeit und erinnerten Erfahrungen und
Rollenperspektiven

FIKTION UND AUFKLÄRUNG: Wirkung der Struktur-Elemente
Scheitern der Funktion von um Wahrheit spielenden fiktiven Rollenspielen. Nebeneinander von subjektiver Wahrheit und objektivierter Fiktivität, von Erinnerungen bestimmt die Erkenntnis einer Wirklichkeits-
ambivalenz von heute und gestern.

Uwe Johnson: Eine Reise wegwohin

Metaphern allgemeiner und zuständlicher Verhaltensnormen
ÖFFENTLICH GESELLSCHAFTLICH: Gegensätzlich ideologische
Wirklichkeiten, gesellschaftliche Verhältnisse, Vergleichszwang
GESCHICHTLICH ZEITLICH : Gesellschaftliche Kampfmetho-
den, deutsche Teilung
STAATLICH POLITISCH : Nationale Ähnlichkeiten, staat-
liche Normen, Poliziaktionen, parteiliche Richtlinien
WIRTSCHAFTLICH KULTURELL : Arbeitsbedingungen, Geld ver-
dienen

PSYCHISCH GEISTIG : Körperlich geistige Schmer-
zen, Selbstverständniszweifel, alter werden, Krankheiten, Zerfall der
Identität, Alleinsein, neben sich herleben

INDIVIDUELL SOZIAL : Berühmtheit, Scheidung, Erfolg, nicht ins Benehmen kommen, Verhältnis abfragen, Besuch auf
der Durchreise, privat beruflicher Eigennutz
ÄSTHETISCH KÜNSTLERISCH : Schreibzwang, Berichterstatter, Nachrichtengenauigkeit, Reportagen, Reisebericht, gesellschaftlich
bewertender Wirklichkeitsrückblick, Biographieauftrag, veränderter
Wortsinn, Wortkommunikation, Karteien
Metaphern täuschender und reaktiver Verhaltensabweichungen
GESELLSCHAFTLICH HANDELNDE: Ostdeutsche, westdeutsche Gesellschaftsrollen
PERSÖNLICH HANDELNDE : Berufshabitus

GEISTIG EMOTIONALE : Sich geben, sich vermeiden,
sich aufführen, sich ähnlich kleiden, sich verkleidet fühlen, sich verstellen, Ähnlichkeit des Verhaltens, objektives und subjektives Ver-
söhnlertum, Verhaltensregeln, parteiliche Perspektive
WISSENSCHAFTLICHE :

KÜNSTLERISCHE : Schauspielerei

LITERARISCHE : Denk-und Sprachregeln

FIGÜRLICH SPRACHLICHE : Aufführung, Schauspieler, Schauspielerin, berühmte Rolle, westdeutsche Maske, spezielle Charge, sze-
nische Sätze, offene Bühne, Rolle hinschmeissen, Zuhörer machen

UNTERHALTSAM SPIELENDE :

Funktionen der Metaphern von Verhaltensnormwandel

SUCHEN, GEWINNEN :   : Von biographischer Einheit der Person
als Ausdruck gesellschaftlicher Verhältnisse, Rolle und Leben

ÜBERWINDEN, VERDECKEN : Von Wiedervereinigungsgerede und
Klischees der Zusammenhangsperspektiven

BEFREIEN   :   :

FLIEHEN, ABLENKEN   :

VERÄNDERN, VERWANDELN:

Erzähler, Autor, Hauptrolle: Verhaltensunterscheidungen
VERMISCHEN   :

SYNCHRONISIEREN   :

AUSTAUSCHEN   :

UNTERSCHEIDEN   : Von subjektiver Personenhaltung und
überlegen aufklärender Er-Wir-Erzähler-und Berichterstatterhal-
tung

FIKTION UND AUFKLÄRUNG: Wirkung der Struktur-Elemente
Scheitern der Funktion von fiktiven Rollenspielen. Bestehende und gewünschte Identitätsvorstellungen werden durch Austauschbarkeit der
vielflächigen Wirklichkeitsgegensätze aufgehoben. Sie werden ersetzt
durch eine bewusst fiktive illusionistische Entprivatisierung von politischen Nöten.

Siegfried Lenz: Das Vorbild

<u>Metaphern allgemeiner und zuständlicher Verhaltensnormen</u>

<u>ÖFFENTLICH GESELLSCHAFTLICH</u>: Verwaltete Welt, Alltag, Hamburger Tradition

<u>GESCHICHTLICH ZEITLICH</u> : Geschichts-Pädagogikstudium, systemkonforme Ideale

<u>STAATLICH POLITISCH</u> : Bildungspolitische Richtlinien, politische Unterdrückung, Demonstrationen

<u>WIRTSCHAFTLICH KULTURELL</u> : Profitdenken, Werbe-Kulturindustrie, Besitzopportunismus

<u>PSYCHISCH GEISTIG</u> : Verunsichertes Ichverständnis, Schuldbewusstsein, Belohnungssystem, Angstkomplexe

<u>INDIVIDUELL SOZIAL</u> : Manie des Belegens von Verhaltensweisen, pädagogische Auftragsarbeit, verordnete Lebensbilder, Familientrennung

<u>ÄSTHETISCH KÜNSTLERISCH</u> : Auftragsarbeit, Schreibnormierung, Vorbilder-Überbautypen, Werbesprache, Form-Inhaltsbewertung, Blendentechnik, statisch arrangierte Wirklichkeit deuten

<u>Metaphern täuschender und reaktiver Verhaltensabweichungen</u>

<u>GESELLSCHAFTLICH HANDELNDE</u>: Spielarten des Vorbild-Typs, Sachverstandige, militärische Lebensbilder, Kollegen-Berufsrollen

<u>PERSÖNLICH HANDELNDE</u> : Doppelwesen, Protestsänger Künstler-Starrollen

<u>GEISTIG EMOTIONALE</u> : Sich aufführen, täuschen, aus der Rolle fallen, gegen sich handeln, sich herausspielen, selbst versetzen in den Anderen, verändern wollen, wegblenden, vorspielen, Stück ausspielen, künstliche Gefangenschaft herstellen

<u>WISSENSCHAFTLICHE</u> : Vorbildliches Handeln,'Nein' gegenüber Verhältnissen

<u>KÜNSTLERISCHE</u> : Vorbildliches Handeln

<u>LITERARISCHE</u> : Autorkommentare, Handlung inszenieren

<u>FIGÜRLICH SPRACHLICHE</u> : ausspielen, vergleichen, Koch spielen, Pantomime, Vorstellung, Rollengericht, Spiel, gespielte Bekümmerung, Theater, Illusion, Auftritte, Vorbild spielt eine Rolle, Rolle verändern, Rolle des Idols, Rolle führender Persönlichkeiten, übliches Spiel spielen, unzureichende Rolle, Spielart der Arroganz

<u>UNTERHALTSAM SPIELENDE</u> : Brettspiele

<u>Funktionen der Metaphern von Verhaltensnormwandel</u>
<u>SUCHEN, GEWINNEN :</u>   : Nach anderer Haut, Haltung des Pro-
testes, sich versetzen, vergleichen, nach komplett rundem Vorbild,
nach Selbsterfahrung

<u>ÜBERWINDEN, VERDECKEN :</u>

<u>BEFREIEN   :   :</u>

<u>FLIEHEN, ABLENKEN   :</u>

<u>VERÄNDERN, VERWANDELN:</u>

<u>Erzähler, Autor, Hauptrolle: Verhaltensunterscheidungen</u>
<u>VERMISCHEN</u>   : Von registrierendem, distanzierenden,
wegblendenden Man-Es-Wir-Erzähler und ironischem, indirekt redenden Er-Sie-Erzähler und vereinzelt eingeschobenem Ich-Erzähler

<u>SYNCHRONISIEREN   :</u>

<u>AUSTAUSCHEN   :</u>

<u>UNTERSCHEIDEN</u>   : Der Typisierung von Rollenfiguren zu
mehrschichtigen Deutungsaufgaben

<u>FIKTION UND AUFKLÄRUNG: Wirkung der Struktur-Elemente</u>
Scheitern der Funktion von fiktiv gegenspielenden Rollenspielen. Die
Mehrdeutigkeit als Prinzip öffentlich gezeigter Anteilnahme unterliegt
Rollenzwängen von als Auflehnung geforderter fiktiver Eindeutigkeit
und der fiktiven Lesertäuschung.

Metaphern allgemeiner und zuständlicher Verhaltensnormen

ÖFFENTLICH GESELLSCHAFTLICH: Kollektivauftritte, Sozialkarriere, Niederdorf, Welttheater -Kulisse, Milieu, grossbürgerlicher Rahmen
GESCHICHTLICH ZEITLICH : Schicksalsgemeinschaft -Zwang
Vorfahren, Brauchtum, Vorerfahrungen
STAATLICH POLITISCH : Führungsanspruch, Verbandswesen, Machtverhaltnisse, Sandkastenspiel
WIRTSCHAFTLICH KULTURELL : Leistungsanspruch, Kleiderzwang, Status, Sozialaufstieg
PSYCHISCH GEISTIG : Empfindungsmängel, Entfremdung, nicht dazugehören, seelenkrank, Lebensohnmacht, verlorene Unschuld

INDIVIDUELL SOZIAL : Leistungsanspruch, sozialer
Aufstieg, Karrierestress, Alleinsein, Jugenderlebnisse, Vater -Mutter-Familie, Vakuumleben, Sohn spielen, schulisches heilen, Proletarier-
ÄSTHETISCH KÜNSTLERISCH : Herrensohn, Spitzname
: Permanentes Revolutionstheater, Beobachter, Fallübungen, wiederholte Zeugenauftritte, wiederholte Erfahrungsvermittlung, das repeat mit Wörtern, thematische Bild-Abfolgen, Geschichten, schreiben
Metaphern täuschender und reaktiver Verhaltensabweichungen
GESELLSCHAFTLICH HANDELNDE: Berufsrollen, Stellvertreter, Star, Statist
PERSÖNLICH HANDELNDE : Gigolo, Vorführmann, Immune, Intellektuelle, Geher
GEISTIG EMOTIONALE : Schwindel, Täuschung, Möglichkeiten durchspielen, sich immunisieren, sich verstecken, weggehen, gehen, sich ausschalten, agieren, vorspielen, mit Augen umgehen, zurückkehren, abhauen, fliehen
WISSENSCHAFTLICHE :

KÜNSTLERISCHE : Theatralisches Auftreten, Erwachsenentheater, Schauspieltheater, Phantasie übernimmt die Macht
LITERARISCHE : Mit Worten spielen, mit Empfindungen umgehen, Massenszenen offrieren, Theater des Immunen, eine Figur machen
FIGÜRLICH SPRACHLICHE : Ins Spiel eingreifen, vorspielen, mitspielen, durchspielen, eine Rolle machen, zu Rollen zwingen, nicht angegebene Rollen, aus der Rolle fallen, zur Rolle gehören, Auftritte, Bühne, Vorstellung, Programm, Theater für jeden
UNTERHALTSAM SPIELENDE :

Funktionen der Metaphern von Verhaltensnormwandel
SUCHEN, GEWINNEN : : Nach Unabhangigkeit, etwas zur Deckung
bringen, Rettung eigener Person

ÜBERWINDEN, VERDECKEN : Des Defizit der Person, der Empfindungen

BEFREIEN : :

FLIEHEN, ABLENKEN :Als Schutz, als Verpackung, in Wiederholung, um am Leben zu bleiben, vor Gesellschaft

VERÄNDERN, VERWANDELN: Stellvertretung eines Anderen für sich
selbst

Erzähler, Autor, Hauptrolle: Verhaltensunterscheidungen
VERMISCHEN :

SYNCHRONISIEREN :

AUSTAUSCHEN : Von fiktiv wiederholt berichteten und
fiktiv überlegen distanzierenden oder beteiligten Berichtenden auf
verschiedenen Ebenen mit verschiedenen Elementen. Von methodisch
überlegenem, erklärenden Autor-Er-Sie-Berichterstatter und einbezo-
UNTERSCHEIDEN : genem Ich-Wir-Erzahler

FIKTION UND AUFKLÄRUNG: Wirkung der Struktur-Elemente
Scheitern der Funktion von fiktiven Rollenspielen. Auktorial dichterische Robotspiele mit sich und anderen desillusionieren jede spielend erzählte Ich-Identifikation der Phantasie und Einbildung. Intellektuell lügende Geschichten erscheinen als totalitär diktatorisch, die
Phantasie übernimmt nicht die Macht. Neben blossstellender Aufklärung
bleibt allein der Artefakt eines Kleider wechsels, eines Erwachsenen-
spielens

Hans Erich Nossack: Ein glücklicher Mensch

Metaphern allgemeiner und zuständlicher Verhaltensnormen

ÖFFENTLICH GESELLSCHAFTLICH: Georgetown-Washington ,Q-
Street,Daseinssinnlosigkeit, Wirklichkeitsverlust

GESCHICHTLICH ZEITLICH :Toter Punkt, Vergangenheit ohne Wachstum, ohne Geschichte, Aporee-Zustand, Zivilisationsablenkung

STAATLICH POLITISCH :Abteilungsleiter,Strafkolonie,
Staatspolizei, Politiker

WIRTSCHAFTLICH KULTURELL :Anfangskapital

PSYCHISCH GEISTIG :Existenzverlust, Selbstentfrem-
dung, letzte Hoffnung, kein Glück haben, Enttäuschung, Ängste, Schuldgefühle, Pedanterie, Alpträume

INDIVIDUELL SOZIAL : Regelmässige Gewohnheiten,
Computernamen, Nicht-Dazugehörigkeit, Vorgeschichten, Rückkehr-
Verzicht, Lebensfrist

ÄSTHETISCH KÜNSTLERISCH : Bücher-Schreibzwang-krank-
heit, infizierte Vergangenheit, Wort-Wirklichkeitsbeschäftigung, zum
Schluss kommen, Notizen-Buchführung-Tagebuch, Geschichten erfinden, erzählen

Metaphern täuschender und reaktiver Verhaltensabweichungen

GESELLSCHAFTLICH HANDELNDE: Beamter spielen, Politiker-
rollen

PERSÖNLICH HANDELNDE : Clown-Aporee-Rollen

GEISTIG EMOTIONALE : Spitznamen bekommen-benen-
nen, verkleiden, tauschen, vormachen, übertreiben, verschweigen, Anschein geben, immun werden, Zeit vertreiben, ausdenken, posieren,
schwindeln

WISSENSCHAFTLICHE :

KÜNSTLERISCHE : Schauspielerei, Maskenspiel,
Rolle spielen

LITERARISCHE : Figur, Geschichten erfinden,
täuschen, mit Worten spielen, Efindung des Erzählens, von sich reden

FIGÜRLICH SPRACHLICHE :Eine Rolle spielen, gut spielen,
Rolle sein, Rolle passt, Rolle klassisch spielen, klassisch sein, Rolle
richtig spielen, Mätzchen bedienen, Gesten beibehalten, wie im Kino,
Kulissen

UNTERHALTSAM SPIELENDE :

SUCHEN, GEWINNEN :   : Nach Todes-Wirklichkeit-Wahrheit,
Zuflucht, Vergangenheit loswerden, nach Selbstausdruck

ÜBERWINDEN, VERDECKEN : Des Ich, der Ichbetroffenheit

BEFREIEN   :   :

FLIEHEN, ABLENKEN   : Von Enttäuschung, Unglück, Selbstmord

VERÄNDERN, VERWANDELN:

Erzähler, Autor, Hauptrolle: Verhaltensunterscheidungen
VERMISCHEN   : Von subjektiv betroffenem, abschwei-
fenden, privat erinnernden, erfindenden Ich-Erzähler und überlegen
eingreifendem, faktisch objektivierenden Wir-Man-Erzähler

SYNCHRONISIEREN   :

AUSTAUSCHEN   :

UNTERSCHEIDEN   :

FIKTION UND AUFKLÄRUNG: Wirkung der Struktur-Elemente
Scheitern der Funktion von fiktiven Rollenspielen. Geburt eines Kindes erlaubt dem Ich einen Neubeginn und der Fiktion des Ausgedach-
ten eine Wirklichkeit, die fühlbar gegenwärtig ist.

Metaphern allgemeiner und zuständlicher Verhaltensnormen .
ÖFFENTLICH GESELLSCHAFTLICH: Automatisierte Lebensordnung,
Alltag, Theaterkulissen, anerzogenes Verhalten, Verstellungserwartun-
GESCHICHTLICH ZEITLICH : Zeit-Ausplünderung gen

STAATLICH POLITISCH :

WIRTSCHAFTLICH KULTURELL : Arbeitszwänge, Höflichkeitsautomatik
PSYCHISCH GEISTIG : Selbstverleugnung, Betrug, Erpressung, Schizophrenie, Selbstekel, Zerrissenheit, Ängstlichkeit, nicht
von sich reden

INDIVIDUELL SOZIAL : Ehre, Abhängigkeiten, Bank,
Familie, Ehe, Arbeitsanpassung

ÄSTHETISCH KÜNSTLERISCH : Kamera-Geschichte, Buch über
New York, Zufallskette, Gewohnheit des Geschichtenerlebens, Gewohnheit übertreibenden Erzählens

Metaphern täuschender und reaktiver Verhaltensabweichungen
GESELLSCHAFTLICH HANDELNDE: Figuren von Filmausschnitten,
Unbekannte, berufliche Verhaltensweisen
PERSÖNLICH HANDELNDE : Photograph

GEISTIG EMOTIONALE : Sich verstellen, einen Eindruck
machen, jemanden spielen, in Verstellung flüchten, automatisch handeln, sich in Szene setzen, vorheucheln, Spiel des Suchens und Findens

WISSENSCHAFTLICHE :

KÜNSTLERISCHE :

LITERARISCHE :

FIGÜRLICH SPRACHLICHE : Rolle spielen, inszenieren, Szene spielen, Pose einnehmen, Schauspieler sein, Harmlosen spielen, Ge-
richtsszene

UNTERHALTSAM SPIELENDE : Verfolgungsjagd, Tennisspiel

Funktionen der Metaphern von Verhaltensnormwandel

SUCHEN, GEWINNEN :   : Nach Unabhängigkeit, Alleinsein, Liebe
Kommunikation

ÜBERWINDEN, VERDECKEN : Gesicht verdecken

BEFREIEN   :   :

FLIEHEN, ABLENKEN   : Um zu überleben, vor gesellschaftlichen Normen, in Freiheit des Ich

VERÄNDERN, VERWANDELN: Des Selbstbewusstseins

Erzähler, Autor, Hauptrolle: Verhaltensunterscheidungen

VERMISCHEN   : Von beschreibendem, photographieren-
den, beobachtenden, entdeckenden Er-Erzähler und direkt redendem,
erlebenden, betroffenen Ich-Erzähler

SYNCHRONISIEREN   :

AUSTAUSCHEN   :

UNTERSCHEIDEN   : Von erinnerndem erklärenden Ich-und
Er-Bewusstsein

FIKTION UND AUFKLÄRUNG: Wirkung der Struktur-Elemente
Scheitern der Funktion von fiktiven Rollenspielen. Rollendistanzierung
in neues Lebensbewusstsein nur möglich als Permanenz einer Flucht.
Fiktive Lebensbilder kommen und gehen und Personenschicksale und
Namen werden als verwandelbar, austauschbar aufgeklärt.

2lo

Martin Walser: Halbzeit

Metaphern allgemeiner und zuständlicher Verhaltensnormen -
ÖFFENTLICH GESELLSCHAFTLICH: Weltzerfall, Gesellschaftskrise,
Alltag, Schicksal
GESCHICHTLICH ZEITLICH   :Perfekter Umgang mit Histo-
rischem, Zeit-Verlaufskonstruktion
STAATLICH POLITISCH   :

WIRTSCHAFTLICH KULTURELL   : Wirtschaftskreise, Kulturbe-
trieb, Bankerott, Verbraucher
PSYCHISCH GEISTIG   : Identitätsverlust, Entfremdung,
Hass-Liebe, Tarnung, Totalsichtkonserve, Unangepasstsein

INDIVIDUELL SOZIAL   : Familienleben, Eheleben, Verwandte, Berufskarriere, Affaren, Beweisketten

ÄSTHETISCH KÜNSTLERISCH   : Filmschicksal, Standardszene,
Repertoire, Unterhaltungsthema, Gedankennacheinander, Werbetexte,
Tagebuch, graue Mieze, Regisseur, Allwissender, gebastelte Biogra-
phie

Metaphern täuschender und reaktiver Verhaltensabweichungen
GESELLSCHAFTLICH HANDELNDE: Gesellschaftsrollen, Vertreter, Denksklaven
PERSÖNLICH HANDELNDE   : Gallileo Cleverlein, Don Qui-
jote, Clown, Komödiant, Simulanten, Non-Stop-Nummer
GEISTIG EMOTIONALE   :So tun als ob, lügen, outrieren,
betrugen, übertreiben, sich aufspielen, ablenken, erfinden, verbergen
ein Solo anbringen, Mimikry, Mimik

WISSENSCHAFTLICHE   :

KÜNSTLERISCHE   : Schauspieler-Repertoire, mo-
dernes Theater, Kostüm-Generalprobe
LITERARISCHE   :

FIGÜRLICH SPRACHLICHE   Sich aufspielen, vorspielen, eine
Rolle sein, eine Rolle unterbieten, Rolle spielen, Rolle sass, Rolle verlangen, Hauptrolle spielen, Rolle übernehmen, aus der Rolle fallen, die
Kleider der Rollen, Zuhörerrollen, Rolle lernen, Lieblingsrolle spielen, Klagepartner spielen, Neutralen spielen, ein Spiel treiben
UNTERHALTSAM SPIELENDE   Ehebruch-Spiel, Tagebuch-Spie-
lereien

<u>Funktionen der Metaphern von Verhaltensnormwandel</u>

<u>SUCHEN, GEWINNEN :</u> : Nach Familieneingliederung, notwendig gesunder Identität, nach Nutzen, Gedankengleichzeitigkeit, Innen- und Aussenzusammenhang

<u>ÜBERWINDEN, VERDECKEN :</u>

<u>BEFREIEN</u> : : Von Tanzmeistern der Innigkeit, von Marchen, von Seele

<u>FLIEHEN, ABLENKEN</u> :

<u>VERÄNDERN, VERWANDELN:</u> Kein Schicksalstausch, ein Anderer sein

<u>Erzähler, Autor, Hauptrolle: Verhaltensunterscheidungen</u>

<u>VERMISCHEN</u> : Von Vergangenheit berichtendem, subjektiv lügenden Ich-Erzähler und psychoanalysierendem, reflektierenden oder distanzierenden Ich-Erzähler und beschreibendem Sie-Er-Erzähler

<u>SYNCHRONISIEREN</u> : Grosser Regisseur, graue Mieze, Rollenzuteilung

<u>AUSTAUSCHEN</u> :

<u>UNTERSCHEIDEN</u> :

<u>FIKTION UND AUFKLÄRUNG: Wirkung der Struktur-Elemente</u>

Scheitern der Funktion von fiktiven Rollenspielen. Schicksalseingriffe des grossen Regisseurs begrenzen sinnvolle fiktive Rollenidentifikationen und die lügende, erfindende Subjektivität. Gleichzeitig jedoch wird die aufgeklärte Fiktionalität durch die höhere Erzählerfiktivität entgrenzt. "Wir sind Marionetten".

212

Metaphern allgemeiner und zuständlicher Verhaltensnormen

ÖFFENTLICH GESELLSCHAFTLICH: Wirklichkeitszerfall, gesellschaftliche Zurücksetzung, Menschenverachtung

GESCHICHTLICH ZEITLICH :

STAATLICH POLITISCH : Chauvinistische Klischees, Kommunismus

WIRTSCHAFTLICH KULTURELL : Lizenzverträge, Liefergesetze, Arbeitsnotizen, Geschäftsverfolgung, Listenzwang, Ausbildungsvorgang

PSYCHISCH GEISTIG : Gedankenzwang, Verfolgungswahn, Identitätsspaltung, Verhaltensdruck, Depressionen, Ängste, Krankheiten, Eitelkeit, Unlust, Erwartung, Ehrerbietung, Lebensfeindlichkeit

INDIVIDUELL SOZIAL : Vollversager, Erfolglosigkeit, Höflichkeit, Rücksicht, Erfolge, Ehetrennung, feste Verhältnisse, Frauenunersättlichkeit, kultivierte Grausamkeit

ÄSTHETISCH KÜNSTLERISCH : Wirklichkeitsverständnis, Personenverwechseln-Nichterkennen, Biographie nacherleben, zweckbestimmtes Erzählen, Erzählklima, Photographieren-Bewahren, Erzählzeit-Pappel-Geschichte

Metaphern täuschender und reaktiver Verhaltensabweichungen

GESELLSCHAFTLICH HANDELNDE: Gesellschaftsrollen, Thiele-Lisztfiguren, Fra Angelico

PERSÖNLICH HANDELNDE :

GEISTIG EMOTIONALE : Wegdenken, auftreten, bösartige Anspielungen, geistig ummodeln, fliehen, spielen, inszenieren, schwindeln, einmal durchspielen, Ansicht üben, arrangieren, Geschichte aufzäumen, Schau-Verhalten

WISSENSCHAFTLICHE :

KÜNSTLERISCHE :

LITERARISCHE :

FIGÜRLICH SPRACHLICHE : Erfrorenen, Toten spielen, Spiel spielen, armen Mann spielen, in Rolle gefallen, miese Rolle spielen, Rolle ausspielen, gespielter Gleichmut

UNTERHALTSAM SPIELENDE :

Funktionen der Metaphern von Verhaltensnormwandel

SUCHEN, GEWINNEN : : Nach Halt, Klärung, Selbstdistanzierung, Harmonie, verständlich bleiben

ÜBERWINDEN, VERDECKEN :Aggressiver, schockierender Verhaltens- weisen, Gefühle, des Bewusstseins, der Gedanken

BEFREIEN : :

FLIEHEN, ABLENKEN : Von Selbstbehauptungszwang, Depressi- onen

VERÄNDERN, VERWANDELN: Von Ich-Trennung

Erzähler, Autor, Hauptrolle: Verhaltensunterscheidungen

VERMISCHEN :

SYNCHRONISIEREN :

AUSTAUSCHEN :

UNTERSCHEIDEN : Von innerlich erlebendem, mit sich redenden Ich-Du-Erzähler und prüfendem, Fakten sammelnden, di- stanzierend aufklärenden Er-Erzähler

FIKTION UND AUFKLÄRUNG: Wirkung der Struktur-Elemente
Scheitern der synchronisierenden Funktion von fiktiven Rollenspielen. Statt Synthetisieren der Existenz Aufklären von distanzierender Selbst- erkenntnis und Ausschau halten nach anderen Menschen. Erfahrungs- bewegung ins Unendliche, jenseits von Extrempositionen, von Ich-Tren- nung -und verurteilung.

Dieter Wellershoff: Die Schattengrenze

Metaphern allgemeiner und zuständlicher Verhaltensnormen -
ÖFFENTLICH GESELLSCHAFTLICH: Aussenweltdruck, gesellschaft-
liche Widerstande, Abstieg
GESCHICHTLICH ZEITLICH   : Jahrelanger Druck

STAATLICH POLITISCH   :

WIRTSCHAFTLICH KULTURELL   : Steuerfahndung, Stichproben,
falsche Eintragungen, Hehlerei
PSYCHISCH GEISTIG   : Angstzustände, Einbildungen,
Existenzeinengung, Depressionen, Identitätsverlust, Täuschungsverfol-
gung

INDIVIDUELL SOZIAL   : Erfolgszwang, berufliches
Scheitern, Clique

ÄSTHETISCH KÜNSTLERISCH   : Sprüche im Kopf, verrutschte
Bilder, Denkmaschine

Metaphern täuschender und reaktiver Verhaltensabweichungen
GESELLSCHAFTLICH HANDELNDE: Fremde Berufsrollen

PERSÖNLICH HANDELNDE   :

GEISTIG EMOTIONALE   : Sich vertauschen, frisieren,
fingieren, sich zurückziehen, sich einbilden, träumen, fliehen, auswei-
chen, lügen, posieren, weglaufen, fliegen, sich ablenken, jemandem vorspielen, jemanden täuschen, verheimlichen, sich betrügen
WISSENSCHAFTLICHE   :

KÜNSTLERISCHE   : Schauspielerei

LITERARISCHE   :

FIGÜRLICH SPRACHLICHE   : Flucht-Spiele, Schauspielerei,
aufs Spiel setzen, jemanden spielen, Szene, etwas spielen, einen Zug
tun, posieren

UNTERHALTSAM SPIELENDE   : Patiencen-Spiele, Kartenspiel

<u>Funktionen der Metaphern von Verhaltensnormwandel</u>
<u>SUCHEN, GEWINNEN :</u>   : Nach Klarheit, nach wahrem Selbst,
Selbstandigkeit, neuem Anfang, geordneter Lage

<u>ÜBERWINDEN, VERDECKEN :</u>

<u>BEFREIEN   :   :</u>

<u>FLIEHEN, ABLENKEN</u>   : Zur Stellvertretung eines anderen Ich

<u>VERÄNDERN, VERWANDELN:</u>Von äusserer Veränderung

<u>Erzähler, Autor, Hauptrolle: Verhaltensunterscheidungen</u>
<u>VERMISCHEN</u>   : Von Gegenwart und erinnerter Ver-
gangenheit

<u>SYNCHRONISIEREN   :</u>

<u>AUSTAUSCHEN   :</u>

<u>UNTERSCHEIDEN</u>   : Beobachtendem, sich zusehenden, nicht
durchschauenden Er-Erzähler und innerlich erlebendem, imaginieren-
den Ich-Erzähler

<u>FIKTION UND AUFKLÄRUNG: Wirkung der Struktur-Elemente</u>
Scheitern der Funktion von fiktiven Rollenspielen. Prüfende Reflektionen der Schattengrenze klären das Selbstbewusstsein als einen zeit-
lich-seelisch-geistigen und handlungsmässig ambivalenten Existenzzustand auf.

216

Dieter Wellershoff: Einladung an alle

Metaphern allgemeiner und zuständlicher Verhaltensnormen -
ÖFFENTLICH GESELLSCHAFTLICH: Welt der Sachzwänge, Allge-
meinneurose, gesellschaftliche Frustration-Druck, Ordnungen
GESCHICHTLICH ZEITLICH   :Erinnerungsverlebendigung

STAATLICH POLITISCH   : Topographien, Modellfälle,
Entscheidungstheorie, Politikum, allgemeine Einordnungen
WIRTSCHAFTLICH KULTURELL   :

PSYCHISCH GEISTIG   : Reizwiederholungen, Ideenmuster, Selbstzweifel, Fehlhaltungen, Aggressionsversöhnung, Triebdruck,
psychologische Verwesung, Maschinenexistenz, Existenz in Bewusst-
seinsaugenblicken, aufgelöste Hemmungsinstanz

INDIVIDUELL SOZIAL   : Polizeikiste, Erfolg, Herkunft,
Heim, Gewohnheitsverbrecher, Lebenslauf, krimineller Vater, Strate-
gie, Handlungszwang, Fürsorgeerziehung, Jugendgefängnis, Konformität
ÄSTHETISCH KÜNSTLERISCH   : Ermittlungsüberlegungen-Buch
Meldungs-Schreibstil, subjektive Erinnerungsproduktion, Reproduktion,
Lehrbeispiel

Metaphern täuschender und reaktiver Verhaltensabweichungen
GESELLSCHAFTLICH HANDELNDE: Routinier, Doppelgänger, Be-
rufsrollen, Profi, Beamter
PERSÖNLICH HANDELNDE   : Amateur

GEISTIG EMOTIONALE   :Kleider wechseln, Aussehen verändern, sich verdoppeln, täuschen, abweichende Verhaltensweisen,
Scheinleben, Selbstbetrug

WISSENSCHAFTLICHE   : KriminalogischesErmittlungs-
Jagdspiel, Ideenmuster
KÜNSTLERISCHE   :Schauspiel, etwas spielen, phan-
tastische Stellungsüberhöhung
LITERARISCHE   :Gedankenkino, unglaubhaftes
Erzählen
FIGÜRLICH SPRACHLICHE   :Indianer spielen, Rolle als Be-
rater, eingespielt sein, Gedankenspiel, Spielereien, Fragespiel des Re-
porters

UNTERHALTSAM SPIELENDE   :

Funktionen der Metaphern von Verhaltensnormwandel

SUCHEN, GEWINNEN : : Nach sinnvollen Ergänzungen, unbekannten Gedächtniseinflüssen, unterscheidenden Kombinationen, logisch
schematisierbaren Verhaltensweisen, Rollenbildern

ÜBERWINDEN, VERDECKEN :

BEFREIEN : : Von gezwungenem Leben, eigenem
Selbst, Gesellschaftszwang-spiel
FLIEHEN, ABLENKEN : Von Sozialisation, Triebverdrängung

VERÄNDERN, VERWANDELN:

Erzähler, Autor, Hauptrolle: Verhaltensunterscheidungen

VERMISCHEN : Von Gegenwart und Erinnerung, Ver-
folger und Verfolgtem, von analysierendem, überlegenen, berichtenden,
dokumentierenden Er-Sie-Man-Erzähler und innerlich erlebendem,
monologisierenden Ich-Wir-Erzähler
SYNCHRONISIEREN :

AUSTAUSCHEN :

UNTERSCHEIDEN : Von Tatsachenrekonstruktion und subjektiven Erwägungen, Ich-und Er-Erfahrungen

FIKTION UND AUFKLÄRUNG: Wirkung der Struktur-Elemente

Scheitern der Funktion von fiktiven Rollenspielen. Rollenzwänge erlauben keine Abweichungen von gesellschaftsgerechter Konformisierung oder Ermittlung von unverwechselbaren Charakterbildern. In der
Vermischung von Fiktion und Aufklärung erscheint die Lebenswirklichkeit zu unterschiedlichen Rollenspielen bestimmt.

218

Gabriele Wohmann: Paulinchen war allein zuhaus

Metaphern allgemeiner und zuständlicher Verhaltensnormen
ÖFFENTLICH GESELLSCHAFTLICH: Welt ohne Scham-Ideologie, Neu-
rosenabbau, systematisiertes Leben
GESCHICHTLICH ZEITLICH : Gesellschaftliches Freiheits-
und Denkspielfeld
STAATLICH POLITISCH :

WIRTSCHAFTLICH KULTURELL :

PSYCHISCH GEISTIG : Selbstverständnis, Empfindungs-
unmöglichkeit, Heimweh, Selbstkontrolliertheit, Behütetsein, Aggression,
Verlust von Gefühlsleben, Ich-Erfahrung, Krankheit, Fehlverhalten,
Mischmasch-Symptome, paranoische Angst um Intimsphäre

INDIVIDUELL SOZIAL : Vollwaise, Partner-verantwort-
liches Verhalten, vernünftiger Mensch-Gedanken, Normgewöhnung, Er-
ziehungsdoktrinäre, Lernprozesse, unerlaubtes Privatleben, Denk-Kult
ÄSTHETISCH KÜNSTLERISCH : Notizenhaft, Schreibereien, Spielraum, Paul-Sprache, Interview-Spielhandlung, Trostbüchlein der Poesie, innerästhetische Ordnung, Schreibmaschinengespenster

Metaphern täuschender und reaktiver Verhaltensabweichungen
GESELLSCHAFTLICH HANDELNDE: Gesellschaftsrollen, Erklärungsprofis, Paul-Erscheinungsform
PERSÖNLICH HANDELNDE : Partisanen spielen, Don Qui-
chotte spielen
GEISTIG EMOTIONALE : Lügen, erfinden, vortäuschen,
entfernen, so tun als, vorgeben, aufspielen, auftreten, sich krank stellen, verweigern, verdrängen, vorschwindeln, herummogeln, Täuschungsmanöver, Lügengeschichten, Rollenwechsel, Schlaf-Essenbesessenheit
WISSENSCHAFTLICHE :

KÜNSTLERISCHE : Schauspielerei, theatralisch
sein
LITERARISCHE : Lügengeschichten

FIGÜRLICH SPRACHLICHE : Rolle durchspielen, durch Spiel
lernen, in Rollen auftreten, Rolle nutzen, Theater spielen, Rollen denken, Spieltrieb, Psychospiele, Verkleidungstheater, stolpern spielen,
Lebensspielraum, wie ein Schauspieler, Gefühlstheater, Mädchen spielen
UNTERHALTSAM SPIELENDE : Ratespiel, Schule spielen, Puppen spielen, Spielsachen

Funktionen der Metaphern von Verhaltensnormwandel

SUCHEN, GEWINNEN : : Nach Anerkennung der Vielfalt des Ich, nach Verstehen, Zärtlichkeit, Trost, Mitleid, Ausdrucksfreiheit, nach übereinstimmendem Handeln, nach eindeutigem Benehmen

ÜBERWINDEN, VERDECKEN :

BEFREIEN : :

FLIEHEN, ABLENKEN : Vor Ich-Normierung, in frühkindliche Welt, vor Ich-Eindeutigkeit

VERÄNDERN, VERWANDELN: Wunsch nach anders sein, Entwicklung, Veränderung

Erzähler, Autor, Hauptrolle: Verhaltensunterscheidungen

VERMISCHEN : Von prüfend überdenkendem Er-Sie-Man-Erzähler und erlebendem, selbstreflektierenden Ich-Erzähler und Begriffe, Symptome, Redewendungen zitierendem, monologisierenden Autor

SYNCHRONISIEREN :

AUSTAUSCHEN :

UNTERSCHEIDEN :

FIKTION UND AUFKLÄRUNG: Wirkung der Struktur-Elemente

Scheitern der Funktion von reflektierenden und fiktiven Rollenspielen. Annahme eines öffentlichen Rollenspiels im Internat eliminiert Nicht-Verstehen und Aufklären von Rollenzwängen. Sie erlaubt auf fiktiver Ebene der Gleichberechtigung eine Verfremdung von fiktiven Rollenspielen als "vernünftiger" Mensch.

Metaphern allgemeiner und zuständlicher Verhaltensnormen -
ÖFFENTLICH GESELLSCHAFTLICH: Spätbürgerlicher Sexualtrieb,
Leben, Rollen-Image, Rollen-Abhängigkeit, verlorener Wirklichkeits-
Weltzusammenhang
GESCHICHTLICH ZEITLICH : Mitmenschliches Verhaltens-
muster, verknotetes Handlungs-Weltgeschehen, Systemimmanenz
STAATLICH POLITISCH :Meinungsverdummung, Kommu-
nikationsbetrieb
WIRTSCHAFTLICH KULTURELL : Leistungsdruck, Konsum-Indi-
vidualismus-Fetischismus, Schuldkultur, Fernsehen, Ich-Vermarktung,
Fallstudie
PSYCHISCH GEISTIG : Wirklichkeitsblockierung , Ent-
individualisierung, Plath-Kopf, Angstzustände, Entfremdung, Sexualau-
tomatik, Überempfindlichkeit, Identitätsverlust, nicht erlernte Erfahrungen, Alpträume

INDIVIDUELL SOZIAL : Verwandtschaftliche Verkno-
tungen, Anpassung, Rollenabhängigkeit, Denkkassetten, Gefühlsmanipu-
lierung, Streit-Phobie, Aussenwelt-Integration, Cliquen-Erfolgszwang,
Mittäterschaft
ÄSTHETISCH KÜNSTLERISCH : Erfolgsschriftsteller, filmische
schreibende Wiederholungszwänge , Schreibberuf, Fallstudie, Gegen -
warts-Vergangenheits-Plath, Arbeitszwang, Beschäftigungstherapie,
Sprach-Erpressung, Projekt-Film-Portrait, Schreib-Obsession
Metaphern täuschender und reaktiver Verhaltensabweichungen
GESELLSCHAFTLICH HANDELNDE: Schriftsteller, Filmperson,
Anführerrolle, Filmprotagonist, Lebensgefährte
PERSÖNLICH HANDELNDE : Sich drücken vor Privatleben

GEISTIG EMOTIONALE : Sich inszenieren, outrieren,
verdrängen, verfälschen, etwas hinkriegen, sich verstellen, so tun als,
sich entfernen, filmisch mogeln, überspielen, posieren, tarnen, Integra-
tionsmanien, Akrobatik, Selbsttäuschung, Tricks
WISSENSCHAFTLICHE : Plath-Film, Elend der Psychiatrie
KÜNSTLERISCHE : Schnitte, Montagen, Raffungen,
Verkurzungen
LITERARISCHE : Schreiben, auf fiktive Personen
zuschreiben, ergänzen, hinzufügen, unterschlagen, nicht verinnerlichen
FIGÜRLICH SPRACHLICHE : Eine Rolle spielen, Haltung-Rol-
le, Rolle übernehmen, in Rollen manipulieren, Rolle ausprobieren,
krampfartiges Rollenspiel, unfreiwillige Rollenwechsel, Rollen wechseln, Schauplatz, Statist, in Hauptrolle drängen, Spielverderber, Spielregeln, Aufspielerei
UNTERHALTSAM SPIELENDE :

Funktionen der Metaphern von Verhaltensnormwandel

SUCHEN, GEWINNEN :   : Nach filmischer Authentizität, überprü-
fen der eigenen Lage, nach unexemplarischen Privatleben, ermöglichen
des Guten und Schönen, nach Gerechtigkeit, Glücksgefühl

ÜBERWINDEN, VERDECKEN :

BEFREIEN   :   :

FLIEHEN, ABLENKEN   : Vor Duplikaten, Rollen-Ich, Ich-Vermarktung

VERÄNDERN, VERWANDELN: In anderes Ich, in Dasein wie alle andern, Ich-Übereinstimmung statt Distanz

Erzähler, Autor, Hauptrolle: Verhaltensunterscheidungen

VERMISCHEN   : Von distanzierendem, beschreibenden,
kommentierenden, entlarvenden Er-Erzähler und autobiographisch erlebendem, gefühlsbestimmten, selbstreflektierenden Ich-Erzähler

SYNCHRONISIEREN   :

AUSTAUSCHEN   :

UNTERSCHEIDEN   :

FIKTION UND AUFKLÄRUNG: Wirkung der Struktur-Elemente

Scheitern der Funktion von fiktiven Rollenspielen. Reflektierte Selbstdarstellung erübrigt gesellschaftliche Zwänge und autobiographische
Fixierung. Die schreibend fiktive Annäherung an den Tod des Vaters
ermöglicht die Selbstaufklärung.

Metaphern allgemeiner und zuständlicher Verhaltensnormen
ÖFFENTLICH GESELLSCHAFTLICH: Kulissenwelt, Kunstform der
Natur, Alltagsgeschehen, Weltgeschehen-privater Fall
GESCHICHTLICH ZEITLICH :Geschichtsloses Ich

STAATLICH POLITISCH :

WIRTSCHAFTLICH KULTURELL : Selbständigkeitssektoren, Show-
Sendung
PSYCHISCH GEISTIG : Theaterhaft künstliches Ver-
halten, Gefuhlskomplexe, Verkrampftheit, Alleinsein, Schuldgefühle,
Empfindlichkeit, Angstträume, Ich-Irritationen, Liebes-Angst, Gefühls-
Panik

INDIVIDUELL SOZIAL : Wochenendgewohnheiten, Lebens-
regie, Verkleidungsgewohnheit, Witwendasein, kollektives Glück, Le-
bensrituale-Wiederholungen, Telefonate, Pflegling, Belehrungssuada
ÄSTHETISCH KÜNSTLERISCH : Artikulationsversuch, Verselb-
standigung des Erzählens, Bildeinstellung, äusseres, inneres Bild, prob-
lematische Ich-Form, Schreib-Verwandeln, entseelte Schreibbeobachtung, Abstandsnotizen, Denkarbeit

Metaphern täuschender und reaktiver Verhaltensabweichungen
GESELLSCHAFTLICH HANDELNDE: Vormittagsleute, Schmiere,
Vororttragödie
PERSÖNLICH HANDELNDE : Erbarmungstheater, Rollen tau-
schen, mitmenschliches Rollenverhalten
GEISTIG EMOTIONALE :Fliehen, ausrücken, etwas ab-
spielen, sich aufspielen, fingieren, Theater machen, zurechtmachen,
durchspielen, anprobierte Haltungen, Bewusstseinsmaskerade, Auf-
spielerei, verkrampftes Verhalten
WISSENSCHAFTLICHE :

KÜNSTLERISCHE :

LITERARISCHE : Sprachrollen, Schreibrollen, Gewinn rausschlagen, unterschlagen
FIGÜRLICH SPRACHLICHE : Rollentausch, Obhutsrolle, Rollenvertauschung, Rolle im SpielFamilie, Rollenpassivität, gespielte Wehmut, Spiel, Spielfigur, spielerische Traurigkeit, tröstliche Rolle übernehmen, einstudierte Rolle, Spielregel, Eingeschnapptsein-Spiel

UNTERHALTSAM SPIELENDE : Spielzeug-Zoo, Spielzeug, Maskenspiel

Funktionen der Metaphern von Verhaltensnormwandel

SUCHEN, GEWINNEN :   : Nach Anteilnahme, Beteiligung, wahren, gemischten Gefühlen, privatem Glück, Selbstverständnis

ÜBERWINDEN, VERDECKEN : Von Daseinsängsten, Liebesmangel-
versagen

BEFREIEN   :   :

FLIEHEN, ABLENKEN   : Vor Alleinsein, falschen Sätzen

VERÄNDERN, VERWANDELN: Durch Schreibbeobachtung, Denkarbeit, Ich-Aufspielen

Erzähler, Autor, Hauptrolle: Verhaltensunterscheidungen

VERMISCHEN   : Von erlebendem, erfahrenden, reflektierenden Ich-Du-Wir-Erzähler und beobachtendem, dosierenden, berichtenden, distanzierenden Sie-Man-Erzähler und Gefühlsbewegun-
gen, Begriffe, Richtungsschilder zitierendem, rückblendenden Autor
SYNCHRONISIEREN   :

AUSTAUSCHEN   :

UNTERSCHEIDEN   : Von egoistischem, sich verändernden
selbstmitleidigen Charaktererleben und objektiver, beschreibender
distanzierender, abgelöster, porträtierender Textverselbständigung

FIKTION UND AUFKLÄRUNG: Wirkung der Struktur-Elemente
Scheitern der Funktion von fiktiven Rollenspielen. Empfindung der
veränderlichen Wirklichkeit einer fremden Lebensrolle -Witwenstan-
des -durch bewusst fiktive, schreibend selbstaufklärende Annäherung
an die Mutter.

Gerhard Zwerenz: Erbarmen mit den Männern

Metaphern allgemeiner und zuständlicher Verhaltensnormen

ÖFFENTLICH GESELLSCHAFTLICH: Gesellschaftsnormen, Lebensbüh-
ne, Rhein-Isarreisen, Welttheater, Kulissen-Theaterdonner, Abenteuer-
Regie
GESCHICHTLICH ZEITLICH   :

STAATLICH POLITISCH   : Obrigkeitsstaat, Amerika, Dreck
am Stecken

WIRTSCHAFTLICH KULTURELL   : Eigentumsverhältnisse, Show-
Geschäft, Leben-Sprungbrett
PSYCHISCH GEISTIG   : Identitätsverlust, Haut-Ohren-
Augen-Sinnen-Nymphonie, Weltschmerz, spezielle Tricks

INDIVIDUELL SOZIAL   : Familiennormen, Eheleben,
Dienstleistungen, Karriere machen, Erfolg, Männerfeindschaft, zweites
Leben, Umkehrung normaler Verhältnisse, Anpassung
ÄSTHETISCH KÜNSTLERISCH   : Familienroman, Programmbil-
der, Roman als Mordersatz, logische Wort-Geschichtenfolgen, Nach-
kriegs-Dichtung, begrenzte Kunst-Wirklichkeit, literarische Siegfried-
Linien-Assoziationsketten, Literatur-Sprachprobleme, literarische
Manifestation

Metaphern täuschender und reaktiver Verhaltensabweichungen

GESELLSCHAFTLICH HANDELNDE: Gesellschaftsrollen, Professor,
Fachidiot, Familienvater, Regierungssprecher, Psychologen, Welt-Mut-
PERSÖNLICH HANDELNDE   : Kreationskünstler, Doppelgänger

GEISTIG EMOTIONALE   : Etwas spielen, mitspielen, sich
verstecken, kompensieren, auftreten, lügen, schwindeln, Abenteuerrol-
len, Maskeraden, Rollenselbstdarstellung, Häutungen Metamorphosen,
Karneval, Posen, Möglichkeiten durchspielen
WISSENSCHAFTLICHE   :

KÜNSTLERISCHE   : Charaktermaske, Theaterspiele,
Idiotenlarven, Schauspiele, Karnevalsmasken
LITERARISCHE   :

FIGÜRLICH SPRACHLICHE   : Auf Rolle einstellen, umRolle betrügen, Beobachterrolle, natürliche Rolle, Rolle spielen, für Rolle unfähig, Rolle wegnehmen, für Rolle in Frage kommen, Rolle des Opfers,
des Henkers, das Spielerische

UNTERHALTSAM SPIELENDE   : Federball-Spiel, Figuren-Spiel

Funktionen der Metaphern von Verhaltensnormwandel

SUCHEN, GEWINNEN : : Nach Unabhängigkeit, sich selbst darstellen, Kennenlernen des Lebens, eintreten in Erwachsenenwelt

ÜBERWINDEN, VERDECKEN :

BEFREIEN : von : Familienleben, Eltern, Literaturzu-
sammenhangen
FLIEHEN, ABLENKEN :

VERÄNDERN, VERWANDELN:

Erzähler, Autor, Hauptrolle: Verhaltensunterscheidungen
VERMISCHEN : Von Genrekunst und Wirklichkeit, Film
und Geschichten, von distanziert berichtendem Er-Man-Erzähler
und erlebendem, begrenzten Ich-Wir-Erzähler

SYNCHRONISIEREN :

AUSTAUSCHEN :

UNTERSCHEIDEN : Zwischen wirklichem und unwirkli-
chem, sinnlichem und übersinnlichem Berichteten und Berichtendem

FIKTION UND AUFKLÄRUNG: Wirkung der Struktur-Elemente
Scheitern der Funktion von fiktiven Rollenspielen. Kunst-Fiktivität,
Ich-Geschichte wird begrenzt durch Vielfalt gesellschaftlicher Realität, Bündel von Ichs. Es gibt eine Kreisbewegung subjektiven und objektiven, fiktiven und faktischen Erzählens. Darin sind fiktive Geschichten brauchbar als Ich-Aufklärung.

Gerhard Zwerenz: Die Erde ist unbewohnbar wie der Mond

Metaphern allgemeiner und zuständlicher Verhaltensnormen -
ÖFFENTLICH GESELLSCHAFTLICH: Bürgerliche Welt, City-Leben,
B-Ebene, gesellschaftliche Systemeinordnung, Krebsschäden, Klassen
GESCHICHTLICH ZEITLICH : Untaten der Vergangenheit, Zeit-
krankheiten, Partei-Presse-Kirche-Staat, Terroristen-Radikalismus
STAATLICH POLITISCH : Staatsfeindliche Aktionen, poli-
tische Systemeinordnung, Judentum, revolutionärer Untergrund
WIRTSCHAFTLICH KULTURELL : Immobiliengeschäft, geschäft-
liche Systemeinordnung, Unterprivilegierung
PSYCHISCH GEISTIG : Identitätszerfall, Selbstfeind-
schaft, Schuldverstrickung, Gefühlsverunsicherung, Entfremdung, Angst,
Einsamkeit

INDIVIDUELL SOZIAL : Unzugehörigkeit, Ehezwang,
Heimatlosigkeit, Schmarotzen bei Mutter, Frauen, in Frankfurt

ÄSTHETISCH KÜNSTLERISCH : Illusion für Wirklichkeit, ästhetische Fragen, Herrschaftsliteratur-sprache

Metaphern täuschender und reaktiver Verhaltensabweichungen
GESELLSCHAFTLICH HANDELNDE: Schriftsteller, Affen der Gesellschaft, Samariter, spielen, Held, Intellektueller, Revoluzzer, Psy-
chotherapeuten, Baulowe-meister
PERSÖNLICH HANDELNDE : Doppelleben führen

GEISTIG EMOTIONALE : So tun als, Pose vorspielen,
etwas spielen, täuschen, jemanden arrangieren, Theater spielen, auftreten, sich verkleiden, Show abziehen, Unbeteiligten spielen

WISSENSCHAFTLICHE :

KÜNSTLERISCHE : Produktion, Figuration der
Angst, Kunst der Täuschung, Schauspielerin
LITERARISCHE :

FIGÜRLICH SPRACHLICHE : Im Spiel sein, Rolle spielen,
Rollenverhalten, Rollenwechsel, Rolle vertauschen, Rollentausch, ko-
mische Rolle, Rolle aufkündigen, Liebe vorspielen, Schmierentheater,
Hausfrau-Mann-Frau spielen, Affentheater, Regenschirmrolle
UNTERHALTSAM SPIELENDE :

Funktionen der Metaphern von Verhaltensnormwandel

SUCHEN, GEWINNEN :   : Nach Kommunikation, wirklicher Welt, nach Neuerfahrung des Selbst

ÜBERWINDEN, VERDECKEN : Von neuen Täuschungen, Angst, persönlichem Versagen, von Kämpfen, von Spiel und Schein

BEFREIEN   :   :

FLIEHEN, ABLENKEN   : In Gestalt eines Racheengels

VERÄNDERN, VERWANDELN: Wunsch des Andersseins, der Neuerfahrung des Ich

Erzähler, Autor, Hauptrolle: Verhaltensunterscheidungen

VERMISCHEN   : Von Gegenwart und Vergangenheit, Nostalgie und Utopie, Moral und Profit, von faktisch distanzierendem, objektivierend denkenden Er-Man-Erzähler und vielfältig subjektiv auftretendem Ich-Erzähler

SYNCHRONISIEREN   :

AUSTAUSCHEN   :

UNTERSCHEIDEN   : Zwischen Ich-Figuren und als Objekt erscheinendem Er-Erzähler

FIKTION UND AUFKLÄRUNG: Wirkung der Struktur-Elemente

Scheitern der Funktion von fiktiven Rollenspielen. Austausch unaufgeklärter Rollenebenen zeigt Kreislauf von Rollenspielen durch innere und äussere Zwänge. Fiktives Selbstreinigungsritual erzwingt nur neue Schuldverstrickung.

228

Ausgewählt kommentierte
Bibliographien
1970-1979

Alfred Andersch

Migner, Karl

: Alfred Andersch, S. 243-57, Bibliographie
S. 258-59, in: Band I, Deutsche Literatur
der Gegenwart in Einzeldarstellungen,
Hrsgb. Dietrich Weber, Stuttgart, Kröner,
1977 (Werkbezogene Betrachtung thematischer, formaler, kompositioneller Werkele-
mente bis Winterspelt. Sachlich berichten-
der, aufzeichnender Realismus, konstruktiv
vielfältiges Erzählen zum Thema der Ver-
wirklichungsmöglichkeiten der Freiheit gegenüber Ängsten und Zwängen)
                                    *

Bühlmann, Alfons

: In der Faszination der Freiheit. Eine Untersuchung zur Struktur der Grundthematik im
Werk von Alfred Andersch. Berlin, E.Schmidt
1973

Burgauner, Christoph

: Alfred Andersch und seine Kritiker. In:Neue
Rundschau, 84, 1973, S. 188-92

George, Edward F.

: Paths of escape in Alfred Andersch's works.
In:Orbis literarum, 29, 1974, S. 160-69

Haffmanns, Gerd (Hrsgb)

: Über Alfred Andersch, Zürich, Diogenes,
1974. Bibliographie, S. 138-53

Plessen, Elisabeth

: Verletzte Utopie, Bemerkungen zu Alfred
Anderschs neuen Erzählungen, in:Merkur
26, 1972, S. 197-2oo(textliches Vorführen ideologisch thematischer Zusammenhänge von
1933-68 anhand Geschichten von Mein Verschwinden in Providenz, 1971. Ausspielen als
Freiheit, Absage, Flucht gegenüber vergeb-
licher Utopie.)

Völker-Hezel, Barbara

: Die Kunst als Möglichkeit der Freiheit im
Werk Alfred Anderschs, in:Revue des langues vivantes, 35, Brussels, 1969, S. 531-49

Schumann, Thomas, B. : Bibliographie zu Thomas Bernhard, in:Text und Kritik, H. 43, 1974, S. 5o-55

Botond, Anneliese (Hrsgb) : Über Thomas Bernhard. Frankfurt, Suhr ‘-kamp, 197o
                          *
Améry, Jean : Morbus Austriacus. Bemerkungen zu Thomas Bernhards 'Die Ursache' und 'Korrektur', in:Merkur, H. Jg. 3o, 1976, S. 91-94(Deutung paralleler Sachverhalte zwischen Handlungs -und Heldengestaltung, Bernhards autobio-graphischer Todeskrankheit und Wittgen-stein Rezeption)

Berthier, Isabella : Korrektur di Thomas Bernhard, in:Annali. Sezione Germanica. Studi Tedesci , 2o. 1977. 3 S. 155-163

Craig, D. A. : The novels of Thomas Bernhard in a report in:German Life and Letters 25, 1971-72, S. 343-53. (Betrachtung biographisch öster-reichischen Hintergrundes bis Wetterfleck und Am Ortler; Kritik von Bernhards Cha-rakterobsessionen und Erzählerdistanz)

Demet, Michel : Le theâtre de Thomas Bernhard. Nostalgie de la nature et triomphe de l'artifice, in: Etudes Germaniques, 31, 1976, S. 58-66(Werk-verweisende Strukturbetrachtung von Bern-hards ambivalenten Vorstellungen der Na-tur und Kunst und deren antiintellektueller Funktion als Nach-dem-Endspiel)

Gampert, Herbert : Einerseits Wissenschaft, Kunststücke ande-rerseits. Zum Theater Bernhards, in:Text und Kritik, H. 43, 1974, S. 36-44(Betrachtung des Theaters als dramatisch prosaische Form zwanghafter Evozierung einer Todes-ursache u. deren mimetischer Ablenkung)

Gampert, Herbert : Thomas Bernhard. DTV, München, 1977

Knapp, Gerhard, P. und Tesche, Frank : Die permanente Dissimulation. Bausteine zur Deutung der Prosa Thomas Bernhards, in: Literatur u. Kritik, 6, 1971, S. 483-96

Kurz, Paul Konrad : Episches Sandkastenspiel gegen den Krieg,
S. 113-119, in: P. K. Kurz, Die Neuentdeckung
des Poetischen. Zwischen Entfremdung und
Utopie. Frankfurt, Knecht, 1975

Reinhardt, Hartmut : Das kranke Subjekt. Überlegungen zur monologischen Reduktion bei Thomas Bern-
hard, in:GRM, 26, 1976, S. 334-56 (Werkbezogene Betrachtung des modernen Subjek-
tivitätsproblems und seiner monologischen
Struktur als formal ambivalente kommentierende Wechselbeziehung zur Rollenre-
duktion und kritisches Bewusstwerden der
Krankheit des Selbst)

Rosenthal, Erwin Theodor : Spiegelung und Demaskierung dargestellter Wirklichkeit durch die Dialogführung,
In:Festschrift , H. Halbach, Göppingen, Küm-
merle, 1972, S. 393-406

Schrembs, Edigna : Experimentelle Prosa der letzten Jahre
und ihr Verhältnis zur gesellschaftlichen
Wirklichkeit-am Beispiel Thomas Bern-
hard, Ror Wolf, Jürgen Becker, Gert Fried.
Jonke, in:Deutschunterricht, 25, 1973, 2,
S. 68-82

Schweikert, Uwe : Im Grunde ist alles, was gesagt wird, zitiert. Zum Problem von Identifikation und
Distanz in der Rollenprosa Thomas Bernhards, in: Text und Kritik, H. 43, 1974, S. 1-8
(Betrachtung der Rollenprosa im Zentrum
von Bernhards Werk als monologische Technik der Erzähler-Autorvermischung zur
perspektivisch vielfältigen Brechung des
Dargestellten. Die verfolgte Spannung zwischen Aussage und Artistik wird durch The-
atermetaphorik und zitierende Sprachreduk-
tion variiert)

Sorg, Bernhard : Thomas Bernhard. München, Edition Text
und Kritik, 1977

Sorg, Bernhard : Thomas Bernhard, in: Kritisches Lexikon
zur deutschsprachigen Gegenwartslitera-
tur, Hrsgb. H. L. Arnold, München, 1978, 2.
C-E (57 Nachweise und Zeitschriftenlitera-
tur)

Heinrich Böll

Martin, Werner   : Heinrich Böll. Eine Bibliographie seiner
                                    Werke. Hildesheim, New York, Olms, 1975

Schumann, Thomas B.   : Auswahlbibliographie, in:Text und Kritik,
                                    H. 33, 1973, S. 5o-54
                                              *
Bernhard, Hans Joachim   : Gesellschaftskritik und Gemeinschaftsuto-
                                    pie, Berlin, Rütten u. Loening, 197o

Ebert, Harald   : Identifikation und Ablehnung. Zur Erzähl-
                                    technik in den Romanen Heinrich Bölls, in:
                                    Doitsu Bungaku, H. 54, 1975, S. 94-1o4(

Haasch, Günther   : Ästhetik und Gesellschaft. Erzählstruktur
                                    und Gesellschaftskritik im Werk Heinrich
                                    Bölls, in:Doitsu Bungaku, H. 57, 1976, S. 71-
                                    83 (

Jeziorkowski, Klaus   : Heinrich Böll als politischer Autor, in:Uni-
                                    versity of Dayton Revue , 11. 2, Dayton, 1974
                                    S. 41-5o (Werk-und zeitbezogene Betrach-
                                    tung Bölls als ästhetischer politischer Mo-
                                    ralist, engagiert in utopisch humaner Ände-
                                    rung gesellschaftlich geschädigten Lebens)

Kurz, Paul Konrad   : Kriminalstory oder Anprangerung journa-
                                    listischer Praktiken, in:P. K. Kurz'Neuent-
                                    deckung', S. 1o1-1o4, a. a. O.

Matthaei, Renate (Hrsgb.)   : Die subversive Madonne. Ein Schlüssel zum
                                    Werk Heinrich Bölls, Köln, Kiepenheuer u.
                                    Witsch, 1975

Pickar-Bauer, Gertrud   : The impact of narrative perspective on
                                    character portrayal in three novels of Hein-
                                    rich Böll. Billiard um Halbzehn, Ansichten
                                    eines Clowns, Gruppenbild mit Dame, in:
                                    University of Dayton Revue, 11. 2, 1974, S. 25
                                    -4o (Entwicklung der Charakterdarstellung
                                    Bölls von der Wiederholungstechnik zur Er-
                                    zählersubjektivität zur Beschreibungsviel-
                                    falt und Verhaltensreaktionen)

Duroche, Leonard, l.   : Bölls Ansichten eines Clown in existen-
                             tialist perspective, in:Symposium, 25,
                             1971, S. 347-58 (Betrachtung anthropologi-
                             scher ntegrationsmöglichkeit der Sozial-
                             bedingungen und Persönlichkeitsstruktur
                             durch Anwendung existentialistischer Ka-
                             tegorien als übergreifende Strukturmensch-
                             lich gesellschaftlicher Existenz)

Müller, Rolf   : Clowneske Wirklichkeit. Eine Untersuchg.
                             der clownesken Elemente in Heinrich Bölls
                             Roman 'Ansichten eines Clowns', Würzburg
                             Böhler Vlg. ,1974

Leiser, Peter   : Heinrich Böll:Das Brot der frühen Jahre.
                             -Ansichten eines Clowns. Biographie u.
                             Interpretation, Hollfeld/Ofr. , Beyer,1974

Noble, Cecil, Arthur   :Die Ansichten eines Clowns und ihre Stel-
                             lung in Bölls epischer Entwicklung, in:Böll.
                             Untersuchg. zum Werk. Hrsgb.M. Jurgensen,
                             Bern, München, Francke,1975, S.139-45
Wirth, Günther   : Religiöse und gesellschaftliche Motive in
                             Heinrich Bölls Roman 'Ansichten eines
                             Clowns', in: Brauneck, S. 58-73(Betrach-
                             tung des Clown-Motivs als existentieller,
                             soziologischer Grenzfall. In religiöser Be-
                             stimmung erscheint es als dialektischer
                             Widerstreit zwischen Naturrecht und Über-
                             natur, Entlarvung der politisch ökonomi-
                             schen klerikalen Verflechtungen)
                                          *
Arnold, H. Ludwig   : Heinrich Bölls Roman 'Gruppenbild mit
                             Dame', in: Text und Kritik, H. 33,1972,
                             S. 42-49

Durzak, Manfred   : Heinrich Bölls epische Summe ?Zur Ana-
                             lyse und Wirkung seines Romans 'Gruppen-
                             bild mit Dame', in: Basis, 3,1972, S.174-97

Carlson, Ingeborg, L.   : Heinrich Bölls Gruppenbild mit Dame als
                             frohe Botschaft der Weltverbrüderung, in:
                             Univ. of Dayton Revue,11.2. , Dayton,1974,
                             S. 51-64(Text-und rezeptionsbezogene li-
                             teratursoziologische Modellbetrachtung
                             der Romanaussage als unironischer klas-
                             sen-und profitloser Kommunalismus ge-

234

genüber Wohlstandsgesellschaft)

Myers, David   : Heinrich Böll's Gruppenbild mit Dame:
                         asthetic play and ethical seriousness, in:
                         Seminar, 13, 1977, S. 189-98

Rieck, Werner   : Heinrich Böll in der Rolle des Recher-
                         cheurs-Gedanken zur Erzählweise im Ro-
                         man Gruppenbild mit Dame, in: Wissensch.
                         Zeitschrift der Pädagogischen Hochschule
                         Potsdam, 18, 1974, S. 249-55

Waidson, H. M.   : Heroine and narrator in Heinrich Bölls
                         Gruppenbild mit Dame, in:Forum for Mo-
                         dernLanguage Studies, 9, No. 2, 1973, S. 123-
                         131. (Betrachtung der kreisenden, Heldin-
                         distanzierenden Erzählerhaltung und deren
                         umgekehrt proportionale Entwicklung und
                         Hervortreten als Person)
                                    *
Payne, Philip   : Heinrich Böll versus Axel Springer: Some
                         observations on 'Die verlorene Ehre der
                         Katharina Blum', in: New German Studies,
                         6, 1978, S. 45-57

Arnold, Heinz Ludwig : Absinkendes Memorieren. Hubert Fichtes
Roman Detlevs Imitationen, Grünspan, in:
H. L. Arnold, Brauchen wir noch Literatur,
1972, S. 192-94

Binder, Alwin : Ehebruch als gesellschaftskritisches De-
monstrationsobjekt in Hubert Fichtes Dop-
pelanekdote, in: Deutschunterricht, 25,1973,
H. 2, S. 63-67 (Betrachtung von Fichtes ge-
sellschaftskritischer Darstellung subjektiver Reaktionsweisen zum Problem Ehe -
bruch als gesellschaftlich normierte All-
gemeinvorstellungen)

Gnüg, Hiltrud : Hubert Fichte, in:Deutsche Literatur der
Gegenwart in Einzeldarstellungen, Bd. 2,
Hrsgb. Dietrich Weber, Stuttgart, Kröner,
1977, S. 98-125, Bibliographie S. 126, 127
(Literaturvergleichende Betrachtung von
Werken Fichtes bis Xango und ihrer the-
matischen Entwicklungsphasen. Vielfalt
ästhetischer Formen, Sprachstile. Diskon-
tinuität des fiktiven oder realen Erzählvor-
gangs, Aufdecken fremder und eigener Bewusstseinszwänge und deren rollenhaft ri-
tualer Bedingtheiten)

Reich-Ranicki, Marcel : Hubert Fichte:Die Palette, in: Marcel Reich
-Ranicki, Literatur der kleinen Schritte,
1971, S. 24-29

Kane, B. M. : A note on Hubert Fichte's new novel, in:
Twentieth Century Studies, H. 2,1969, S.
1o6-1o8

Ullrich, Gisela : Identität und Rolle. Probleme des Erzählens bei Johnson, Walser, Frisch, Fichte,
Stuttgart, Klett, 1977, S. 64-85

Bekes, Peter : Hubert Fichte, in:Kritisches Lexikon zur
deutschsprachigen Gegenwartsliteratur,
Hrsgb. H. L. Arnold, München 1978, 2. C-D,
(39 Nachweise, Zeitungsliteratur 1963-78,
'Pubertät':No. :21-30)

Max Frisch

Beckermann, Thomas : Bibliographie zu Max Frisch, in: Text und
Kritik, H. 47/48, 1975, S. 88-98
*
Beckermann, Thomas : Über Max Frisch, Edition Suhrkamp 4o4,
(Hrsgb.) Frankfurt/Main, 1976

Beer, J.P. : Zur Reprivatisierung der Literatur bei
Max Frisch, in: Duitse Kroniek, 29, 1977,
S. 57-64

Botheroyd, Paul, F. : Ich und Er. 1. and 3. person selfreference
and problems of identity in 3 contempora-
ry German-language novels, The Hague,
Paris, Mouton, 1976

Hanhart, Tildy : Max Frisch: Zufall, Rolle und literarische
Form. Interpretationen zu seinem neueren
Werk, Kronberg, Scriptor Vlg., 1976

Hinderer, Walter : Ein Gefühl der Fremde. Amerikaperspek-
tiven bei Max Frisch, in: Amerika in der
deutschen Literatur, Hrsgb. H. Denkler, W.
Malsch, Sttgt., Reclam, 1975, S. 353-67

Jürgensen, Manfred : Das Lebenswerk von Max Frisch und die
Entwicklung seiner Schriften, in: Universi-
tas, 32, 1977, S. 349-55 (Betrachtung zentra-
ler Fragen Frisch'scher Existenzformen
als Suche nach dem im Leser/Du austauschbaren verlorenen Ich. Ich-Konflikt mit
Werkverweisen)

Jürgensen, Manfred : Max Frisch. Die Romane, Bern, München,
Francke, 1972

Kurz, Paul, Konrad : Identität und Gesellschaft. Die Welt des
Max Frisch, in: Kurz, Moderne Literatur.
Frankft., Knecht, 1971-73, 2, S. 132-89

Lusser-Mertelsmann, : Max Frisch. Die Identitätsproblematik in
Gunda seinem Werk aus psychoanalytischer Sicht,
Stuttgart, Heinz, 1976 (

Petersen, Jürgen, H. : Max Frisch. 'Rolle und Identität. Das Ich
und seine Varianten', Stuttgart, Metzler,

1978, S.103 ff.
(Poetologisch werkbezogene Betrachtung
des dialektischen Rollenbegriffs als un-
eigentliches, fiktives, verdeckendes und
die Realität und Personeneigenheit entdek-
kendes Element)

Schober, Otto
: Max Frisch: 'Mein Name sei Gantenbein'.
Spiegelungen des Rollenverhaltens im Roman, in: Deutscher Roman im 2o. Jahrh.
2, Analysen und Materialien zur Theorie
der Soziologie des Romans. Hrsgb.Manfr.
Brauneck, Bamberg, Büchner, 1976, S. 74-
96. (Betrachtung erzählerischer Verwirklichung spielerischen Rollenverhaltens als
Reflektion von Fiktionsmöglichkeiten und
einer dabei entwickelten Distanz zu vergeblichen, scheiternden Rollenexempeln)

Ullrich, Gisela
: Identität und Rolle. Probleme des Erzäh-
lens bei Johnson, Walser, Frisch, Fichte,
Stuttgart, Klett, 1977, S. 51-62

Wolf, Christa
: Max Frisch, beim Wiederlesen oder Vom
Schreiben in Ich-Form, in: Text und Kri-
tik, H. 47/48, 1975, S. 7-12
*
Gockel, Heinz
: Montauk. Eine Erzählung, in: Duitse Kroni-
ek. 29, 1977, S. 51-56

Johnson, Uwe
: Zu Montauk, in:Über Max Frisch, Hrsgb.
Thomas Beckermann, 2, S. 448-45o

Müller-Salget, Klaus
: Max Frisch 'Montauk'. Eine Erzählung,
in: Zeitschrift für Deutsche Philologie, 97,
1978, Sonderheft, S. 1o8-2o

Stauffacher, Werner
: Diese dünne Gegenwart. Bemerkungen zu
'Montauk', in: Frisch. Kritik-Thesen-Ana-
lysen, S. 55-66, Hrsgb. Manfred Jürgensen,
Bern, München, Francke, 1977

Vom Hofe, Gerhard
: Zauber ohne Zukunft. Zur autobiographi-
schen Korrektur in Max Frischs Erzählung
Montauk, in: Euphorion, 7o, 1976, S. 374-97
(Betrachtung der Evokation vergeblichen
Gegenwartszaubers gegenüber zwanghaften

Rollenverhalten und-spielvermittlung. Be
trachtung des ambivalenten Gebrauchs
der Erinnerungsfunktion als Selbstgericht
des ästhetischen Ich. Variationen des Ver-
sagens und fiktional sinngebender, autobiographisch geschichtlicher Autorrolle)

Wapnewski, Peter   : Hermes steigt vom Sockel. Gedanken zu
Max Frischs Montauk, in:Merkur, 3o, 1976,
S. 453-63 (Betrachtung des in Montauk
aufgehobenen Unterschieds zwischen glaubhafter Fiktion und glaubhafter Faktizität
und damit Verabschiedung des Illusionsro-
manes Gantenbeinscher Prägung und Rol-
lenfiktion)

Hans J. Fröhlich

Pensa, Mario   : Bernhard nella critica di Fröhlich. Un
                        nuovo Machiavelli?, in:Teilnahme und
                        Spiegelung. Festschrift für Horst Rüdiger,
                        63, S. 57o-92

Günter Grass

Everett Jr., George, A. : A select bibliography of Günter Grass
from 1956-1973, New York, Franklin, 1974

O'Neill, Patrick : A bibliography 1955-1975, Toronto, Buffalo,
University of Toronto Press, 1976
*

Geissler, Rolf(Hrsgb) : Ein Materialienbuch. Günter Grass.
Neuwied, Luchterhand, 1976

Grass, Günter : Verschluckte Wahrheiten. Antwort an Michael Scharang, in:Demokratie und Sozialismus.
Politische und literarische Beiträge, 76, No4
1977, S. lo5-llo

Redaktion : Gespräch mit Günter Grass,
Ferdinand v. Ingen, in: Deutsche Bücher, 1976,
Gerd Labroisse Amsterdam, S. 251-7o

Jürgensen, Manfred : Über Günter Grass. Untersuchungen zur
sprachbildlichen Rollenfunktion, Bern, Mün-
chen, Francke, 1974,

Schwarz, Wilhelm, Joh. : Der Erzähler Günter Grass, Bern, München,
Francke, 1971[2]
*

Becker, Helmut : Lehrer und Schüler in Günter Grass'Roman
'Örtlich betäubt', in: Moderna Språk, 65,
1971, S. 11-2o

Durzak, Manfred : Plädoyer für eine Rezeptionsästhetik. Anmerkungen zur deutschen und amerikanischen
Literaturkritik am Beispiel von Günter
Grass' Örtlich Betäubt, in: Akzente, 18, 1971,
S. 487-5o4 (Betrachtung aus retrospektiver
Kritiküberprüfung zu Einbezug des politisch
soziologischen Bewusstseinsfeldes innerhalb kritisch literarischer Urteilsfindung
fortschreitend, um kontrollierbare Aussagen
über als widersprüchlich ideologisch behauptete Romanfunktionalität zu erreichen)

Graves, Peter, J. : Günter Grass' Die Blechtrommel and Örtlich Betäubt:the pain of polarities, in: Forum
for Modern Language Studies, 9, No. 2, 1973

S.132-42 (Vergleichende Betrachtung der
in den Werken dargestellten inneren und
äusseren Gegensätze als Erkenntnis einer
nicht erlösbaren Menschheit und von Charakteren, die immer neuen Schmerzen und
Tragik erliegen)

*

Mason, Ann, L. : The artist and politics in Günter Grass'
'Aus dem Tagebuch einer Schnecke', in:
Germanic Review, 51,1976, S.1o5-12o(Literarisch thematischer Funktions-und Lite-
raturvergleich der Rolle des künstlerisch
persönlichen Stillstandes und Fortschrit-
tes als experimentelle Gattungsvermischg.
von ahistorisch-gesellschaftlichen, poli -
tisch-persönlichen Interessen in Fiktion
und Nicht-Fiktion)

Pickar-Bauer, Gertrud : Günter Grass' 'Örtlich Betäubt':The fiction of fact and fantasy, in: Germanic Re-
view, 52,1977, S. 289-3o3(Thematisch struk-
turelle Betrachtung einer bewusst erzählerisch organisierten Assoziation und Austausch von Realität und Phantasie als Offenbarung und Reflektion einer kaleidos-
kopartig verbundenen Weltvorstellung)

Ziolkowski, Theodore : The telltale teeth:psychodontio to socio-
dontio, in: PMLA, Vol. 91,1976, S. 9-22
(Betrachtung kulturelle soziologisch, bio-
logisch pathologischer, literarisch poli -
tischer Voraussetzungen und literarischer
Beispiele und Analogien für den Gebrauch
des literarischen Bildes des Zahns als Metapher organistischer Gesellschaftsvorstel-
lungen anstelle traditioneller parodisti-
scher Bildverwendung)

*

Raddatz, Fritz, J. : Der Weltgeist als berittene Schnecke.G.
Grass' kleine Hoffnung aus grosser Me-
lancholie, in: Grass-Kritik,Thesen und
Analysen, Hrsgb. Manfred Jürgensen, Bern,
München, Francke,1973, S.191-97

Müller, Harald
Hönes, Winfried

: Bibliographie Peter Handke, in: Text und
Kritik, H. 24-24a, 3. Aufl., 1976, S. 97-112

*

Lederer, Otto

: Über Peter Handkes Sprachspiele, in: Literatur und Kritik, 6, 1971, S. 478-82

Nef, Ernst

: Peter Handke - Identifikation und Sprache,
in: Universitas, 26, 1971, S. 6o3-1o (Werküberblick von Hornissen bis Tormann unter Gesichtspunkt eindimensionaler Distanznahme von Sprachvorgegebenem. Handkes
Position absoluter Nicht-Identifikation ist
bis zur menschlichen Figur weiter ent -
wickelt)

Nef, Ernst

: Peter Handkes neue Schriften und seine
Entwicklung, in: Universitas, 39, 1976,
S. 1242-45 (Thematischer Werküberblick
unter Hauptmotiv der Distanznahme von
der Einschnürung des Individuums. Eintönigkeit des immer gleichen Themas)

Matt -Albrecht, Beatrice v.: Journal des Augenblicks, in: Universitas,
32, 1977, S. 1157-6o (Betrachtung von Handkes fiktionalen Einschränkungen und Wiedergabe von Textstellen und Leitthemen
als Vorstufe poetischer Durchdringung)

Müller, Joachim

: Auf der Suche nach der wahren Existenz.
Peter Handke und seine Erzählungen, in:
Universitas, 33, 1978, S. 683-692 (Betrachtung von Handkes sprachlich darstellerischem Beobachten und Rechenschaft geben
von der Aussenwelt. Thematisierte Grundprobleme zwischen Fremdzwang und Identitätsgewissheit)

Rey, William, H.

: Peter Handke oder die Auferstehung der
Tradition, in: Literatur und Kritik, 12, 1977,
S. 39o-4oo

Ritter, Roman

: Die 'Neue Innerlichkeit'-von innen und aussen betrachtet, in: Kontext, 1, 1976, S. 238-57

Scharang, Michael(Hrsgb.) : Über Peter Handke, Frankfurt/Main,
Suhrkamp, 1972

*

Elm, Theo : Die Fiktion eines Entwicklungsromans.
Zur Erzählstrategie in Peter Handkes Roman Der kurze Brief zum langen Abschied,
in: Poetica 6, 1974, S. 353-377

Handke, Peter : Das Gewicht der Welt. Ein Journal 1975-
77, Residenzverlag,1977 (Rechenschaft
über Werk und dessen Gegenstände)

Hillebrand, Bruno : Auf der Suche nach der verlorenen Identität. Peter Handke-Der kurze Brief zum
langen Abschied, in: Der deutsche Roman
im 2o. Jahrhundert, Hrsgb. Brauneck, Bd.
2, S. 97-117(Betrachtung der gespaltenen
Bewusstseinslage sprachlicher Kommuni-
kationsunfähigkeit. Darstellung des Be-
freiungsversuches von Verhaltens-und Ge-
fühlszwängen durch Veränderung zur Ak-
zeptation des Ich und der Weltbegrenzung.
Erkenntnisfreiheit von der Rollenstruktur
als Unfreiheit)

Nägele, Rainer : Die vermittelte Welt. Reflektionen zum
Verhältnis von Fiktion und Wirklichkeit
in Peter Handkes Roman 'Der kurze Brief
zum langen Abschied', in:Schiller-Jahr-
buch, 19, 1975, S. 389-418

Nägele, Rainer : Amerika als Fiktion und Wirklichkeit in
Peter Handkes Roman Der kurze Brief
zum langen Abschied, in: USA und Deutschland,Hrsgb.W.Paulsen,Mü.,Francke,'76,S.100f.

*

Rhoda-Becker, Martin : Peter Handke - ein Euphorion ? Zu seinen
letzten Büchern, in: Merkur, H. 2, Jg. 3o,
1976, S. 193-97 (Betrachtung der Gesell-
schaftsbezogenheit von Handkes literarischer Subjekt-Realitätsspaltung als ge-
schichtlich-moralisch indifferenter Versuch zu einer neuen Mythologie durch literarische Mikromanie in'Tormann', 'Kurzer Brief', 'Empfindung')

Schiwy, Günter : Peter Handkes Kurzer Brief zum langen

Abschied', in: Schiwy, Günter, Strukturalis-
mus und Zeichensysteme, München, Beck,
1973, S. 28-39, 144-45

*

Matt-Albrecht, Beatrice v.: Peter Handke:' Die Stunde der wahren Empfindung', in: Universitas, 3o, 1975, S. 919-
22

Bohn, Volker   :'Später werde ich über das alles genaueres
schreiben'. Peter Handkes Erzählung
Wunschloses Unglück aus literaturtheore-
tischer Sicht, in: Germanisch Romanische
Monatsschrift, 26, 1976, S. 356-79 (Litera-
tur-sprach-und erzähltheoretische Betrachtung der Aussage des nicht endgültigen
Scheiterns. Deutung als weitere, die Theo-
riekontroversen von Sprach-und Identitäts-
problemen übergreifende Möglichkeit und
Aufgabe der Literatur. Im literarisch-un
literarischen Widerspruch bemüht sich eine interpretierende Vermittlung um die
fortgesetzte Identitätsbalance)

Weiss, Walter   : Peter Handke, 'Wunschloses Unglück' oder
Formalismus und Realismus in der Litera-
tur der Gegenwart, in: Austriaca, Beiträge
zur österreichischen Literatur, 1975, S.442
-59

*

Eschbach, Achim   : Ist die 'linkshändige Frau' trivial ? Über-
Rader, Wendelin   legungen zur literarischen Wertung, in:
Lili 7, 1977, H. 27/28, S. 1o4-16

Handke, Peter   : Denunziation ohne Wahrnehmung, in: Der
Spiegel, 12, 1975, S. 147 ff

Pütz, Peter   : Peter Handke, in: Kritisches Lexikon zur
deutschsprachigen Gegenwartsliteratur,
Hrsgb. H. L. Arnold, München, 1978, 2. C-F,
'Linkshändige Frau', No.: 65, 73. 87 Nach-
weise; 'Wunschloses Unglück', No.: 29; 'Fal-
sche Bewegung', No.: 56, 59, 60; 'Kurze Brief
, No.: 26, 28, 36, 44, 54, 57, 64; 'Stunde der.. '
, No.: 50, 52, 53.)

Nägele, Rainer
Voris, Renate   : Peter Handke. München, Beck, 1978

Peter Härtling

Arnold, Heinz, L.   : Die aktualisierte Geschichte. Peter Härt-
                       lings Roman Das Familienfest oder das
                       Ende der Geschichte, in: Heinz Ludwig
                       Arnold, Brauchen wir noch die Literatur,
                       1972, S. 167-69

König, Dominik v.   : Peter Härtling, in: Deutsche Literatur d.
                       Gegenwart in Einzeldarstellungen, Hrsgb.
                       Dietrich Weber, Bd. 2, S. 2o7-27, Biblio-
                       graphie, S. 226-27 (Kursorisch vergleichen-
                       de Werkbetrachtung bis 'Hölderlin'. Deu-
                       tung als Rekurs auf spielerisch fiktionali-
                       sierte statt gesicherte Geschichtsnormen
                       angesichts politischer Unfähigkeit der Li-
                       teratur. Literarisch stilistische Objekti-
                       vierung subjektiver Erinnerung)

Reich-Ranicki, Marcel : Lauter Verrisse. Mit einem einleitenden
                        Essay, Frankfurt, Wien, Ullstein, 1973

Uwe Johnson

Riedel, Nicolai	: Uwe Johnson. Bibliographie 1959-75. Zei-tungskritik und wissenschaftliche Litera-tur, Bd. 2, 1959-77, Bonn, Bouvier, 1978

*

Botheroyd, Paul, F.	: Ich und Er. 1. and 3. person self-reference and problems of identity in 3 contempora-ry German language novels, The Hague, Paris, Mouton, 1976
Ullrich, Gisela	: Identität und Rolle. Probleme des Erzäh-lens bei Johnson, Walser, Frisch, Fichte, Stuttgart, Klett, 1977, S. 16-31
Vormweg, Heinrich	: Uwe Johnson: Bestandsaufnahmen vom Lauf der Welt, in: Zeitkritische Romane des 2o. Jahrhunderts. Die Gesellschaft in der Kritik der deutschen Literatur. Hrsgb. Hans Wagener, Stuttgart, Reclam, 1975

*

Kurz, Paul	: Deutschstunde in New York. Uwe Johnsons Roman 'Jahrestage', in:Stimmen der Zeit, 96, 1971, S. 191-99
Lennox, Sara	: Die New York Times in Johnsons Jahres-tagen, in: USA und Deutschland, Bern, Mü. Francke, 1976, S. 103-09
Manacorda, Giorgio	: Assenza per iperbole. Gli Jahrestage di Uwe Johnson, in: Studi Germanici, 12, 1974, S. 327-71
Miller, Leslie, L.	: Uwe Johnson's Jahrestage : The choice of alternatives, in: Seminar. A journal of Ger-manic studies, 9, 1973, S. 5o-7o
Osterle, Heinz, D.	: Uwe Johnson. Jahrestage. Das Bild der USA, in: German Quarterly, 48, 1975, S. 5o5-18 (Inhaltliche Beschreibung von Geist und Stil des Romans als inneres und äusseres dialektisches Transzendieren der kritisch realistisch festgestellten Gegensätze von Idee und Wirklichkeit, Fiktion und Fakten)
Schiffer, Eva	: Politisches Engagement oder Resignation

Weiteres zu Uwe Johnsons Jahrestagen,
in: Der Deutsche Roman und seine historischen und politischen Bedingungen, Hrs.
Wolfgang Paulsen, München, Francke,
1977, S. 236-46

Siegfried Lenz

| Pätzold, Hartmut | : Kommentierte Auswahlbibliographie zu Siegfried Lenz, in: Text und Kritik, H. 52, 1976, S. 44-53 |

*

Bassmann, Winfried
: Siegfried Lenz. Sein Werk als Beispiel für Weg und Standort der Literatur in der Bundesrepublik Deutschland, Bonn, Bouvier, 1976

Batt, Kurt
: Geschichten contra Geschichte. Über die Erzählungen und Romane von Siegfried Lenz, in: Sinn und Form, 26, 1974, S. 847 -59

Lachinger, Johann
: Siegfried Lenz, in: Deutsche Literatur der Gegenwart in Einzeldarstellungen, Bd. 2, Hrsgb. Dietrich Weber, S. 479- 511 (Betrachtung zeitgenössischer Lenz- Kritik und weltliterarischer Vergleich thematischer Werkzusammenhänge und Motive des Identitätsaustausches der Liebe, bis 'Einstein'. Deutung als Sonderfall erzählerischer, zeitkritischer Literatur in humaner Auseinandersetzung mit dem Gebrauch politischer Macht, Totalitarismus und Determinierungen)

Lenz, Siegfried
: Wie ich begann, in: Universitas, 31, 1976, S. 569-77 (Selbstreflektion über Romanentwicklung und Leserreaktionen und der entstandenen eigenen Distanz anlässlich Neuauflage des Erstlings 'Es waren Habichte in der Luft')

Lenz, Siegfried
: Beziehungen, Ansichten und Bekenntnisse zur Literatur, München, Dt. Taschenbuchverlag, 1972

Lenz, Siegfried
: Der Wettlauf der Ungleichen oder: Über Chancen und Aufgaben der Literatur im wissenschaftlichen Zeitalter, in: Schreiben in dieser Zeit. Für Manes Sperber, Hrsgb. Wolfgang Kraus, Wien, Europa-Verlag, 1976

Lenz, Siegfried	: Schriftsteller zwischen Politik und Lite-ratur, in: Universitas, 32, 1977, S. 795-804 (Feststellung der Wirkungslosigkeit der Literatur. Eintreten für Aufklärung. Poli-tik braucht kritischen Widerspruch)
Pätzold, Hartmut	: Theorie und Praxis moderner Schreibwei-sen am Beispiel von Siegfried Lenz und Helmut Heissenbüttel, Bonn, Bouvier, 1976

*

Beckmann, Heinz	: Vorbild ohne Chloroform, in: Der Schrift-steller Siegfried Lenz. Urteile und Stand-punkte, Hrsgb. Colin Russ, Hamburg, Hoff-mann und Campe, 1973
Probst, Gerhard	: Auch eine Thematisierung der Alterität. Bemerkungen zu Siegfried Lenz'Roman 'Das Vorbild', in: Germanisch Romanische Monatsschrift, 27, 1977, S. 457-61 (Betrach-tung der Alterität in vierfacher Themati-sierung als Kategorie literarischer Rezep-tionsästhetik und Charakterdarstellung durch den Anderen. Mittel, Thema und Struktur eines Romantyps der Illusions-durchbrechung und des Mitspielens des Lesers im Sinne der Alterität)
Wagner, Hans	: Siegfried Lenz, München, Beck, Edition Text und Kritik, 1976

Loetscher, Hugo

: Die intellektuelle Situation der Schweiz von heute, in: Deutsche Beiträge, 7, 1972, S. 26o-77

Gerber, Ulrich

: Die Verantwortung. Ein Beitrag zum Verständnis zeitgenössischer Romane. Zü - rich, Juris Verlag, 1972

Dornseiff, Claude : Hans Erich Nossack-eine Bibliographie, in: Revue d'Allemagne, 6,1974, 2, S.145-172

*

Baumgaertel, Gerhard : Zum Problem der Möglichkeit humanistischer Tradition nach dem Untergang: Hans Erich Nossack, in: Revue des langues vivantes, 36, Brussels, 197o, S. 54-61

Esselborn, Carl : Gesellschaftskritische Literatur nach 1945. Politische Resignation und konservative Kulturkritik, besonders am Beispiel Hans Erich Nossacks, München, Fink, 1977

Goessel, Ingeborg, M. : Der handlungslose Raum bei Hans Erich Nossack, in: Monatshefte, 66, 1974, S. 33-45 (Werkbezogene Betrachtung dieses Leitmotivs als Dimension unerklärt fragwürdig bedrohenden Lebens und Einsamkeit. Diese vermitteln jedoch kein uotpisches oder empirisches Jenseits. Grenzüberschreiten ins Nichts kann dabei nur im Menschen nicht ausserhalb vollziehbar werden)

Kraus, Joseph : The missing link or the quiet rebellion of Hans Erich Nossack, Bonn, Bouvier, 1976

Nossack, Hans Erich : Die Frage nach dem Gegenüber, in: Jahresring, 1973/74, S. 23-29

Nossack, Hans Erich : 'Hält das Wort stand, angesichts dieses Trümmerhaufens?'Hans Erich Nossack im Gespräch mit Jörg Kirschbaum und Rein A. Zondergeld, in: Phaicon, 3, 1978, S.163-79

Rickert, Friedhelm, Franz : Hans Erich Nossack als Betrachter und Kritiker seiner Zeit, University of Minnesota, 197o/71, Dissertation

Schmid, Christof (Hrsgb) : Über Hans Erich Nossack, Frankfurt/M. Suhrkamp, 197o

252

Schmidt -Dengler, Wendelin: Hans Erich Nossack, in: Deutsche Dichter der Gegenwart. Ihr Leben und Werk,
S.138-52

Schultz, Uwe   : Inter mortuos liber. Annäherung an Hans
Erich Nossack anlässlich seines Todes
(2. XI. 1977), in: Merkur, 32,1978, S. 634-38
(Charakterisierung des Schriftstellers
und der Person als antiideologischer Ni-
hilist und Metaphysiker in literarischer
Chiffrensprache)

Vos, Jack de   : Hans Erich Nossacks Bild der Existenz:
Schritte in die Idealität, in: Studia Germa-
nica Gandensia,17, 1976, S. 73-83

Martin Walser

Beckermann, Thomas Saueressig, Heinz	: Bibliographie zu Martin Walser, in: Text und Kritik, H. 41/42, 1974, S. 76-85

*

Beckermann, Thomas : Martin Walser oder die Zerstörung eines
Musters. Literarsoziologischer Versuch
über 'Halbzeit', Bonn, Bouvier, 1972

Beckermann, Thomas
(Hrsgb.) : Über Martin Walser, Frankfurt, Suhrkamp
1970

Beckermann, Thomas : Epilog an eine Romanform. Martin Wal-
sers 'Halbzeit' mit einer kurzen Weiter-
führung, die Romane 'Das Einhorn' und
'Der Sturz'betreffend, in: M. Brauneck:
Der deutsche Roman im 2o. Jahrhundert,
Bd. II, Bamberg, Buchner, 1976, S. 31-57

Emmel, Hildegard : Zeiterfahrung und Weltbild im Wechsel-
spiel. Zu Martin Walsers Roman Halb-
zeit, in: Der Dichter und seine Zeit. Politik im Spiegel der Literatur. Hrsgb.
Wolfgang Paulsen, Heidelberg, Stiehm,
1970, S. 181-2o6

*

Kaiser, Joachim : Martin Walsers blindes Glanzstück. Funktion und Funktionsnorm der Novelle 'Ein
fliehendes Pferd', in: Merkur, 32, H. 8,
1978, S. 828-38 (Betrachtungen von Rezen-
sionswirkungen und Verhältnis Walser-
scher Erzählhaltung-stil-perspektive zur
Erzählaussage. Beleuchtung der dem Helden verweigerten widersprüchlichen In-
nenräume als Sympathie lenkende Mysti-
fikation' und Anpassung an Lesererwar-
tung)

Pickar-Bauer, Gertrud : Martin Walser. The hero of accomodation,
in: Monatshefte, 62, 1970, S. 357-366 (Be-
trachtung des Phänomens der Mimikry
als fiktional determinanter Faktor durch
den sich der Held als angepasstes Produkt
einer pluralistischen Gesellschaft enthüllt)

Pickar-Bauer, Gertrud : Narrative perspective in the novel of
Martin Walser, in: German Quarterly, 44,
1971, S. 48-57 (Betrachtung der Funktionalisierung des Erzählwerks bis 197o als
Fortschreiten der Erzählhaltung von Er-
zähler-Heldidentifikation, zur Erzähler-
einmischung und Gegensatz von Erzähler-
Heldenbewusstsein und -rollen)

Parkes, K.S. : An All-German dilemma: Some notes on
the presentation of the theme of the indi-
vidual and society in Martin Walser's
'Halbzeit' and Christa Wolf's 'Nachdenken über ChristaT.:in: German Life and
Letters, 28, 1974/75, S. 58-64 (Verhältnisse sozialer Rolle und Rollenspiels zur
Entindividualisierung über individuelle
Anpassung bei Christa Wolf)

Walser, Martin : Ironie als höchstes Lebensmittel oder:
Lebensmittel der Höchsten, in: Besichti-
gung des Zauberbergs, Hrsgb. H. Sauer-
essig, 1974, S. 183-215

Ullrich, Gisela : Identität und Rolle. Probleme des Erzählens bei Johnson, Walser, Frisch und Fich-
te, S. 33-5o

Walser, Martin : Was zu bezweifeln war. Aufsätze und Reden 1958-1975, Auswahl und Nachwort:
Klaus Schuhmann, Berlin, Aufbau Verlag,
1976

Walser, Martin : Wie und wovon handelt Literatur, in: Sinn
und Form, 26, 1974, S. 425-36

Drews, Jörg

:'Haid setzte die Brille wieder auf'. Über Gerhard Roths Bücher, in: Wie die Grazer auszogen die Literatur zu erobern, 1975, S. 29-5o

Dieter Wellershoff

Schachtsieg -Freitag, Norbert : Dieter Wellershoff und seine Romane-
Literatur als Simulationstechnik, in:
Universitas, 29, 1974, S. 181-86 (Reflektion der Schreibmotivation-technik. Li-
teraturkonzept der Literatur als Sozi-
alisationsfaktor. Rollenfindung des Individuums durch simulierte Individualisierung, Normverletzung, "Spielfeld
für ein fiktives Handeln", Hinweise auf
'Einladung', 'Schattengrenze')

Vollmuth, Eike, H.   : Dieter Wellershoff, in: Deutsche Literatur der Gegenwart, Hrsgb. Dietrich
Weber, Dd. 2, S. 425-52. Bibliographie
S. 451-52(Erkenntnistheoretisch struk-
turbezogene Betrachtung des ästhetischen, fiktiven, literarisch-praktischen
Werkzusammenhangs bis 'Einladung
an alle'. Bedeutung als polyperspekti-
vische, ambivalente, nicht autonome
Subjektivierung scheinbar objektiver
Geschichte, Fakten, Zwänge und Erzählvorgang)

Wellershoff, Dieter   : Der Roman als Krise, in: Merkur, 33,
1979, S. 148-55 (Aufsatz zur Verände-
rung, Irritation durch Eröffnen eines
fiktionalen Spielfeldes angesichts der
Krise zwischen Individuum und Indu-
striegesellschaft. Wechselwirkung mit
Aussensozialisation einer inneren ima-
ginären Welt und Selbständigkeit statt
Dokumentation und Romanauthentizi-
tät)

Wellershoff, Dieter   : Einige notwendige Bemerkungen über
Phantasie, in: Akzente, 23, 1976, S. 476
-79 (

Wellershoff, Dieter   : Transzendenz und scheinhafter Mehr-
wert. Zur Kategorie des Poetischen,
in: Akademie Mainz, 1949-74, S. 167-
68

Wellershoff, Dieter

: Realistisch schreiben, in: Realis-
mus-welcher ? Hrsgb.Peter Laemm-
le, München,1976, Edition Text und
Kritik, S.13-18

Wellershoff, Dieter

: Literatur und Lustprinzip. Essays,
München, Deutscher Taschenbuchverlag, 1975

Wellershoff, Dieter

: Fiktivität in fiktionalen und nicht
fiktionalen Texten, in: Poetik und
Hermeneutik, 6, S. 529-53o

Lamb, Steffen

: Einladung an alle-Dokumentation
und Wirklichkeit, in: Der Schriftsteller Wellershoff. Interpretation
und Analysen, Hrsgb. Hinton, Thomas
Köln, Kiepenheuer & Witsch,1975,
S. 66-68

Hinton, Thomas R.

: Der Schriftsteller Dieter Wellers-
hoff. Interpretationen und Analysen.
Köln, Kiepenheuer& Witsch,1975
(Bibliographie S.169-190;darin:Lamb
Stephen, Einladung an alle-Dokument
und Wirklichkeit, S. 66-88)

Schachtsieg-Freitag, Norbert

: Dieter Wellerhoff, in:Kritisches Lexi
kon zur deutschsprachigen Gegen -
wartsliteratur, Hrsgb. H. L. Arnold,
München,1978, 2. C-D. (24 Nachweise
Zeitungsliteratur 1976-78;Bibliogra-
phie bis 1975)

Ekkehart, Rudolf v. (Hrsgb)

: Protokoll zur Person. Autoren über
sich und ihr Werk, München, List,
1971

Pollerberg, Dirk

: Gabriele Wohmann, in: Deutsche
Literatur der Gegenwart in Einzeldarstellungen, Bd. 2, Hrsgb. Dietrich Weber, Stuttgart, Kröner, 1971,
S. 453-8o, Bibliographie 478-8o(Betrachtung der Themen und Leitmo-
tive der Werke, 'Ausflug mit der Mutter '. Strukturanalyse pessimistisch
satirischer Alltagsdarstellungen
als sprachlich reflektierte Mitleids-
sensibilisierung gegenüber äusseren Fehlverhaltensweisen)

Ross, Werner

: Die kaltschnäuzigen Mädchen. Zu
den neuen Romanen von Gisela Els-
ner und Gabriele Wohmann, in: Merkur, 25, 1971, S. 197-2oo (Vergleich
entstabilisierender Alltäglichkeit
der Gerichtsveranstaltungen von
'Berührungsverbot' und 'Ernste Ab-
sicht', deren reichliche Detailkennt-
nis und Schnodderigkeit sich als
'Trauer der Welt' überhöht)

Waidson, H. M.

: The short stories and novels of
Gabriele Wohmann, in: German Life
and Letters, 26, 1972/73, S. 214-27
(Werküberblick, Inhalts-und Schreib-
stilbetrachtungen)

Wohmann, Gabriele

: Als Autor in der Hauptrolle, in: Akzente, 2o, 1973, S. 332-341(Schreibend widersprüchlich wirkende, perspektivisch vergrössernde Erfahrung eines Dauerzustandes einer
Doppelfunktion in der Rolle einer
Film-Autorin und Darstellerin ihrer Hauptrolle)

Schafroth, Heinz F.   : Gabriele Wohmann, in:Kritisches Le-
                               xikon zur deutschsprachigenGegen -
                               wartsliteratur, Hrsgb. H. L. Arnold,
                               München, 1978, 2. E-G (61 Nachweise
                               bis 1978;'Schönes Gehege', No. :39-45;
                               'Paulinchen', No. :31, 34, 37, 38;'Aus-
                               flug mit der Mutter', No. :48, 49, 5o, 51,
                               52;Zeitungsartikel bis 'Frühherbst in
                               Badenweiler', 1978)

Wellner, Klaus   : Leiden an der Familie. Zur sozialpa-
                               thologischen Rollenanalyse im Werk
                               Gabriele Wohmanns. Stuttgart, Klett,
                               1976

Gerhard Zwerenz

Ekkehart, Rudolph

: Aussagen zur Person. 12 deutsche
Schriftsteller im Gespräch mit Ek-
kehart, Rudolph, Tübingen, Basel,
Erdmann, 1977

Zwerenz, Gerhard

: Vorformulierer, Interview von Michael Günther, in: Alternative, 2o,
1977, S. 79-88

Zwerenz, Gerhard

: Der Widerspruch. Autobiographischer Bericht, Frankfurt/Main,
Fischer, 1974

Zwerenz, Gerhard

: Der moderne Roman und die Indu-
striegesellschaft, 12 Themen, in:
Tintenfisch, 7, Jahrbuch für Litera-
tur, Hrsgb. Krüger, Wagenbach,
Berlin, Wagenbach-Verlag, 1974,
S. 52-57

Werke

Alfred Andersch	Winterspelt. Roman, Zürich: Diogenes, 1974
Thomas Bernhard	Der Präsident, Zürich: Suhrkamp, Bibliothek 44o Die Ursache. Eine Andeutung, Salzburg: Residenz, 1975 Die Jagdgesellschaft, Frankfurt/Main: Suhrkamp, 1975 Die Macht der Gewohnheit, Frankfurt/Main: Suhrkamp, 1974 Korrektur. Roman, Frankfurt/Main: Suhrkamp, 1975 Der Kulterer. Eine Filmgeschichte, Salzburg: Residenz, 1974 Die Berühmten, Frankfurt/Main: Suhrkamp, 1976 Der Keller. Eine Entziehung, Salzburg: Residenz, 1976
Heinrich Böll	Ansichten eines Clowns. Roman, Köln: Kiepenheuer u. Witsch, 1965 Gruppenbild mit Dame. Roman, Köln: Kiepenheuer u. Witsch, 1971[2] Die verlorene Ehre der Katharina Blum. Erzählung, Köln: Kiepenheuer u. Witsch, 1974
Hubert Fichte	Versuch über die Pubertät. Roman, Hamburg: Hoffmann u. Campe, 1974
Max Frisch	Montauk. Eine Erzählung, Frankfurt/Main: Suhrkamp, 1975
Hans J. Fröhlich	Anhand meines Bruders. Ein Doppelporträt, München: Hanser, 1974
Günter Grass	Örtlich betäubt. Roman, Frankfurt/Main: Fischer Tb, 1973 Aus dem Tagebuch einer Schnecke, Darmstadt-Neuwied: Luchterhand, 1972
Peter Handke	Wunschloses Unglück, Salzburg: Residenz, 1972

262

Der kurze Brief zum langen Abschied,
Frankfurt/Main:Suhrkamp,1972
Die Unvernünftigen sterben aus,Frankfurt/
Main:Suhrkamp Tb,1973
Die Stunde der wahren Empfindung,Frank-
furt/Main:Suhrkamp,1975
Falsche Bewegung,Frankfurt/Main:Suhr-
kamp Tb,1975
Die linkshändige Frau,Frankfurt/Main:
Suhrkamp,1976

Peter Härtling   Eine Frau.Roman,Darmstadt:Luchterhand,
1974
Zwettl.Nachprüfung einer Erinnerung,Darm-
stadt:Luchterhand,1973
Das Familienfest oder Das Ende der Ge-
schichte.Roman,Hamburg:Rowohlt Tb,1971

Uwe Johnson   Jahrestage.1.2.3.Aus dem Leben von Gesine Cresspahl,Frankfurt/Main:Suhrkamp,
197o,1971,1973
Eine Reise wegwohin,1960,in:Karsch und
andere Prosa,Frankfurt/Main:Suhrkamp .
Tb,1966

Siegfried Lenz   Das Vorbild.Roman, Hamburg:Hoffmann
u.Campe,1973

Hugo Loetscher   Der Immune,Darmstadt:Luchterhand,1975

Erich Nossack   Ein glücklicher Mensch,Frankfurt/Main:
Suhrkamp,1975

Gerhard Roth   Ein neuer Morgen.Roman,Frankfurt/Main
Suhrkamp,1976

Martin Walser   Halbzeit.Roman,München-Zürich:Droemer
u.Knauer Tb,1964
Jenseits der Liebe.Roman,Frankfurt/Main
:Suhrkamp,1976

Dieter Wellershoff   Die Schattengrenze.Roman,Hamburg:Ro-
wohlt Tb,1971
Einladung an alle.Roman,Köln:Kiepenheu-
er u. Witsch,1972

Gabriele Wohmann

Paulinchen war allein zu Haus. Roman,
Darmstadt:Luchterhand,1974
Schönes Gehege. Roman, Darmstadt:Luch-
terhand 1975
Ausflug mit der Mutter. Roman, Darmstadt
:Luchterhand,1976

Gerhard Zwerenz

Erbarmen mit den Männern. Roman, Mün-
chen-Zürich:Droemer-Knauer,1974
Die Erde ist unbewohnbar wie der Mond.
Roman, Frankfurt/Main:Fischer Tb,1973